Cicero | De legibus

Marcus Tullius Cicero

De legibus

Über Gesetze

Lateinisch / Deutsch

Übersetzt und herausgegeben von
Jochen Sauer und Andreas Bendlin

Reclam

RECLAMS UNIVERSAL-BIBLIOTHEK Nr. 19615
2025 Philipp Reclam jun. Verlag GmbH,
Siemensstraße 32, 71254 Ditzingen
info@reclam.de

Der lateinische Text in dieser Ausgabe wurde gedruckt
By Permission of Oxford University Press.
Für Abweichungen s. S. 247.

Gestaltung: Cornelia Feyll, Friedrich Forssman
Druck und Bindung: Esser printSolutions GmbH,
Untere Sonnenstraße 5, 84030 Ergolding
Printed in Germany 2025
RECLAM, UNIVERSAL-BIBLIOTHEK und
RECLAMS UNIVERSAL-BIBLIOTHEK sind eingetragene Marken
der Philipp Reclam jun. GmbH & Co. KG, Stuttgart
ISBN 978-3-15-019615-1
reclam.de

De legibus
Über Gesetze

Liber primus

Dialogi personae:
T. Pomponius Atticus, Q. Tullius Cicero, M. Tullius Cicero

(1) [A.] Lucus quidem ille et haec Arpinatium quercus agnoscitur, saepe a me lectus in Mario. Sin manet illa quercus, haec est profecto; etenim est sane vetus.

[Q.] Manet vero, Attice noster, et semper manebit. Sata est enim ingenio; nullius autem agricolae cultu stirps tam diuturna quam poetae versu seminari potest.

[A.] Quo tandem modo, Quinte, aut quale est istuc quod poetae serunt? Mihi enim videris fratre laudando suffragari tibi.

(2) [Q.] Sit ita sane; verum tamen, dum Latinae loquentur litterae, quercus huic loco non deerit quae Mariana dicatur, eaque, ut ait Scaevola de fratris mei Mario, ›canescet saeclis innumerabilibus‹; nisi forte Athenae tuae sempiter-

Erstes Buch

Die Gesprächsteilnehmer sind Marcus Tullius Cicero, dessen Bruder Quintus Tullius Cicero und Titus Pomponius Atticus. Der Gesprächsort liegt nicht weit vom väterlichen Landhaus der Brüder Marcus und Quintus Tullius Cicero bei Arpinum, wo ganz in der Nähe Fibrenus und Liris zusammenfließen; der Fibrenus umfließt dort eine kleine Insel. Unweit des Landguts befinden sich die »Eiche des Marius« und ein zugehöriger Hain.

(1) *(Atticus:)* Der Hain lässt sich gewiss dort drüben erkennen – und hier die Eiche Arpinums: Oft habe ich davon im ›Marius‹[1] gelesen. Wenn aber jene Eiche noch existiert, dann ist es mit Sicherheit diese hier; denn sie ist tatsächlich ziemlich alt.

(Quintus:) Ja, sie existiert wirklich noch, lieber Atticus, und sie wird immer existieren. Gesät wurde sie nämlich in der Vorstellungskraft. Denn durch keines Bauern Pflege kann ein junger Baum so langlebig wie von einem Dichtervers gepflanzt werden.

(Atticus:) Auf welche Art ist das denn möglich, Quintus, oder wie ist das beschaffen, was die Dichter säen? Mir scheinst du nämlich, indem du deinen Bruder lobst, für dich selbst die Stimme abzugeben.[2]

(2) *(Quintus:)* Das mag durchaus so sein; aber dennoch: Solange die lateinische Literatur spricht, wird eine Eiche an diesem Ort nicht fehlen, welche die Marius-Eiche genannt wird, und diese wird, wie Scaevola[3] vom ›Marius‹ meines Bruders sagt, erst »in unzähligen Jahrhunderten ergrauen«. Außer es wäre sogar so, dass dein Athen den Ölbaum[4] auf

nam in arce oleam tenere potuerunt, aut quam Homericus Ulixes Deli se proceram et teneram palmam vidisse dixit, hodie monstrant eandem. Multaque alia multis locis diutius commemoratione manent quam natura stare potuerunt. Quare ›glandifera‹ illa ›quercus‹, ex qua olim evolavit ›nuntia fulva Iovis, miranda visa figura,‹ nunc sit haec; sed cum eam tempestas vetustasve consumpserit, tamen erit his in locis quercus, quam Marianam quercum vocent.

(3) [A.] Non dubito id quidem. Sed haec iam non ex te, Quinte, quaero, verum ex ipso poeta: tuine versus hanc quercum severint, an ita factum de Mario ut scribis acceperis?

[M.] Respondebo tibi equidem, sed non antequam mihi tu responderis, Attice: certene non longe a tuis aedibus, inambulans post excessum suum, Romulus Proculo Iulio dixerit se deum esse et Quirinum vocari, templumque sibi dedicari in eo loco iusserit? Et verumne sit ⟨ut⟩ Athenis, non longe item a tua illa antiqua domo, Orithyiam Aquilo sustulerit? Sic enim est traditum.

(4) [A.] Quorsum tandem {aut cur} ista quaeris?

[M.] Nihil sane, nisi ne nimis diligenter inquiras in ea quae isto modo memoriae sint prodita.

[A.] Atqui multa quaeruntur in Mario, fictane an vera

seiner Akropolis hätte ewig erhalten können, oder man dieselbe hochgewachsene und zarte Palme, von der[5] Odysseus bei Homer sagte, er habe sie auf Delos gesehen,[6] heute noch zeigt. Und vieles andere existiert an vielen Orten länger durch die Erinnerung, als es von Natur Bestand haben konnte. Daher ist jene »eicheltragende Eiche«, aus der einst »der gelbbraun gefiederte Bote Jupiters, erblickt in bewundernswerter Gestalt«, entflog, nun diese hier; aber wenn ein Sturm oder ihr Alter sie vernichtet haben wird, wird es dennoch weiterhin in dieser Gegend eine Eiche geben, welche die Marius-Eiche genannt wird.

(3) *(Atticus:)* Daran zweifle ich gewiss nicht. Aber nun stelle ich die Frage nicht mehr dir, Quintus, sondern dem Dichter selbst: Haben deine Verse wohl diese Eiche gepflanzt, oder hast du gehört, dass es sich mit Marius so zugetragen habe, wie du schreibst?

(Marcus:) Ich will dir natürlich antworten, aber nicht, bevor du mir darauf geantwortet hast, Atticus, ob wirklich Romulus nicht weit von deinem Haus nach seinem Hinscheiden spazieren ging und dem Proculus Iulius mitteilte, dass er ein Gott sei und Quirinus[7] heiße, und ob er den Auftrag gab, dass ihm an diesem Ort ein Tempel geweiht werde? Und ob es wahr ist, ⟨dass⟩ in Athen, ebenso nicht weit von deinem alten Haus dort, der Windgott Aquilo die Orithyia gewaltsam in die Höhe getragen hat? So ist es nämlich überliefert.[8]

(4) *(Atticus:)* Warum fragst du denn nach so etwas?

(Marcus:) Aus keinem anderen Grund, als dass du nicht allzu genau untersuchst, was auf eben diese Weise überliefert ist.

(Atticus:) Aber bei vielen Dingen fragt man sich im ›Ma-

sint; et a nonnullis, quod et in recenti memoria et Arpinati homine versere, veritas a te postulatur.

[M.] Et mehercule ego me cupio non mendacem putari. Sed tamen ›nonnulli‹ isti, Tite noster, faciunt imperite, qui in isto periculo non ut a poeta sed ut a teste veritatem exigant; nec dubito quin idem et cum Egeria collocutum Numam et ab aquila Tarquinio apicem impositum putent.

(5) [Q.] Intellego te, frater, alias in historia leges observandas putare, alias in poemate.

[M.] Quippe, cum in illa ad veritatem ⟨omnia⟩, Quinte, referantur, in hoc ad delectationem pleraque; quamquam et apud Herodotum, patrem historiae, et apud Theopompum sunt innumerabiles fabulae.

[A.] Teneo quam optabam occasionem, neque omittam.

[M.] Quam tandem, Tite?

[A.] Postulatur a te iamdiu, vel flagitatur potius, historia; sic enim putant te illam tractante effici posse ut in hoc etiam genere Graeciae nihil cedamus. Atque ut audias quid ego ipse sentiam, non solum mihi videris eorum studiis qui

rius‹, ob sie erfunden oder wahr sind. Und von nicht wenigen Leuten wird, gerade weil du dich sowohl mit jüngerer Geschichte als auch mit dem Mann aus Arpinum[9] beschäftigt hast, die Wahrheit von dir eingefordert.

(Marcus:) Und beim Herkules, ich möchte nicht, dass ich für einen Lügner gehalten werde. Aber dennoch verhalten sich diese ›nicht wenigen Leute‹, mein Titus, wie Laien, weil sie bei diesem Verhör nicht wie von einem Dichter, sondern wie von einem Zeugen die Wahrheit einfordern; und ich zweifle nicht daran, dass dieselben Leute sowohl daran glauben, dass Numa mit Egeria gesprochen habe,[10] als auch daran, dass dem Tarquinius von einem Adler eine Filzkappe aufgesetzt worden sei.[11]

(5) *(Quintus:)* Wenn ich es richtig verstehe, mein Bruder, dann glaubst du, dass in einem Geschichtswerk andere Gesetze zu beachten seien als in der Dichtung.

(Marcus:) Ja, weil sich in Ersterem ja ⟨alles⟩ auf die Wahrheit bezieht, lieber Quintus, in Letzterer das meiste auf die Unterhaltung – obwohl es auch bei Herodot, dem Vater der Geschichtsschreibung, und bei Theopomp unzählige unterhaltsame Geschichten gibt.

(Atticus:) Nun habe ich die Gelegenheit, die ich mir lange gewünscht habe, und werde sie nicht ungenutzt lassen.

(Marcus:) Welche denn, Titus?

(Atticus:) Verlangt – oder eher dringend gefordert – wird von dir schon lange ein Geschichtswerk. Man glaubt nämlich, wenn du ein solches in die Hand nimmst, könne so erreicht werden, dass wir auch in dieser Gattung Griechenland um nichts nachstehen. Und damit du hörst, was ich selbst denke: Es scheint mir, dass du diese Aufgabe nicht nur dem literarischen Interesse derjenigen schuldest, die an

tuis litteris delectantur, sed etiam patriae debere hoc munus, ut ea quae salva per te est, per te eundem sit ornata. Abest enim historia litteris nostris, ut et ipse intellego et ex te persaepe audio; potes autem tu profecto satis facere in ea, quippe cum sit opus (ut tibi quidem videri solet) unum hoc oratorium maxime. (6) Quamobrem aggredere, quaesumus, et sume ad hanc rem tempus, quae est a nostris hominibus adhuc aut ignorata aut relicta. Nam post annales pontificum maximorum, quibus nihil potest esse iucundius, si aut ad Fabium aut ad eum qui tibi semper in ore est, Catonem, aut ad Pisonem aut ad Fannium aut ad Vennonium venias, quamquam ex his alius alio plus habet virium, tamen quid tam exile quam isti omnes? Fanni autem aetati coniunctus Antipater paulo inflavit vehementius, habuitque vires agrestes ille quidem atque horridas sine nitore ac palaestra, sed tamen admonere reliquos potuit ut accuratius scriberent: ecce autem successere huic Gellius, Claudius, Asellio, nihil ad Coelium, sed potius ad antiquorum languorem et inscitiam. (7) Nam quid Macrum numerem? Cuius loquacitas habet aliquid argutiarum, nec id tamen ex illa erudita Graecorum copia, sed ex librariolis Latinis; in orationibus autem multas ineptias, et adeo summam impudentiam. Sisenna, eius amicus, omnes adhuc nostros scrip-

deinen Schriften Freude haben, sondern auch unserem Vaterland, damit es von dir, der du es gerettet hast,[12] auch ausgeschmückt wird. Es fehlt nämlich unserer Literatur die Geschichtsschreibung, wie ich selbst deutlich sehe und von dir sehr oft höre; du kannst ihrem Anspruch aber tatsächlich gerecht werden, weil dies ja eine Aufgabe ist, die (wie es dir jedenfalls stets scheint) ganz besonders eng zur Redekunst gehört. (6) Daher bitten wir dich, mache dich daran und nimm dir Zeit für dieses Anliegen, das von unseren Landsleuten bisher entweder ignoriert oder hintangesetzt worden ist. Denn wenn du nach den Annales Maximi[13] – nichts Angenehmeres kann es geben als sie![14] – entweder zu Fabius[15] kommst oder zu dem, den du immer im Munde führst, nämlich Cato, oder zu Piso oder zu Fannius oder zu Vennonius: Selbst wenn der eine von ihnen mehr sprachliche Kraft als der andere besitzt, was ist dennoch so schwächlich wie sie alle hier? Ein Zeitgenosse des Fannius aber, Antipater, brachte einen etwas heftigeren Ton hervor und hatte sprachliche Gewalt, allerdings eine recht rohe und ungepflegte, ohne Glanz und Schulung, doch hätte er dennoch für die Übrigen Veranlassung sein können, mit mehr Sorgfalt zu schreiben. Doch siehe, es folgten auf ihn Gellius, Claudius [Quadrigarius], Asellio, die in keiner Weise mit Coelius [Antipater] zu vergleichen waren, sondern eher der Behäbigkeit und Unkenntnis der Alten entsprachen.[16] (7) Denn wozu soll ich Macer aufzählen? Dessen Geschwätzigkeit hat zwar etwas von Scharfsinn, doch kommt das nicht aus jenem gelehrten Reichtum der Griechen, sondern von lateinischen Schreiberlingen; in den Reden aber finden sich viele Albernheiten und sogar eine extreme Schamlosigkeit. Sein Freund Sisenna hat bisher al-

tores (nisi qui forte nondum ediderunt, de quibus existimare non possumus) facile superavit; is tamen neque orator in numero vestro umquam est habitus, et in historia puerile quiddam consectatur, ut unum Clitarchum neque praeterea quemquam de Graecis legisse videatur, eum tamen velle dumtaxat imitari; quem si assequi posset, aliquantum ab optimo tamen abesset. Quare tuum est munus hoc, a te exspectatur; nisi quid Quinto videtur secus.

(8) [Q.] Mihi vero nihil; et saepe de isto collocuti sumus, sed est quaedam inter nos ⟨non⟩ parva dissensio.

[A.] Quae tandem?

[Q.] A quibus temporibus scribendi capiat exordium; ego enim ab ultimis censeo, quoniam illa sic scripta sunt ut ne legantur quidem; ipse autem aequalem aetatis suae memoriam deposcit, ut ea complectatur quibus ipse interfuit.

[A.] Ego vero huic potius assentior; sunt enim maximae res in hac memoria atque aetate nostra. Tum autem hominis amicissimi Gnaei Pompei laudes illustrabit; incurret etiam in illum memorabilem annum suum; quae ab isto malo praedicari quam, ut aiunt, de Remo et Romulo.

[M.] Intellego equidem a me istum laborem iamdiu postulari, Attice; quem non recusarem, si mihi ullum tribue-

le unsere Schriftsteller leicht übertroffen (außer vielleicht diejenigen, die noch nichts herausgegeben haben und über die wir nicht urteilen können).[17] Und dennoch wurde er als Redner nie in eine Reihe mit euch gestellt, und in seinem Geschichtswerk verfolgt er etwas Kindisches, so dass es scheinen könnte, dass er einzig Kleitarch und außer ihm keinen anderen von den Griechen gelesen hat, den aber lediglich nachahmen wolle. Auch wenn er ihn erreichen könnte, wäre er dennoch ein ganzes Stück vom Idealmaß entfernt. Daher ist dies deine Aufgabe, von dir wird dies erwartet – es sei denn, Quintus sieht das anders.

(8) *(Quintus:)* Ich keineswegs, und oft haben wir über diese Sache gesprochen; aber es gibt zwischen uns eine ⟨nicht gerade⟩ kleine[18] Meinungsverschiedenheit.

(Atticus:) Welche denn?

(Quintus:) Ab welcher Zeit er beginnen soll zu schreiben; ich nämlich bin der Meinung, von der ältesten Zeit an, da jene so dargestellt ist, dass man sie nicht einmal liest; er selbst aber fordert eine geschichtliche Darstellung, die den Zeitraum seines eigenen Lebens behandelt, so dass sie die Ereignisse umfasst, an denen er selbst beteiligt war.

(Atticus:) Ich stimme allerdings eher ihm zu; denn die bedeutendsten Ereignisse liegen in der jüngeren Vergangenheit und in unserer Gegenwart. Dann aber wird er den Ruhm seines engen Freundes Gnaeus Pompeius in ein helles Licht rücken;[19] er wird auch zu jenem denkwürdigen eigenen Amtsjahr gelangen.[20] Dass dies von ihm hier gepriesen wird, möchte ich lieber, als dass, wie man sagt, von Remus und Romulus erzählt wird.

(Marcus:) Ja, mir ist gewiss klar, dass von mir diese Arbeit schon lange eingefordert wird, Atticus; ich würde sie

retur vacuum tempus et liberum. Neque enim occupata opera neque impedito animo res tanta suscipi potest; utrumque opus est, et cura vacare et negotio.

(9) [A.] Quid ad cetera, quae scripsisti plura quam quisquam e nostris, quod tibi tandem tempus vacuum fuit concessum?

[M.] Subsiciva quaedam tempora incurrunt, quae ego perire non patior; ut si qui dies ad rusticandum dati sint, ad eorum numerum accommodentur quae scribimus. Historia vero nec institui potest nisi praeparato otio, nec exiguo tempore absolvi. Et ego animi pendere soleo, cum semel quid orsus traducor alio; neque tam facile interrupta contexo quam absolvo instituta.

(10) [A.] Legationem aliquam nimirum ista oratio postulat, aut eiusmodi quampiam cessationem liberam atque otiosam.

[M.] Ego vero aetatis potius vacationi confidebam; cum praesertim non recusarem quominus more patrio sedens in solio consulentibus responderem, senectutisque non inertis grato atque honesto fungerer munere. Sic enim mihi li-

nicht ablehnen, wenn mir irgendwelche Zeit ohne Beschäftigung und Beschränkung zugeteilt würde. Ein so großes Projekt kann man nämlich nicht bei laufender Tätigkeit und geistiger Belastung auf sich nehmen. Beides ist nötig: von Sorge und von Geschäften frei zu sein.

(9) *(Atticus:)* Wie steht es mit den übrigen Werken, von denen du mehr als irgendjemand von unseren Zeitgenossen geschrieben hast: Welche Zeit ohne Beschäftigung war dir dafür denn zugestanden?

(Marcus:) Gewisse Zeiträume, die übrig bleiben und die ich nicht verstreichen lasse, kommen vor, so dass, wenn mir ein paar Tage Aufenthalt auf dem Land zur Verfügung stehen, all das, was wir schreiben, an deren Zahl angepasst wird. Ein Geschichtswerk aber kann nur in einer eigens dafür vorbereiteten Zeit der Muße begonnen und nicht in kurzer Zeit zu einem Ende gebracht werden. Und ich hänge gewöhnlich in der Luft, wenn ich etwas, das ich einmal begonnen habe, auf irgendeinen späteren Zeitpunkt verschiebe; und ich knüpfe nicht so leicht an etwas an, wenn es einmal unterbrochen worden ist, wie ich etwas gerade erst Begonnenes zu einem Ende bringe.

(10) *(Atticus:)* Irgendeine Gesandtschaft[21] fordert deine Rede zweifellos, oder irgendeine uneingeschränkte Auszeit dieser Art ohne Geschäfte.

(Marcus:) Ich persönlich aber hoffte eher auf einen Freiraum, den das Alter mit sich bringt; zumal ich es insbesondere nicht zurückweisen würde, nach dem Brauch der Väter auf dem Sessel zu sitzen und denen, die um Rat fragen, Rechtsbescheid zu erteilen und die dankbare und ehrenwerte Beschäftigung eines nicht untätigen Alters zu erfüllen.[22] So wäre es mir nämlich möglich, sowohl für dieses

ceret et isti rei quam desideras, et multis uberioribus atque maioribus, operae quantum vellem dare.

(11) [A.] Atqui vereor ne istam causam nemo noscat, tibique semper dicendum sit; et eo magis quod te ipse mutasti, et aliud dicendi instituisti genus; ut quemadmodum Roscius, familiaris tuus, in senectute numeros in cantu leniverat, ipsasque tardiores fecerat tibias, sic tu a contentionibus quibus summis uti solebas cotidie relaxes aliquid, ut iam oratio tua non multum a philosophorum lenitate absit. Quod sustinere cum vel summa senectus posse videatur, nullam tibi a causis vacationem video dari.

(12) [Q.] At mehercule ego arbitrabar posse id populo nostro probari, si te ad ius respondendum dedisses; quamobrem, cum placebit, experiendum tibi id censeo.

[M.] Si quidem, Quinte, nullum esset in experiendo periculum; sed vereor ne dum minuere velim laborem augeam, atque ad illam causarum operam, ad quam ego numquam nisi paratus et meditatus accedo, adiungatur haec iuris interpretatio, quae non tam mihi molesta sit propter laborem, quam quod dicendi cogitationem auferat, sine qua ad nullam maiorem umquam causam sum ausus accedere.

Vorhaben, das du ersehnst, als auch für die vielen ziemlich substantiellen und bedeutenden so viel Mühe aufzuwenden, wie ich wollte.

(11) *(Atticus:)* Aber ich fürchte, dass niemand diese Entschuldigung einsieht und dass du immer wirst Reden halten müssen; und dies umso mehr, als du selbst dich verändert und dir eine andere Art zu reden angewöhnt hast; und wie dein enger Vertrauter Roscius im Alter die Rhythmen in seinen Liedern ruhiger hat werden lassen und selbst sein Flötenspiel verlangsamt hat,[23] so wirst du von der leidenschaftlichen Art, von der du in höchstem Maße Gebrauch zu machen pflegtest, täglich ein Stück weit ruhiger, so dass dein Redestil schon nicht mehr weit von der Sanftheit der Philosophen entfernt ist.[24] Weil solches anscheinend sogar das höchste Alter bewerkstelligen kann, sehe ich, dass dir keinerlei Befreiung von den Gerichtsverhandlungen gewährt wird.

(12) *(Quintus:)* Aber beim Herkules, ich glaubte, es könnte bei unserem Volk Anklang finden, wenn du dich der Rechtsauskunft widmetest; daher meine ich, dass du es ausprobieren solltest, wenn es dir gefällt.

(Marcus:) Ach, wenn beim Ausprobieren, Quintus, doch keine Gefahr bestünde; doch ich fürchte, dass ich die Arbeit, wenn ich sie verringern will, in Wirklichkeit vergrößere, und mit jener Mühe mit den Gerichtsverhandlungen, die ich niemals ohne Vorbereitung und Bedacht übernehme, verbindet sich diese Rechtsdeutung, die mir eigentlich nicht wegen des Aufwands so lästig ist, sondern eher deshalb, weil sie das Nachdenken über die Rede unterbindet, ohne das ich keine größere Gerichtsverhandlung jemals zu übernehmen gewagt habe.

(13) [A.] Quin igitur ista ipsa explicas nobis, his subsicivis (ut ais) temporibus, et conscribis de iure civili subtilius quam ceteri? Nam a primo tempore aetatis iuri studere te memini, cum ipse etiam ad Scaevolam ventitarem; neque umquam mihi visus es ita te ad dicendum dedisse, ut ius civile contemneres.

[M.] In longum sermonem me vocas, Attice; quem tamen, nisi Quintus aliud quid nos agere mavult, suscipiam, et quoniam vacui sumus, dicam.

[Q.] Ego vero libenter audierim; quid enim agam potius, aut in quo melius hunc consumam diem?

(14) [M.] Quin igitur ad illa spatia nostra sedesque pergimus? Ubi, cum satis erit ambulatum, requiescemus, nec profecto nobis delectatio deerit aliud ex alio quaerentibus.

[A.] Nos vero, et hac quidem ad Lirem, si placet, per ripam et umbram. Sed iam ordire explicare, quaeso, de iure civili quid sentias.

[M.] Egone? Summos fuisse in civitate nostra viros, qui id interpretari populo et responsitare soliti sint; sed eos magna professos in parvis esse versatos. Quid enim est tan-

(13) *(Atticus:)* Ja, warum erklärst du dann uns nicht genau das in diesen einzelnen freien Stunden, die ›übrig bleiben‹ (wie du es nennst), und schreibst über das bürgerliche Recht genauer als die Übrigen? Denn ich erinnere mich, wie du von frühestem Jugendalter an dich mit dem Recht beschäftigt hast, als ich selbst auch immer zu Scaevola ging:[25] Und niemals schienst du mir dich so dem Reden hingegeben zu haben, dass du das bürgerliche Recht vernachlässigt hättest!

(Marcus:) Zu einem langen Gespräch rufst du mich, Atticus; ich möchte dieses dennoch gerne beginnen, außer wenn Quintus lieber irgendetwas anderes mit uns verhandeln möchte; und da wir ja ohne Beschäftigung sind, will ich reden.

(Quintus:) Ich möchte wirklich gerne zuhören; was kann ich nämlich Sinnvolleres tun oder womit kann ich diesen Tag besser verbringen?

(14) *(Marcus:)* Warum gehen wir nicht weiter zu unserer Promenade dort hinten und zu den Sitzgelegenheiten? Dort wollen wir, sobald wir ausreichend spazieren gegangen sind, uns ein wenig ausruhen, und gewiss wird es uns nicht an Vergnügen fehlen, wenn wir eins nach dem anderen untersuchen.

(Atticus:) Ja, das machen wir! Dort beim Liris, wenn es in Ordnung ist, am Ufer und im Schatten. Doch bitte beginne schon zu erklären, welche Meinung du zum bürgerlichen Recht hast.

(Marcus:) Ich? Nun, dass es prominente Männer in unserem Staat gab, die dieses dem Volk auszulegen und Rechtsbescheid zu erteilen pflegten; doch dass diese, obwohl sie Großes versprochen haben, sich bei unbedeutenden Din-

tum quantum ius civitatis? Quid autem tam exiguum quam est munus hoc eorum qui consuluntur, quamquam est populo necessarium? Nec vero eos qui ei muneri praefuerunt universi iuris fuisse expertes existimo; sed hoc civile, quod vocant, eatenus exercuerunt, quoad populo praestare voluerunt; id autem in cognitione tenue est, in usu necessarium. Quamobrem quo me vocas, aut quid hortaris? Ut libellos conficiam de stillicidiorum ac de parietum iure, an ut stipulationum et iudiciorum formulas componam? Quae et scripta a multis sunt diligenter, et sunt humiliora quam illa quae a nobis exspectari puto.

(15) [A.] Atqui si quaeris ego quid exspectem, quoniam scriptum est a te de optimo reipublicae statu, consequens esse videtur ut scribas tu idem de legibus. Sic enim fecisse video Platonem illum tuum, quem tu admiraris, quem omnibus anteponis, quem maxime diligis.

[M.] Visne igitur, ut ille Crete cum Clinia et cum Lacedaemonio Megillo, aestivo (quemadmodum describit) die in cupressetis Gnosiorum et spatiis silvestribus, crebro insistens, interdum acquiescens, de institutis rerum publicarum ac de optimis legibus disputat, sic nos inter has pro-

gen aufhielten. Was ist nämlich so bedeutend wie das Recht unserer Bürgerschaft? Und was ist so gering wie die Aufgabe derer, die um Rat gebeten werden, obwohl sie für das Volk unentbehrlich ist? Ich glaube allerdings nicht, dass diejenigen, die diese Aufgabe erfüllten, keine Kenntnis von dem Recht in seiner Gesamtheit hatten; doch sie beschäftigten sich mit diesem sogenannten bürgerlichen Recht nur in dem Maße, wie sie es dem Volk darbieten wollten: Das aber ist in der theoretischen Erfassung zwar dürftig, in der Praxis jedoch unentbehrlich. Deshalb: Wozu forderst du mich auf oder zu was ermunterst du mich? Dass ich kleine Schriften abfasse über das Recht der Dachtraufen[26] und Hauswände[27]? Oder soll ich Rechtsformeln für Stipulationen[28] und Gerichtsverhandlungen[29] zusammenstellen? Das ist doch schon von vielen sorgfältig niedergeschrieben worden und ist anspruchsloser als das, was meiner Meinung nach von mir erwartet wird.

(15) *(Atticus:)* Also, wenn du fragst, was ich erwarte, dann scheint es nur folgerichtig zu sein, dass du, weil von dir über den besten Zustand des politischen Gemeinwesens geschrieben worden ist, nun ebenso über Gesetze schreibst. Denn ich sehe, dass dein Vorbild Platon das so getan hat, er, den du bewunderst, den du allen voranstellst, den du am meisten liebst![30]

(Marcus:) Willst du also, dass so, wie jener mit dem Kreter Kleinias und mit dem Spartaner Megillus an einem Sommertag (wie er es beschreibt)[31] in den Zypressenhainen von Knossos und auf den bewaldeten Promenaden über die Einrichtungen der politischen Gemeinwesen und über die besten Gesetze diskutiert, während er häufig Halt macht und sich bisweilen ausruht, wir zwischen diesen

cerissimas populos in viridi opacaque ripa inambulantes, tum autem residentes, quaeramus eisdem de rebus aliquid uberius quam forensis usus desiderat?

(16) [A.] Ego vero ista audire cupio.

[M.] Quid ait Quintus?

[Q.] Nulla de re magis.

[M.] Et recte quidem; nam sic habetote, nullo in genere disputandi honestiora patefieri: quid sit homini a natura tributum, quantam vim rerum optimarum mens humana contineat, cuius muneris colendi efficiendique causa nati et in lucem editi simus, quae sit coniunctio hominum ⟨cum dis⟩, quae naturalis societas inter ipsos. His enim explicatis fons legum et iuris inveniri potest.

(17) [A.] Non ergo a praetoris edicto, ut plerique nunc, neque a Duodecim Tabulis, ut superiores, sed penitus ex intima philosophia hauriendam iuris disciplinam putas?

[M.] Non enim id quaerimus hoc sermone, Pomponi, quemadmodum caveamus in iure, aut quid de quaque consultatione respondeamus. Sit ista res magna, sicut est, quae quondam a multis claris viris, nunc ab uno summa auctoritate et scientia sustinetur; sed nobis ita complectenda in

weit in die Höhe gewachsenen Pappeln an einem grünen und schattigen Ufer spazieren gehen, dann aber uns auch kurz hinsetzen und über dieselben Dinge etwas substantiellere Untersuchungen anstellen, als es die Praxis des Forums erfordert?

(16) *(Atticus:)* Ja, ich möchte das allerdings hören!

(Marcus:) Was sagt Quintus?

(Quintus:) Nichts möchte ich mehr!

(Marcus:) Und gewiss zu Recht: Denn geht davon aus, dass bei keiner Art der Diskussion das moralisch Richtige eher offengelegt wird:[32] Was ist dem Menschen von der Natur zugeteilt worden? Welch große Menge an den besten Dingen enthält der menschliche Verstand? Welches ist die Aufgabe, zu deren Verrichtung und Vollendung wir geboren und in das Licht der Welt gesetzt sind? Welche Verbindung der Menschen gibt es ⟨mit den Göttern⟩ und welche natürliche Gesellschaft unter ihnen? Wenn dies nämlich erklärt ist, kann man die Quelle der Gesetze und des Rechts finden.

(17) *(Atticus:)* Nicht aus dem Edikt des Prätors also,[33] wie die meisten es heutzutage tun, und nicht aus den Zwölf Tafeln,[34] wie die Alten es taten, sondern aus dem Innersten der Philosophie muss deiner Meinung nach die Rechtslehre geschöpft werden?

(Marcus:) Ja, denn wir fragen in diesem Gespräch nicht danach, Pomponius, wie wir vor dem Recht Beistand leisten oder welchen Rechtsbescheid wir auf irgendeine Anfrage erteilen. Diese Sache mag bedeutend sein, wie sie es auch ist, die einst von vielen bedeutenden Männern, nun aber von einem einzigen mit der obersten Autorität und Expertise[35] auf sich genommen wird. Aber wir müssen in

hac disputatione tota causa est universi iuris ac legum, ut hoc civile quod dicimus in parvum quendam et angustum locum concludatur {naturae}. Natura enim iuris explicanda nobis est, eaque ab hominis repetenda natura; considerandae leges quibus civitates regi debeant; tum haec tractanda, quae composita sunt et descripta, iura et iussa populorum; in quibus ne nostri quidem populi latebunt quae vocantur iura civilia.

(18) [Q.] Alte vero et ut oportet a capite, frater, repetis quod quaerimus; et qui aliter ius civile tradunt, non tam iustitiae quam litigandi tradunt vias.

[M.] Non ita est, Quinte, ac potius ignoratio iuris litigiosa est quam scientia; sed hoc posterius; nunc iuris principia videamus.

Igitur doctissimis viris proficisci placuit a lege, haud scio an recte, si modo, ut idem definiunt, lex est ratio summa insita in natura, quae iubet ea quae facienda sunt, prohibetque contraria. Eadem ratio cum est in hominis mente confirmata et perfecta, lex est: (19) itaque arbitrantur prudentiam esse legem cuius ea vis sit ut recte facere iubeat, vetet delinquere. Eamque rem illi Graeco putant nomine ⟨a⟩

dieser Unterredung den ganzen Gegenstand des Rechts in seiner Gesamtheit und der Gesetze so umfassen, dass dieses sogenannte bürgerliche Recht auf einen gewissen kleinen und engen Raum eingegrenzt wird. Denn wir müssen die Natur des Rechts erklären und diese von der Natur des Menschen herleiten; wir müssen uns Gesetze überlegen, mit denen die Bürgerschaften gelenkt werden müssen; alsdann müssen wir das behandeln, was zusammengestellt und niedergeschrieben ist: die Rechtssätze und die Verordnungen der Völker; bei diesen werden die sogenannten bürgerlichen Rechtssätze auch unseres Volkes Erwähnung finden.

(18) *(Quintus:)* Tiefgründig allerdings und, wie es sich gehört, von der Quelle ausgehend, mein Bruder, greifst du auf, was wir suchen; und wer das bürgerliche Recht anders behandelt, zeigt weniger Wege zur Gerechtigkeit als zum Streit auf.

(Marcus:) Nein, so ist es nicht, Quintus, und eher führt die Unkenntnis des Rechts zu Streit als das Wissen um sie. Doch dazu später; nun wollen wir uns die Grundsätze des Rechts anschauen.

Also: Es gefiel den großen Gelehrten, vom Gesetz auszugehen – vielleicht zu Recht, soweit das Gesetz, wie sie es auch definieren, die höchste Vernunft ist, die in der Natur eingepflanzt wurde und das gebietet, was zu tun ist, und vom Gegenteil abhält.[36] Wenn dieselbe Vernunft im Verstand eines Menschen innerlich gefestigt und vervollkommnet ist, ist sie das Gesetz. (19) Daher glauben sie, dass Klugheit das Gesetz sei, deren Kraft darin besteht, das rechte Handeln zu veranlassen und das falsche zu untersagen. Jene Gelehrten glauben, dass diese Sache in ihrer griechi-

suum cuique tribuendo appellatam, ego nostro a legendo; nam ut illi aequitatis, sic nos delectus vim in lege ponimus. Et proprium tamen utrumque legis est. Quodsi ita recte dicitur, ut mihi quidem plerumque videri solet, a lege ducendum est iuris exordium; ea est enim naturae vis, ea mens ratioque prudentis, ea iuris atque iniuriae regula. Sed quoniam in populari ratione omnis nostra versatur oratio, populariter interdum loqui necesse erit, et appellare eam legem quae scripta sancit quod vult aut iubendo ⟨aut vetando⟩, ut vulgus appellat; constituendi vero iuris ab illa summa lege capiamus exordium, quae saeclis omnibus ante nata est quam scripta lex ulla, aut quam omnino civitas constituta.

(20) [Q.] Commodius vero, et ad rationem instituti sermonis aptius.

[M.] Visne ergo ipsius iuris ortum a fonte repetamus? Quo invento non erit dubium quo sint haec referenda quae quaerimus.

[Q.] Ego vero ita esse faciendum censeo.

[A.] Me quoque adscribito fratris sententiae.

schen Bezeichnung [*nómos*] ⟨vom⟩ Grundsatz, jedem das Seine zuzuteilen [*némein*], abgeleitet ist; in ihrer lateinischen [*lex*], glaube ich, vom Auswählen [*legere*]; denn wie jene das Wesen der Gerechtigkeit in den Begriff »Gesetz« hineinlegen, so wir dasjenige der Auswahl.[37] Und dennoch gehört beides zum Gesetz. Wenn das aber so richtig gesagt wird, wie es mir jedenfalls in den meisten Fällen zu sein scheint,[38] muss der Ausgang des Rechts vom Gesetz abgeleitet werden: Es ist nämlich eine Kraft der Natur, es ist Verstand und Vernunft eines klugen Menschen und es ist die Richtschnur zwischen Recht und Unrecht. Aber da unser Vortrag sich in seiner Gänze mit den Belangen des Volkes beschäftigt, wird es bisweilen notwendig sein, für das Volk verständlich zu sprechen und dasjenige »Gesetz« zu nennen, welches in schriftlicher Form besiegelt, was es intendiert, entweder durch ein Gebot ⟨oder ein Verbot⟩; so nennt es das Volk. Um das Recht aber zu begründen, wollen wir von jenem höchsten Gesetz den Beginn nehmen, das all die[39] Jahrhunderte früher entstanden ist als jegliches schriftlich niedergelegte Gesetz, oder ehe überhaupt eine Bürgerschaft gegründet wurde.

(20) *(Quintus:)* Das ist allerdings passender und geeigneter für die Art des begonnenen Gesprächs.

(Marcus:) Möchtest du also, dass wir den Ursprung des Rechts selbst von seiner Quelle her ableiten? Wenn wir diese nämlich gefunden haben, wird es keinen Zweifel geben, worauf das zu beziehen ist, was wir suchen.

(Quintus:) Ich bin allerdings der Meinung, dass das so gemacht werden muss.

(Atticus:) Schreibe auch mich dem Urteil deines Bruders zu!

[M.] Quoniam igitur eius reipublicae, quam optimam esse docuit in illis sex libris Scipio, tenendus est nobis et servandus status, omnesque leges accommodandae ad illud civitatis genus, serendi etiam mores nec scriptis omnia sancienda, repetam stirpem iuris a natura, qua duce nobis omnis est disputatio explicanda.

[A.] Rectissime; et quidem ista duce errari nullo pacto potest.

(21) [M.] Dasne igitur hoc nobis, Pomponi (nam Quinti novi sententiam), deorum immortalium vi, nutu, ratione, potestate, mente, numine, sive quod est aliud verbum quo planius significem quod volo, naturam omnem regi? Nam si hoc non probas, ab eo nobis causa ordienda est potissimum.

[A.] Do sane, si postulas; etenim propter hunc concentum avium strepitumque fluminum non vereor condiscipulorum ne quis exaudiat.

[M.] Atqui cavendum est; solent enim, id quod virorum bonorum est, admodum irasci, nec vero ferent si audierint te primum caput viri optimi prodidisse, in quo scripsit nihil curare deum nec sui nec alieni.

(22) [A.] Perge, quaeso; nam id quod tibi concessi quorsus pertineat exspecto.

(Marcus:) Da wir aber den Zustand desjenigen politischen Gemeinwesens, von dem Scipio in jenen sechs Büchern[40] lehrte, dass es das beste sei, halten und bewahren und alle Gesetze an jene Form des Gemeinwesens anpassen müssen und wir auch Sitten hervorbringen, aber nicht alles in schriftlicher Form festlegen sollen, werde ich die Wurzel des Rechts auf die Natur zurückführen. Unter ihrer Führung müssen wir die gesamte Unterredung entfalten.

(Atticus:) Völlig richtig! Und gewiss kann man mit einer solchen Führerin auf keine Weise irren.

(21) *(Marcus:)* Gestehst du uns nun das zu, Pomponius – denn Quintus' Meinung kenne ich bereits –, dass durch die Gewalt der unsterblichen Götter, durch deren Wink[41], Denken, Macht, Verstand, Willen, oder mit welchem anderen Wort auch immer ich das klarer ausdrücken kann, was ich will, die gesamte Natur gelenkt wird? Denn wenn du das nicht zugestehst, müssen wir am besten von dort den ganzen Prozess aufrollen.

(Atticus:) Jawohl, ich gestehe es zu, wenn du es forderst; denn wegen dieses Vogelkonzerts und des Rauschens der Flüsse fürchte ich nicht, dass irgendeiner meiner Mitschüler zuhört.[42]

(Marcus:) Aber man muss aufpassen. Denn sie pflegen, wie sich das für gute Menschen ziemt, bisweilen zornig zu werden, und sie werden es wirklich nicht hinnehmen, wenn sie gehört haben, dass du den ersten Hauptsatz des großen Weisen[43] preisgegeben hast, in dem er geschrieben hat, dass der Gott sich nicht im Geringsten um sich selbst noch um etwas Fremdes kümmere.

(22) *(Atticus:)* Fahre bitte fort! Denn ich bin darauf gespannt, wohin das führt, was ich dir zugestanden habe.

[M.] Non faciam longius. Huc enim pertinet: animal hoc providum, sagax, multiplex, acutum, memor, plenum rationis et consili, quem vocamus hominem, praeclara quadam condicione generatum esse a supremo deo; solum est enim ex tot animantium generibus atque naturis particeps rationis et cogitationis, cum cetera sint omnia expertia. Quid est autem, non dicam in homine, sed in omni caelo atque terra, ratione divinius, quae cum adolevit atque perfecta est, nominatur rite sapientia?

(23) Est igitur, quoniam nihil est ratione melius eaque ⟨est⟩ et in homine et in deo, prima homini cum deo rationis societas; inter quos autem ratio, inter eosdem etiam recta ratio {et} communis est; quae cum sit lex, lege quoque consociati homines cum dis putandi sumus; inter quos porro est communio legis, inter eos communio iuris est. Quibus autem haec sunt {inter eos communi} ⟨*⟩ et civitatis eiusdem habendi sunt; si vero eisdem imperiis et potestatibus parent, multo iam magis. Parent autem huic caelesti descriptioni mentique divinae et praepotenti deo, ut ⟨sit⟩ iam universus hic mundus una civitas communis deorum atque hominum existimanda; et quod in civitatibus ratione qua-

(Marcus:) Ich spanne dich nicht länger auf die Folter. Es zielt nämlich darauf, dass dieses vorausschauende, scharfsinnige, vielbegabte, geistvolle, erinnerungsfähige Wesen voller Vernunft und Urteilskraft, das wir Mensch nennen, mit einer wundervollen Besonderheit von dem höchsten Gott geschaffen wurde: Als Einziges von so vielen Gattungen und Naturen der Lebewesen hat es nämlich an der Vernunft und an der absichtsvollen Überlegung Anteil, während alle übrigen nicht darüber verfügen. Was aber gibt es – ich will nicht sagen: im Menschen, sondern im gesamten Himmel und auf der gesamten Erde – Göttlicheres als die Vernunft, die, wenn sie erwachsen geworden und vollendet ist, nach hergebrachter Weise Weisheit genannt wird?[44]

(23) Es gibt also, weil nichts besser als die Vernunft ist und sich diese sowohl im Menschen als auch in dem Gott ⟨findet⟩, als Erstes eine Gesellschaft der Vernunft zwischen Mensch und Gott. Wem aber die Vernunft gemeinsam ist, dem ist auch die richtige Vernunft[45] gemeinsam. Da diese aber das Gesetz ist, müssen wir davon ausgehen, dass die Menschen mit den Göttern auch über das Gesetz vergesellschaftet sind. Außerdem: Unter denjenigen, für die es eine Gemeinschaft des Gesetzes gibt, besteht auch eine Rechtsgemeinschaft.[46] Diejenigen aber, die dies ⟨*⟩[47] haben, müssen auch als Teil derselben Bürgerschaft gelten. Wenn man aber denselben Befehlsgewalten und Machtbefugnissen gehorcht, dann noch umso mehr. Sie gehorchen aber dieser himmlischen Ordnung und dem göttlichen Verstand und dem allmächtigen Gott, so dass schon die gesamte Welt hier als eine einzige gemeinsame Bürgerschaft der Götter und Menschen zu bezeichnen ⟨ist⟩. Und was den Umstand angeht, dass man in den Bürgerschaften nach einer gewis-

dam, de qua dicetur idoneo loco, agnationibus familiarum distinguuntur status, id in rerum natura tanto est magnificentius tantoque praeclarius, ut homines deorum agnatione et gente teneantur.

(24) Nam ⟨ea quae⟩ cum de natura omni quaeritur disputari solent, nimirum ita sunt ut disputantur: perpetuis cursibus conversionibus⟨que⟩ caelestibus exstitisse quandam maturitatem serendi generis humani, quod sparsum in terras atque satum, divino auctum sit animorum munere; cumque alia quibus cohaererent homines e mortali genere sumpserint, quae fragilia essent et caduca, animum esse ingeneratum a deo: ex quo vere vel agnatio nobis cum caelestibus vel genus vel stirps agnosci potest. Itaque ex tot generibus nullum est animal, praeter hominem, quod habeat notitiam aliquam dei; ipsisque in hominibus nulla gens est neque tam mansueta neque tam fera, quae non, etiamsi ignoret qualem haberi deum deceat, tamen habendum sciat.

(25) Ex quo efficitur illud, ut is agnoscat deum, qui unde ortus sit quasi recordetur. Iam vero virtus eadem in homine ac deo est, neque alio ullo in genere praeterea; est autem virtus nihil aliud nisi perfecta et ad summum perducta ⟨na-

sen Logik, über die an geeignetem Ort gesprochen werden wird, den Stand von Hausverbänden nach der Blutsverwandtschaft unterscheidet, so ist in der Natur dies so viel größer und so viel herrlicher, dass die Menschen einer Blutsverwandtschaft und einem Clan mit den Göttern angehören.

(24) Denn ⟨das, was⟩ gewöhnlich vorgetragen wird, wenn über die Natur in ihrer Gesamtheit geforscht wird – und es ist zweifellos so, wie es vorgetragen wird –, ist Folgendes: Während der beständigen Bahnen ⟨und⟩ Umläufe der Himmelskörper sei gewissermaßen die Zeit reif geworden, um das Menschengeschlecht hervorzubringen, das, verstreut und über die Länder ausgesät, mit dem göttlichen Geschenk der Seele bereichert worden sei: Und während die Menschen alles andere, woraus sie zusammengesetzt sind, aus sterblichem Material erhielten, das brüchig und verderblich ist, sei die Seele in ihnen von dem Gott erzeugt worden. Daraus lässt sich tatsächlich entweder eine Blutsverwandtschaft zwischen uns und den Göttern, eine Abstammung oder eine Herkunft erkennen. Und deshalb gibt es unter so vielen Spezies kein einziges Lebewesen außer den Menschen, das irgendeine Kenntnis von dem Gott hätte; und unter den Menschen selbst ist kein Volksstamm so zahm oder so wild, dass er, auch wenn er nicht wissen sollte, wie man sich den Gott vorzustellen habe, dennoch nicht wüsste, dass er sich ihn vorstellen müsse.

(25) Daraus folgt, dass derjenige den Gott erkennt, der sich gewissermaßen erinnert, woher er stammt. Und auch die Tugend ist dieselbe beim Menschen wie beim Gott, nicht aber in irgendeiner anderen Spezies. Es ist aber die Tugend nichts anderes als die vollendete und zum Höchs-

tura⟩; naturalis est igitur homini cum deo similitudo. Quod cum ita sit, quae tandem esse potest propior certiorve cognatio?

Itaque ad hominum commoditates et usus tantam rerum ubertatem natura largita est, ut ea quae gignuntur donata consulto nobis, non fortuito nata videantur; nec solum ea quae frugibus ⟨onusta⟩ atque bacis terrae fetu profunduntur, sed etiam pecudes, quas perspicuum sit partim esse ad usum hominum, partim ad fructum, partim ad vescendum procreatas.

(26) Artes vero innumerabiles repertae sunt docente natura, quam imitata ratio res ad vitam necessarias sollerter consecuta est.

Ipsum autem hominem eadem natura non solum celeritate mentis ornavit, sed ⟨ei⟩ et sensus tamquam satellites attribuit ac nuntios, et rerum plurimarum obscuras nec satis ⟨enodatas⟩ intellegentias {enodavit} quasi fundamenta quaedam scientiae. Figuramque corporis habilem et aptam ingenio humano dedit; nam cum ceteras animantes abiecisset ad pastum, solum hominem erexit et ad caeli quasi cognationis domiciliique pristini conspectum excitavit. Tum speciem ita formavit oris, ut in ea penitus reconditos

ten geführte ⟨Natur⟩; von Natur her besteht also für den Menschen eine Ähnlichkeit mit dem Gott. Wenn das aber so ist, was für eine engere oder sicherere Verwandtschaft kann es überhaupt geben?

Deshalb hat die Natur zur Annehmlichkeit und zum Nutzen der Menschen eine so große Fülle an Dingen reichlich geschenkt, dass es scheint, das, was entstanden ist, sei uns aufgrund einer Absicht geschenkt worden und nicht durch Zufall entstanden – und nicht nur das, was von Feld- und Baumfrüchten ⟨beladen⟩ von der Fruchtbarkeit der Erde hervorgebracht wird, sondern auch das Vieh, das offensichtlich teilweise zum Nutzen der Menschen, teilweise zur Ertragssteigerung und teilweise zur Ernährung erschaffen wurde.

(26) Unzählige Techniken aber sind erfunden worden, angeleitet von der Natur. Indem der Verstand sie nachahmte, erlangte er mit Geschick die zum Leben notwendigen Dinge.

Den Menschen selbst aber schmückte eben diese Natur nicht allein mit der Schnelligkeit des Verstands, sondern sie teilte ⟨ihm⟩ auch Sinne zu, gewissermaßen als Begleiter und Boten, außerdem dunkle und noch ungenügend ⟨entwickelte⟩ Vorstellungen[48] sehr vieler Dinge, gewissermaßen als die Fundamente für sein Wissen. Sie gab ihm auch eine gewandte und zu dem menschlichen Geist passende körperliche Gestalt; denn während sie die übrigen Lebewesen zur Nahrungsaufnahme herabgeneigt hatte, richtete sie allein den Menschen auf und regte ihn so zur Betrachtung des Himmels – und damit seiner Verwandtschaft und seines früheren Wohnorts – an.[49] Darauf gestaltete sie das Aussehen des Gesichts so, dass sie darin tief verborgene

mores effingeret; (27) nam et oculi nimis arguti quemadmodum animo affecti simus loquuntur, et is qui appellatur vultus, qui nullo in animante esse praeter hominem potest, indicat mores; cuius vim Graeci norunt, nomen omnino non habent. Omitto opportunitates habilitatesque reliqui corporis, moderationem vocis, orationis vim, quae conciliatrix est humanae maxime societatis (neque enim omnia sunt huius disputationis ac temporis, et hunc locum satis, ut mihi videtur, in eis libris quos legistis expressit Scipio): nunc, quoniam hominem, quod principium reliquarum rerum esse voluit, ⟨ita⟩ generavit et ornavit deus, perspicuum est illud (ne omnia disserantur), ipsam per se naturam longius progredi, quae etiam nullo docente, profecta ab eis quorum ex prima et inchoata intellegentia genera cognovit, confirmat ipsa per se rationem et perficit.

(28) [A.] Di immortales, quam tu longe iuris principia repetis! Atque ita ut ego non modo ad illa non properem, quae exspectabam a te de iure civili, sed facile patiar te hunc diem vel totum in isto sermone consumere; sunt enim haec maiora, quae aliorum causa fortasse complecteris, quam ipsa illa quorum haec causa praeparantur.

Charakterzüge zum Ausdruck bringen konnte; (27) denn die Augen sprechen nur allzu deutlich, in welcher Stimmung wir sind; und der sogenannte Gesichtsausdruck, den es bei keinem anderen Lebewesen außer dem Menschen geben kann, zeigt den Charakter an. Dessen Bedeutung kennen die Griechen,[50] aber sie haben gar keine Bezeichnung dafür. Ich übergehe die günstigen Eigenschaften und die Gewandtheiten des übrigen Körpers, die Lenkbarkeit der Stimme, die Kraft der Rede, welche in höchstem Maße eine Versöhnerin der menschlichen Gesellschaft[51] ist (denn alles das gehört nicht in diese Diskussion und nicht zum gegenwärtigen Zeitpunkt, und dieses Thema ist ausreichend, wie mir scheint, in den Büchern, die ihr gelesen habt, von Scipio behandelt worden).[52] Da aber der Gott den Menschen, weil er ihn als das Erste unter allen übrigen Dingen haben wollte, ⟨so[53]⟩ erzeugt und ausgestattet hat, ist nun jene Sache deutlich (um nicht alles auszudiskutieren), dass die Natur selbst aus eigenem Antrieb heraus weiter voranschreitet: Ausgehend von den Dingen, deren Klassifizierungen sie aus der ersten, unvollständig angelegten Vorstellung erkannt hat, festigt sie, auch ohne dass jemand sie dies lehrt, aus sich heraus die Vernunft und führt sie zur Vollendung.[54]

(28) *(Atticus:)* Bei den unsterblichen Göttern, wie weit leitest du die Grundlagen des Rechts her! Und dies tust du so, dass ich nicht nur darauf verzichte, zu dem zu eilen, was ich zum Thema des bürgerlichen Rechts von dir erwartete, sondern dass ich es leicht ertragen will, dass du diesen Tag sogar ganz mit diesem Gespräch verbringst; denn diese Gedanken, die du vielleicht um anderer willen kurz zusammenfasst, sind wichtiger als selbst jene Überlegungen, um deren willen sie vorbereitet wurden.

[M.] Sunt haec quidem magna, quae nunc breviter attinguntur; sed omnium quae in hominum doctorum disputatione versantur, nihil est profecto praestabilius, quam plane intellegi nos ad iustitiam esse natos, neque opinione sed natura constitutum esse ius. Id iam patebit, si hominum inter ipsos societatem coniunctionemque perspexeris.

(29) Nihil est enim unum uni tam simile, tam par, quam omnes inter nosmet ipsos sumus; quodsi depravatio consuetudinum, si opinionum vanitas non imbecillitatem animorum torqueret et flecteret quocumque coepisset, sui nemo ipse tam similis esset quam omnes sunt omnium; itaque quaecumque est hominis definitio, una in omnes valet.

(30) Quod argumenti satis est nullam dissimilitudinem esse in genere; quae si esset, non una omnes definitio contineret. Etenim ratio, qua una praestamus beluis, per quam coniectura valemus, argumentamur, refellimus, disserimus, conficimus aliquid, concludimus, certe est communis, doctrina differens, discendi quidem facultate par. Nam et sensibus eadem omnium comprehenduntur, et ea quae movent sensus, itidem movent omnium; quaeque in animis imprimuntur, de quibus ante dixi, inchoatae intelle-

(Marcus:) Ja, diese Gedanken, die nun kurz berührt werden, sind gewiss wichtig; aber von allen Dingen, die in dem Gespräch gelehrter Menschen erörtert werden, ist tatsächlich nichts bedeutender, als sich vollständig klarzumachen, dass wir zur Ausübung der Gerechtigkeit geboren wurden und dass das Recht nicht durch die subjektive Meinung, sondern durch die Natur gegründet ist. Dies wird sogleich offenliegen, wenn du über die Gesellschaft und Verbindung der Menschen untereinander Klarheit gewonnen hast.

(29) Nichts ist nämlich einem anderen so ähnlich, so gleich, wie wir selbst alle untereinander es sind. Wenn nun aber nicht unsere korrumpierten Gewohnheiten, wenn nicht die Nichtigkeit unserer Meinungen unsere schwachen Gemüter verdrehen und in die Richtung verbiegen würden, in die auch immer sie [sie zu verbiegen] begonnen hatten, dann wäre niemand sich selbst so ähnlich wie wir alle untereinander. Deshalb: Wie auch immer die Definition des Menschen lautet, eine gilt für alle.

(30) Ein ausreichendes Argument dafür ist, dass es keine Verschiedenheit in der Spezies gibt. Wenn es sie gäbe, würde nicht eine einzige Definition alle umfassen. Denn die Vernunft, durch die allein wir den Tieren voranstehen, durch die wir Vermutungen anstellen, Gründe darlegen, widerlegen, diskutieren, etwas zu Ende denken, einen Schluss ziehen, ist gewiss etwas Gemeinsames – nach Kenntnisstand zwar jeweils verschieden, aber in der Fähigkeit zum Erlernen gleich. Denn auch mit den Sinnen aller wird dasselbe erfasst, und das, was die Sinne anregt, regt ebenso die Sinne aller an; und auch die unvollständig angelegten Vorstellungen, die den Seelen eingeprägt werden, über die ich vorhin gesprochen habe, werden bei

gentiae, similiter in omnibus imprimuntur; interpresque mentis oratio verbis discrepat, sententiis congruens; nec est quisquam gentis ullius, qui duce natura ad virtutem pervenire non possit.

(31) Nec solum in rectis, sed etiam in pravitatibus insignis est humani generis similitudo; nam et voluptate capiuntur omnes, quae etsi est illecebra turpitudinis, tamen habet quiddam simile naturali bono; levitate est enim et suavitate delectans; sic ab errore mentis tamquam salutare aliquid asciscitur; similique inscitia mors fugitur quasi dissolutio naturae, vita expetitur quia nos in quo nati sumus continet; dolor in maximis malis ducitur, cum sua asperitate, tum quod naturae interitus videtur sequi; (32) propterque honestatis et gloriae similitudinem beati qui honorati sunt videntur, miseri autem qui sunt inglorii. Molestiae, laetitiae, cupiditates, timores similiter omnium mentes pervagantur; nec si opiniones aliae sunt apud alios, idcirco qui canem et felem ut deos colunt non eadem superstitione qua ceterae gentes conflictantur.

Quae autem natio non comitatem, non benignitatem, non gratum animum et benefici memorem diligit? Quae

allen ganz ähnlich eingeprägt; und auch die Rede, Dolmetscherin des Geistes, unterscheidet sich in den Worten, stimmt aber, was deren Bedeutung angeht, überein; und es gibt keinen Menschen in irgendeinem Volksstamm, der mit der Natur als Führerin[55] nicht zu einem tugendhaften Leben gelangen kann.

(31) Doch nicht nur im richtigen, sondern auch im verkehrten Verhalten ist eine Ähnlichkeit für die menschliche Spezies kennzeichnend. Denn wir alle lassen uns von der Lust ergreifen – und auch wenn es sich um eine Verlockung zum moralisch Schlechten handelt, hat sie dennoch etwas, das dem von Natur Guten ähnlich ist; denn sie erfreut uns durch ihre Leichtigkeit und ihre Annehmlichkeit; so eignet man sich aus dem Irrtum des Geistes gewissermaßen etwas Heilsames an; und aufgrund ähnlicher Unwissenheit flieht man vor dem Tod, als sei er die Auflösung der Natur, und man strebt nach dem Leben, weil es uns dort festhält, wohin wir geboren wurden; Schmerz wird zu den größten Übeln gezählt, sowohl durch seine Rauheit, dann aber besonders, weil die Zerstörung der Natur die Folge zu sein scheint; (32) und aufgrund der Ähnlichkeit zwischen dem moralisch Richtigen und dem Ruhm erscheinen die als glücklich, die geehrt worden sind, die aber unglücklich, die ohne Ruhm sind. Beschwernisse, Freuden, Begierden, Ängste durchstreifen in ähnlicher Weise die Gemüter aller; und auch wenn die einen diese, die anderen andere Meinungen vertreten, werden deswegen diejenigen, die Hund und Katze als Götter verehren,[56] von exakt demselben Aberglauben wie die übrigen Volksstämme heimgesucht.

Welche Ethnie aber liebt nicht Freundlichkeit, nicht Wohlwollen, nicht einen dankbaren und sich erkenntlich

superbos, quae maleficos, quae crudeles, quae ingratos non aspernatur, non odit? Quibus ex rebus cum omne genus hominum sociatum inter se esse intellegatur, illud extremum est, quod recte vivendi ratio meliores efficit.

Quae si approbatis, pergam ad reliqua; sin quid requiritis, id explicemus prius.

[A.] Nos vero nihil, ut pro utroque respondeam.

(33) [M.] Sequitur igitur, ad participandum alium cum alio communicandumque inter omnes ius nos natura esse factos; atque hoc in omni hac disputatione sic intellegi volo, cum dicam natura esse ⟨ius⟩; tantam autem esse corruptelam malae consuetudinis, ut ab ea tamquam igniculi exstinguantur a natura dati, exorianturque et confirmentur vitia contraria. Quodsi, quomodo est natura, sic iudicio homines ›humani‹ (ut ait poeta) ›nihil a se alienum putarent‹, coleretur ius aeque ab omnibus. Quibus enim ratio a natura data est, eisdem etiam recta ratio data est; ergo et lex, quae est recta ratio in iubendo et vetando; si lex, ius quoque. Et omnibus ratio; ius igitur datum est omnibus. ⟨***⟩ Recteque Socrates exsecrari eum solebat, qui primus utilitatem a iure seiunxisset; id enim querebatur caput esse exitiorum

zeigenden Charakter? Welche verschmäht und hasst nicht überhebliche, schlecht handelnde, grausame, undankbare Menschen? Da aus diesen Dingen klar wird, dass die menschliche Spezies in ihrer Gesamtheit miteinander verbunden ist, folgt zuletzt, dass die Lehre von der richtigen Lebensführung sie besser macht.

Wenn ihr dem zustimmt, will ich zum Übrigen kommen; wenn euch aber noch etwas fehlt, wollen wir das vorher klären.

(Atticus:) Uns aber fehlt nichts, um für uns beide zu antworten.

(33) *(Marcus:)* Also, daraus folgt, dass wir von der Natur zu dem Ziel geschaffen worden sind, das Recht miteinander zu teilen und unter allen gemein zu machen (und das möchte ich in dieser gesamten Unterredung so verstanden wissen, wenn ich sage, ⟨das Recht⟩ bestehe von Natur aus), dass die Verführung durch die schlechte Gewohnheit jedoch so groß ist, dass von ihr gewissermaßen die von der Natur gewährten kleinen Funken ausgelöscht werden und die entgegengesetzten Fehler entstehen und sich festigen. Wenn aber die Menschen in ihrem Urteil so, wie es von Natur aus ist, »glaubten, dass nichts an Menschlichem ihnen fremd sei« (wie der Dichter sagt),[57] dann würde das Recht gleichermaßen von allen in Ehren gehalten. Wem nämlich die Vernunft von der Natur gegeben ist, dem ist auch der rechte Verstand gegeben; folglich auch das Gesetz, welches der rechte Verstand im Befehlen und Verbieten ist; wenn aber das Gesetz, dann auch das Recht. Und überhaupt ist allen die Vernunft gegeben; das Recht ist folglich allen gegeben. ⟨***⟩ Und zu Recht pflegte Sokrates den zu verfluchen, der als Erster die Nützlichkeit vom Recht getrennt hatte;

omnium. ⟨* * *⟩ Unde enim illa Pythagorea vox? ⟨***⟩ {De amicitia locus.}

(34) Ex quo perspicitur, cum hanc benevolentiam tam late longeque diffusam vir sapiens in aliquem pari virtute praeditum contulerit, tum illud effici quod quibusdam incredibile videatur, sit autem necessarium: uti nihilo sepse plus quam alterum diligat. Quid enim est quod differat, cum sint cuncta paria? Quodsi interesse quippiam tantulum modo potuerit, iam amicitiae nomen occiderit, cuius est ea vis ut simul atque sibi aliquid alter maluerit ⟨quam alteri⟩, nulla sit.

Quae praemuniuntur omnia reliquo sermoni disputationique nostrae, quo facilius ius in natura esse positum intellegi possit; de quo cum perpauca dixero, tum ad ius civile veniam, ex quo haec omnis est nata oratio.

[Q.] Tu vero iam perpauca licet; ex eis enim quae dixisti, ⟨etiamsi aliter⟩ Attico, videtur mihi quidem certe ex natura ortum esse ius.

(35) [A.] An mihi aliter videri possit, cum haec iam perfecta sint: primum quasi muneribus deorum nos esse instructos et ornatos, secundo autem loco unam esse hominum inter ipsos vivendi parem communemque rationem, deinde omnes inter se naturali quadam indulgentia et be-

dies nämlich, so klagte er, sei die Quelle allen Verderbens.[58] ⟨* * *⟩ Woher kommt nämlich jener berühmte Ausspruch des Pythagoras?[59] ⟨***⟩

(34) Daraus lässt sich ersehen, dass, wenn ein weiser Mann ein solches Wohlwollen, das sich derart weit und breit erstreckt, gegenüber irgendeinem anderen an den Tag gelegt hat, der über dieselbe Tugendhaftigkeit verfügt, dann das bewirkt wird, was einigen unglaublich erscheint, jedoch notwendig ist: dass er sich selbst um nichts mehr als den anderen liebt. Denn was gibt es, das sich noch unterscheiden könnte, wenn doch alles gleich ist? Wenn aber ein noch so kleiner Unterschied in der Freundschaft bestehen kann, sollte schon die Bezeichnung Freundschaft verschwinden, deren Wesen darin besteht, dass sie nicht mehr existiert, sobald der eine für sich selbst etwas lieber möchte ⟨als für den anderen⟩.

Dies alles wird als Vorbau dem folgenden Gespräch und unserer Erörterung vorangestellt, damit sich umso leichter erkennen lässt, dass das Recht in der Natur gegründet ist. Wenn ich darüber noch ganz wenige Worte verloren habe, will ich dann zum bürgerlichen Recht kommen, von dem aus diese ganze Rede ihren Ausgang genommen hat.

(Quintus:) Aber bitte nur noch ganz wenige Worte; daraus nämlich, was du gesagt hast, erscheint es mir deutlich – ⟨auch wenn⟩ es Atticus ⟨anders⟩ erscheinen sollte –, dass das Recht aus der Natur entstanden ist.

(35) *(Atticus:)* Könnte es etwa mir anders erscheinen, da das Folgende schon abschließend ausgeführt wurde: erstens, dass wir gewissermaßen durch die Geschenke der Götter ausgestattet und ausgerüstet sind; an zweiter Stelle aber, dass es eine einzige, gleiche und gemeinsame Weise

nevolentia, tum etiam societate iuris contineri? Quae cum vera esse recte, ut arbitror, concesserimus, qui iam licet nobis a natura leges et iura seiungere?

(36) [M.] Recte dicis, et res se sic habet; verum philosophorum more – non veterum quidem illorum, sed eorum qui quasi officinas instruxerunt sapientiae – quae fuse olim disputabantur et libere, ea nunc articulatim distincteque dicuntur. Nec enim satisfieri censent huic loco qui nunc est in manibus, nisi separatim hoc ipsum, natura esse ius, disputarint.

[A.] Et scilicet tua libertas disserendi amissa est, aut tu is es qui in disputando non tuum iudicium sequare, sed auctoritati aliorum pareas?

(37) [M.] Non semper, Tite; sed iter huius sermonis quod sit vides: ad res publicas firmandas – id est ad stabiliendas res, sanandos populos – omnis nostra pergit oratio; quocirca vereor committere ut non bene provisa et diligenter explorata principia ponantur. Nec tamen ut omnibus probentur (nam id fieri non potest), sed ut eis qui omnia recta at-

des Lebens aller Menschen miteinander gibt; außerdem, dass alle Menschen untereinander durch eine gewisse natürliche Nachsicht und ein freundschaftliches Wohlwollen, dann aber auch durch die Gesellschaft des Rechts zusammengehalten werden. Da wir nach Gebühr, wie ich meine, zugestimmt haben, dass dies wahr ist: Wie ist es uns da noch erlaubt, Gesetze und Rechtsvorstellungen von der Natur zu trennen?

(36) *(Marcus:)* Das sagst du korrekt, und so stellt sich die Sache dar. Nach Art der Philosophen jedoch – nicht allerdings jener alten, sondern nach der Art derer, die gewissermaßen Werkstätten der Weisheit eingerichtet haben – wird jetzt das, was eben noch unverbunden und frei dargelegt wurde, Punkt für Punkt und in strenger Gliederung vorgetragen. Sie sind nämlich nicht der Ansicht, dass dem Thema, das wir gerade behandeln, Genüge getan ist, wenn sie nicht eben diese These, dass das Recht von Natur her bestehe, gesondert dargelegt haben.

(Atticus:) Offenbar ist ja nun deine Freiheit im Erörtern verloren gegangen, oder du bist etwa jemand, der beim Diskutieren nicht seinem Urteil folgt, sondern der Autorität von anderen gehorcht?

(37) *(Marcus:)* Nicht immer, Titus; doch du siehst, welchen Weg dieses Gespräch nimmt: Auf die Festigung der politischen Gemeinwesen – das heißt: auf die Aufrechterhaltung der Zustände und auf die Heilung der Völker – richtet sich unsere ganze Rede; daher fürchte ich, es dazu kommen zu lassen, dass nicht gut überlegte und sorgfältig erkundete Prämissen gesetzt werden – jedoch nicht so weit, dass sie von allen gebilligt würden (denn das kann nicht geschehen), aber doch von denjenigen, die der Ansicht

que honesta per se expetenda duxerunt, et aut nihil omnino in bonis numerandum nisi quod per se ipsum laudabile esset, aut certe nullum habendum magnum bonum nisi quod vere laudari sua sponte posset.

(38) Eis omnibus, sive in Academia vetere cum Speusippo Xenocrate Polemone manserunt, sive Aristotelem et Theophrastum (cum illis congruentes re, genere docendi paulum differentes) secuti sunt, sive ut Zenoni visum est, rebus non commutatis immutaverunt vocabula, sive etiam Aristonis difficilem atque arduam, sed iam tamen fractam et convictam sectam secuti sunt, ut virtutibus exceptis atque vitiis, cetera in summa aequalitate ponerent – eis omnibus haec quae dixi probantur.

(39) Sibi autem indulgentes et corpori deservientes, atque omnia quae sequantur in vita quaeque fugiant voluptatibus et doloribus ponderantes, etiamsi vera dicunt (nihil enim opus est hoc loco litibus), in hortulis suis iubeamus dicere, atque etiam ab omni societate reipublicae, cuius partem nec norunt ullam neque umquam nosse voluerunt, paulisper facessant rogemus. Perturbatricem autem harum omnium rerum, Academiam hanc ab Arcesila et Carneade recentem, exoremus ut sileat: nam si invaserit in haec quae satis scite nobis instructa et composita videntur, nimias

waren, dass alles Rechte und moralisch Richtige um seiner selbst willen zu erstreben ist und dass entweder überhaupt nichts unter die Güter zu zählen sei außer dem, was an sich lobenswert sei, oder wenigstens nichts für ein großes Gut gehalten werden dürfe außer dem, was von sich aus aufrichtig gelobt werden könne.

(38) Von diesen allen,[60] sei es, dass sie in der Alten Akademie mit Speusippus, Xenokrates und Polemon[61] verblieben, sei es, dass sie Aristoteles und Theophrast[62] folgten (mit Ersteren in der Sache übereinstimmend, in der Art zu lehren sich ein klein wenig unterscheidend), sei es, dass sie, wie es Zenon beliebte, ohne Änderung der Inhalte nur die Worte umänderten, sei es, dass sie auch der verwickelten und hochkomplizierten, aber schon entkräfteten und widerlegten Lehre des Ariston[63] gefolgt sind, nämlich dass sie mit Ausnahme der Tugenden und der Laster alles Übrige unterschiedslos auf die gleiche Stufe stellten – von diesen allen wird das, was ich gesagt habe, für gut geheißen.

(39) Diejenigen aber, die sich gehen lassen und ihrem Körper dienen und alles, was sie im Leben verfolgen und meiden, nur nach Lust und Schmerz gewichten,[64] wollen wir, auch wenn sie Wahres sagen (denn an dieser Stelle braucht es keinen Streit), befehlen, in ihren Gärtlein[65] zu sprechen, und wir wollen sie ersuchen, sich für eine Weile von jeglicher Gesellschaft mit dem politischen Gemeinwesen entfernt zu halten; denn wie man daran Anteil nimmt, wissen sie nicht, noch wollten sie es jemals wissen. Die Verwirrerin aber aller dieser Dinge, die Akademie, und zwar die sogenannte Jüngere von Arkesilaos und Karneades,[66] wollen wir inständig bitten, dass sie schweigt: Denn wenn sie in diese Dinge, die uns ausreichend klug eingerichtet

edet ruinas; quam quidem ego placare cupio, summovere non audeo.

(40) [M.] ⟨* * *⟩ nam et in eis sine illius suffimentis expiati sumus. At vero scelerum in homines atque in deos impietatum nulla expiatio est; itaque poenas luunt, non tam iudiciis (quae quondam nusquam erant, hodie multifariam nulla sunt, ubi sunt tamen persaepe falsa sunt), sed eos agitant insectanturque furiae, non ardentibus taedis sicut in fabulis, sed angore conscientiae fraudisque cruciatu.

Quodsi homines ab iniuria poena, non natura, arcere deberet, quaenam sollicitudo vexaret impios sublato suppliciorum metu? Quorum tamen nemo tam audax umquam fuit quin aut abnueret a se commissum esse facinus, aut iusti sui doloris causam aliquam fingeret, defensionemque facinoris a naturae iure aliquo quaereret. Quae si appellare audent impii, quo tandem studio colentur a bonis!

Quodsi poena, si metus supplicii, non ipsa turpitudo deterret ab iniuriosa facinerosaque vita, nemo est iniustus, atque incauti potius habendi sunt improbi; (41) tum autem

und zusammengefügt erscheinen, eindringt, wird sie ziemlich große Verwüstung anrichten. Diese wünsche ich freilich nur zu besänftigen, sie zu entfernen wage ich nicht.

(40) *(Marcus:)* ⟨* * *⟩[67] Denn auch in diesen Dingen sind wir ohne dessen Räucherwerk[68] entsühnt. Ganz im Gegensatz dazu gibt es keine Sühnung für Verbrechen gegenüber den Menschen und pflichtvergessene Vergehen gegenüber den Göttern; und so zahlen sie Strafe – nicht so sehr den Gerichtshöfen (die es einst nirgendwo gab, die heute an vielen Orten nicht vorhanden sind und die, wo es sie gibt, sehr häufig voller Trug sind), sondern die Furien jagen und verfolgen diese Leute, nicht mit brennenden Fackeln wie in den Erzählungen,[69] sondern durch Gewissensbisse und Folter für ihren Betrug.

Wenn aber die Strafe, nicht ihre Natur, die Menschen vom Unrecht abhalten müsste, welche Unruhe würde die Pflichtvergessenen denn noch quälen, sobald die Furcht vor Bestrafung aufgehoben wäre? Von diesen war bisher noch niemand so dreist, dass er nicht entweder abstritt, dass von ihm eine Untat begangen worden sei, oder dass er nicht irgendeinen Grund für seinen gerechten Schmerz erfunden hätte und die Verteidigung seiner Untat nicht bei irgendeinem Recht der Natur gesucht hätte. Wenn aber schon die Pflichtvergessenen wagen, sich auf diese [Rechtsvorstellungen] zu berufen, mit welchem Eifer werden sie dann von den Guten in Ehren gehalten werden!

Wenn aber die Strafe, wenn die Furcht vor Bestrafung, nicht die Schlechtigkeit als solche, von einem Leben der Rechtsverletzungen und Untaten abhält, ist niemand mehr ungerecht, und für unvorsichtig muss man vielmehr die Übeltäter halten. (41) Wenn wir dann aber nicht durch das

qui non ipso honesto movemur ut boni viri simus, sed utilitate aliqua atque fructu, callidi sumus, non boni. Nam quid faciet is homo in tenebris, qui nihil timet nisi testem et iudicem? Quid in deserto quo loco, nactus quem multo auro spoliare possit imbecillum atque solum? Noster quidem hic natura iustus vir ac bonus etiam colloquetur, iuvabit, in viam deducet; is vero qui nihil alterius causa faciet, et metietur suis commodis omnia, videtis, credo, quid sit acturus; quodsi negabit se illi vitam erepturum et aurum ablaturum, numquam ob eam causam negabit quod id natura turpe iudicet, sed quod metuat ne emanet, id est ne malum habeat: o rem dignam in qua non modo docti sed etiam agrestes erubescant!

(42) Iam vero illud stultissimum, existimare omnia iusta esse quae scita sint in populorum institutis aut legibus. Etiamne si quae leges sint tyrannorum? Si triginta illi Athenis leges imponere voluissent, aut si omnes Athenienses delectarentur tyrannicis legibus, num idcirco eae leges iustae haberentur? Nihilo, credo, magis illa quam interrex noster tulit, ut dictator quem vellet civium vel indicta causa impune posset occidere. Est enim unum ius, quo devincta

moralisch Richtige an sich motiviert werden, gute Menschen zu sein, sondern durch irgendeinen Nutzen oder Gewinn, sind wir nur schlau, nicht gut. Denn was wird derjenige Mensch in der Dunkelheit machen, der nur noch den Zeugen und den Richter fürchtet? Was wird er an irgendeinem verlassenen Ort tun, wenn er zufällig auf jemanden stößt, den er um viel Gold berauben kann, weil der schwach und allein ist? Gewiss, unser von Natur aus gerechter und guter Mensch wird ihn sogar ansprechen, ihm helfen, ihn auf den Weg zurückführen; derjenige aber, der nichts für einen anderen tun wird und der alles nach seinen eigenen Vorteilen bemisst – ihr seht, glaube ich, was er tun wird. Wenn er aber verneinen wird, dass er jenem das Leben rauben und das Gold wegnehmen werde, dann würde er es niemals aus dem Grund abstreiten, dass er dies von Natur aus als etwas Schlechtes beurteilt, sondern weil er fürchtete, dass es herauskommt, das heißt, dass ihm daraus ein Schaden erwächst. Oh, was ist das für eine Einstellung, bei der berechtigterweise nicht nur gebildete, sondern auch einfache Menschen erröten!

(42) Das aber ist wirklich das Dümmste: Zu glauben, dass alles gerecht sei, was festgesetzt ist in den Einrichtungen und Gesetzen der Völker. Auch, wenn es irgendwelche Gesetze von Tyrannen sind? Wenn die berühmten Dreißig[70] der Stadt Athen hätten Gesetze aufzwingen wollen bzw. wenn sich alle Athener an tyrannischen Gesetzen erfreuten, würde man diese Gesetze deshalb für gerecht halten? Und ebenso wenig, glaube ich, jenes Gesetz, das ein Interrex[71] bei uns einbrachte, so dass der Diktator jeden beliebigen Bürger selbst ohne Gerichtsverhandlung ungestraft töten konnte. Es gibt nämlich *ein* Recht, durch das die Gesell-

est hominum societas, et quod lex constituit una, quae lex est recta ratio imperandi atque prohibendi. Quam qui ignorat, is est iniustus, sive est illa scripta uspiam sive nusquam. Quodsi iustitia est obtemperatio scriptis legibus institutisque populorum, et si (ut idem dicunt) utilitate omnia metienda sunt, negleget leges easque perrumpet, si poterit, is qui sibi eam rem fructuosam putabit fore; ita fit ut nulla sit omnino iustitia, si neque natura est, ⟨et⟩ ea quae propter utilitatem constituitur, utilitate illa convellitur.

(43) Atque si natura confirmatum ius non erit, tollantur ⟨***⟩. Ubi enim liberalitas, ubi patriae caritas, ubi pietas, ubi aut bene merendi de altero aut referendae gratiae voluntas poterit exsistere? Nam haec nascuntur ex eo quia natura propensi sumus ad diligendos homines, quod fundamentum iuris est. Neque solum in homines obsequia, sed etiam in deos caerimoniae religionesque tolluntur; quas non metu sed ea coniunctione quae est homini cum deo conservandas puto. Quodsi populorum iussis, si principum decretis, si sententiis iudicum iura constituerentur, ius esset

schaft der Menschen gebunden ist und welches von dem *einen* Gesetz[72] geschaffen wurde. Dieses Gesetz ist der rechte Verstand im Befehlen und Verbieten. Wer dieses nicht kennt, der ist ungerecht, egal ob jenes Gesetz irgendwo niedergeschrieben ist oder nirgendwo. Wenn Gerechtigkeit aber Gehorsam gegenüber den geschriebenen Gesetzen und den Einrichtungen der Völker meint und wenn – wie dieselben Leute sagen – alles nach dem Nutzen zu bemessen ist, wird derjenige die Gesetze geringschätzen und sie brechen, falls er dazu die Möglichkeit haben sollte, der glaubt, dass dies für ihn gewinnbringend sein wird; und so kommt es, dass es überhaupt keine Gerechtigkeit gibt, wenn sie nicht von Natur aus besteht, ⟨und⟩ diejenige [Gerechtigkeit], die wegen des Nutzens geschaffen wird, von eben jenem Nutzen untergraben wird.[73]

(43) Und wenn das Recht nicht durch die Natur fest begründet sein wird, dürften ⟨***⟩[74] aufgehoben werden. Wo kann nämlich Freigebigkeit, wo Wertschätzung gegenüber dem Vaterland, wo rechte Gesinnung, wo der Wille bestehen, sich entweder einem anderen als Wohltäter zu erweisen oder seinen Dank abzutragen? Denn dies entsteht daraus, dass wir von Natur aus dazu geneigt sind, Menschen wertzuschätzen: Das ist das Fundament des Rechts. Und nicht nur die Verpflichtung gegenüber den Menschen, sondern auch die religiösen Feierlichkeiten und Praktiken gegenüber den Göttern werden aufgehoben; diese müssen meiner Auffassung nach nicht aus Angst, sondern aufgrund derjenigen Verbindung bewahrt werden, die der Mensch mit dem Gott hat. Wenn aber durch die Verordnungen der Völker, wenn durch die Bescheide der führenden Männer, wenn durch die Urteile der Richter die Rechtsvorschriften

latrocinari, ius adulterare, ius testamenta falsa supponere, si haec suffragiis aut scitis multitudinis probarentur.

(44) Quodsi tanta potestas est stultorum sententiis atque iussis ut eorum suffragiis rerum natura vertatur, cur non sanciunt ut quae mala perniciosaque sunt, habeantur pro bonis et salutaribus? An vero ius ex iniuria lex facere possit, bonum eadem facere non possit ex malo? Atqui nos legem bonam a mala nulla alia nisi naturae norma dividere possumus.

Nec solum ius et iniuria natura diiudicatur, sed omnino omnia honesta et turpia; nam ita communes intellegentias nobis natura efficit easque in animis nostris inchoat, ut honesta in virtute ponantur, in vitiis turpia: (45) ea autem in opinione existimare, non in natura posita, dementis est. Nam nec arboris nec equi virtus quae dicitur (in quo abutimur nomine) in opinione sita est, sed in natura; quod si ita est, honesta quoque et turpia natura diiudicanda sunt. Iam si opinione universa virtus, eadem eius etiam partes probarentur. Quis igitur prudentem et, ut ita dicam, catum, non

festgesetzt würden, dann wäre es Recht, Straßenraub zu treiben; es wäre Recht, Ehebruch zu begehen; es wäre Recht, gefälschte Testamente unterzuschieben, wenn dies durch die Abstimmungen oder die Beschlüsse der Menge gebilligt würde.

(44) Wenn aber die Urteile und Gebote der Dummen eine so große Macht besitzen, dass durch ihre Abstimmungen die natürlichen Zustände verändert werden, warum setzt man dann nicht fest, dass das, was schlecht und schädlich ist, für gut und heilbringend gehalten wird? Oder kann ein Gesetz tatsächlich aus Unrecht Recht machen, dasselbe aber nicht Gutes aus Schlechtem herstellen? Nein, wir können ein gutes Gesetz von einem schlechten durch keinen anderen Maßstab als den der Natur unterscheiden.

Und nicht nur Recht und Unrecht werden durch die Natur unterschieden, sondern auch überhaupt alles moralisch Richtige und Falsche; denn in dieser Weise schafft die Natur für uns gemeinsame Vorstellungen[75] und legt sie in unserem Geist an, dass das moralisch Richtige der Tugend zugeordnet wird, das Falsche dem Laster: (45) Zu glauben, dass dieses aber auf einer subjektiven Meinung, nicht auf der Natur begründet ist, passt zu einem Wahnsinnigen. Denn weder die sogenannte »Tugend« eines Baums noch die eines Pferds – wobei wir Missbrauch mit dem Begriff betreiben[76] – beruht auf einer Meinung, sondern auf der Natur; wenn das so ist, dann muss auch das moralisch Richtige und Falsche durch die Natur unterschieden werden. Wenn nun die Tugend in ihrer Gesamtheit aufgrund einer subjektiven Meinung für gut geheißen würde, dann ebenso auch ihre Bestandteile. Wer dürfte aber einen klugen und, um es so zu sagen, gewitzten Menschen nicht

ex ipsius habitu sed ex aliqua re externa iudicet? Est enim virtus perfecta ratio, quod certe in natura est; igitur omnis honestas eodem modo. Nam ut vera et falsa, ut consequentia et contraria sua sponte, non aliena iudicantur, sic constans et perpetua ratio vitae, quae virtus est, itemque inconstantia, quod est vitium, sua natura probabitur. (46) ⟨***⟩ Nos ingenia iuvenum non item? An ingenia natura, virtutes et vitia, quae exsistunt ab ingeniis, aliter iudicabuntur? An ea non aliter, honesta et turpia non ad naturam referri necesse erit? ⟨***⟩

Quod laudabile bonum est, in se habeat quo laudetur necesse est; ipsum enim bonum non est opinionibus, sed natura; nam ni ita esset, beati quoque opinione essent; quo quid dici potest stultius? Quare cum et bonum et malum natura iudicetur, et ea sint principia naturae, certe honesta quoque et turpia simili ratione diiudicanda et ad naturam referenda sunt.

(47) Sed perturbat nos opinionum varietas hominumque dissensio, et quia non idem contingit in sensibus, hos natu-

nach seiner eigenen Haltung, sondern nach irgendeiner Äußerlichkeit beurteilen? Die Tugend ist nämlich die vollendete Vernunft, die gewiss in der Natur ist; demnach [verhält es sich] mit jedem moralisch richtigen Verhalten auf dieselbe Weise. Denn wie ›wahr‹ und ›falsch‹, wie ›folgerichtig‹ und ›nicht folgerichtig‹ aus sich selbst heraus, nicht nach externen Kriterien beurteilt werden, so wird eine beständige und stetige Lebensweise – das ist nämlich die Tugend – und ebenso die Unbeständigkeit – das ist nämlich das Laster – durch die ihr jeweils eigene Natur Beifall erlangen. (46) ⟨***⟩[77] die Charakterzüge junger Männer nicht ebenso? Oder werden die Charakterzüge aufgrund der Natur, die Tugenden und Laster, die aus den Charakterzügen entstehen, aber anders beurteilt werden? Oder wird es notwendig sein, dass man diese nicht anders, das moralisch Richtige und Falsche aber nicht nach der Natur bemisst? ⟨***⟩

Was ein lobenswertes Gut ist, sollte notwendigerweise etwas in sich haben, weshalb es gelobt wird; das Gute selbst nämlich besteht nicht aufgrund von subjektiven Meinungen, sondern von Natur her; denn wenn das nicht so wäre, wären auch glückliche Menschen dies nur der subjektiven Meinung nach; was aber kann Dümmeres als so etwas gesagt werden? Also: Wenn sowohl ›gut‹ und ›schlecht‹ von Natur her unterschieden werden, und dies die Prinzipien der Natur sind, muss das moralisch Richtige und Falsche gewiss auch in derselben Weise unterschieden und nach der Natur bemessen werden.

(47) Doch die Verschiedenheit der Meinungen und die Uneinigkeit[78] der Menschen verwirren uns, und weil dasselbe nicht bei den Sinneswahrnehmungen der Fall ist,[79]

ra certos putamus, illa quae aliis sic, aliis secus, nec eisdem semper uno modo videntur, ficta esse dicimus. Quod est longe aliter; nam sensus nostros non parens, non nutrix, non magister, non poeta, non scaena depravat, non multitudinis consensus abducit a vero; animis omnes tenduntur insidiae, vel ab eis quos modo enumeravi, qui teneros et rudes cum acceperunt, inficiunt et flectunt ut volunt, vel ab ea quae penitus in omni sensu implicata insidet, imitatrix boni voluptas, malorum autem mater omnium; cuius blanditiis corrupti, quae natura bona sunt, quia dulcedine hac et scabie carent, non cernunt satis.

(48) Sequitur – ut conclusa mihi iam haec sit omnis oratio – id quod ante oculos ex eis est quae dicta sunt: et ius et omne honestum sua sponte esse expetendum. Etenim omnes viri boni ipsam aequitatem et ius ipsum amant, nec est viri boni errare et diligere quod per se non sit diligendum; per se igitur ius est expetendum et colendum. Quodsi ius, etiam iustitia; sin ea, reliquae quoque virtutes per se colendae sunt. Quid liberalitas? Gratuitane est an mercennaria?

halten wir Letztere für von Natur aus zuverlässig, Erstere aber bezeichnen wir als Einbildungen, da sie den einen so, den anderen anders erscheinen, und auch ein und demselben Menschen nicht immer auf dieselbe Weise. Das ist völlig anders: Denn kein Elternteil, keine Amme,[80] kein Lehrer, kein Dichter,[81] keine Bühne machen unsere Sinneswahrnehmungen schlecht, und die übereinstimmende Meinung der Menge führt sie nicht von der Wahrheit weg. Unserem Geist aber wird jeder denkbare Hinterhalt gestellt, entweder von denen, die ich gerade aufgezählt habe und welche die Kinder, sobald sie mit ihnen Kontakt haben, wenn sie noch zart und unausgebildet sind, infizieren und verbiegen, wie sie wollen, oder von dem, was tief in uns in jedem Sinn fest verankert ist, nämlich von der Lust, der Heuchlerin des Guten, tatsächlich aber Mutter alles Bösen; wenn sie durch deren Schmeicheleien verdorben worden sind, sehen sie nicht mehr zur Genüge, was von Natur gut ist, weil jenes diese Süße und diesen Reiz nicht besitzt.

(48) Es folgt – um diese meine ganze Rede abzuschließen – das, was aus dem, was gesagt worden ist, vor Augen steht: Sowohl das Recht als auch jedes moralisch Richtige muss aus sich selbst heraus erstrebt werden. Es lieben nämlich alle guten Menschen die Gerechtigkeit selbst und das Recht selbst, und es gehört nicht zu einem guten Menschen, sich zu irren und etwas hochzuachten, was nicht um seiner selbst willen hochgeachtet werden kann; um seiner selbst willen ist also das Recht zu erstreben und in Ehren zu halten. Wenn aber das Recht, dann auch die Gerechtigkeit; wenn aber diese, sind auch die übrigen Tugenden um ihrer selbst willen in Ehren zu halten. Wie steht es mit der Freigebigkeit? Ist sie unentgeltlich oder käuflich? Wenn je-

Si sine praemio benignus est, gratuita; si cum mercede, conducta; nec est dubium quin is qui liberalis benignusve dicitur, officium, non fructum sequatur. Ergo item iustitia nihil exprimit praemi, nihil preti; per se igitur expetitur, eademque omnium virtutum causa atque sententia est.

(49) Atque etiam si emolumentis, non suapte natura virtus expenditur, una erit virtus, quae malitia rectissime dicetur. Ut enim quisque maxime ad suum commodum refert quaecumque agit, ita minime est vir bonus; ut qui virtutem praemio metiuntur, nullam virtutem nisi malitiam putent. Ubi enim beneficus, si nemo alterius causa benigne facit? Ubi gratus, si non eum respiciunt grati cui referunt gratiam? Ubi illa sancta amicitia, si non ipse amicus per se amatur toto pectore, ut dicitur? Quin etiam deserendus et abiciendus est desperatis emolumentis et fructibus; quo quid potest dici immanius? Quodsi amicitia per se colenda est, societas quoque hominum et aequalitas et iustitia per se expetenda; quod ni ita est, omnino iustitia nulla est; id enim iniustissimum ipsum est, iustitiae mercedem quaerere.

(50) Quid vero de modestia, quid de temperantia, quid de

mand ohne Lohn wohlwollend ist, ist sie unentgeltlich; wenn mit Bezahlung, ist sie erkauft; und es gibt keinen Zweifel, dass derjenige, der freigebig oder wohlwollend genannt wird, seine Pflicht, keinen Zweck verfolgt. Folglich erpresst ebenso die Gerechtigkeit nichts an Lohn, nichts an Preis; um ihrer selbst willen wird sie folglich erstrebt, und dieselbe ist der Grund und der Sinn aller Tugenden.

(49) Und auch: Wenn die Tugend mit Blick auf Vorteile, nicht auf ihre eigene Natur gewogen wird, wird es nur eine Tugend geben, welche völlig korrekterweise Schlechtigkeit genannt werden wird. So nämlich, wie jeder alles das am meisten auf sein eigenes Interesse bezieht, was er tut, ist er am wenigsten ein guter Mensch; wie diejenigen, welche die Tugend nach dem Lohn bemessen, nichts für eine Tugend halten außer die Schlechtigkeit. Wo nämlich gibt es einen Wohltätigen, wenn niemand um des anderen willen wohlwollend handelt? Wo einen Dankbaren, wenn die nicht den dankbar beachten, dem sie Dank erweisen? Wo jene heilige Freundschaft, wenn der Freund nicht selbst um seiner willen mit ganzem Herzen, wie man sagt, geliebt wird? Ja, er muss sogar im Stich und zurückgelassen werden, wenn man sich keine Vorteile und Gewinne mehr erhofft; was kann Schrecklicheres als das gesagt werden? Wenn aber die Freundschaft um ihrer selbst willen in Ehren zu halten ist, sind auch die Gesellschaft der Menschen und die Gleichheit und die Gerechtigkeit um ihrer selbst willen zu erstreben; wenn das aber nicht so ist, existiert überhaupt keine Gerechtigkeit; das ist nämlich allein schon das Allerungerechteste: nach einer Bezahlung für die Gerechtigkeit zu fragen.

(50) Was aber werden wir über die Besonnenheit, was über die Mäßigung, was über die Selbstbeherrschung,[82]

continentia, quid de verecundia pudore pudicitiaque dicemus? Infamiaene metu non esse petulantes, an legum et iudiciorum? Innocentes ergo et verecundi sunt ut bene audiant, et, ut rumorem bonum colligant, erubescunt? Pudet iam loqui de pudicitia; ac me istorum philosophorum pudet, qui †ullum iudicium vitare nisi vitio ipso mutatum† putant.

(51) Quid enim? Possumus eos qui a stupro arcentur infamiae metu, pudicos dicere, cum ipsa infamia propter rei turpitudinem consequatur? Nam quid aut laudari rite aut vituperari potest, si ab eius natura recesseris quod aut laudandum aut vituperandum putes? An corporis pravitates, si erunt perinsignes, habebunt aliquid offensionis, animi deformitas non habebit, cuius turpitudo ex ipsis vitiis facillime percipi potest? Quid enim foedius avaritia, quid immanius libidine, quid contemptius timiditate, quid abiectius tarditate et stultitia dici potest? Quid ergo? Eos qui singulis vitiis excellunt aut etiam pluribus, propter damna aut detrimenta aut cruciatus aliquos miseros esse dicimus, an propter vim turpitudinemque vitiorum? Quod item ad contrariam laudem in virtute dici potest.

was über die Sittsamkeit, Scham und Schamhaftigkeit sagen? Dass man aus Furcht vor dem schlechten Ruf nicht mutwillig sei, oder aus Furcht vor den Gesetzen und den Gerichtshöfen? Man ist also rechtschaffen und bescheiden, damit gut über einen geredet wird, und um einen guten Ruf einzufahren, errötet man? Man schämt sich ja schon, über die Schamhaftigkeit zu sprechen; und ich schäme mich für diese Philosophen, die glauben, † dass ⟨…⟩ irgendeiner eine Gerichtsverhandlung meide, außer wenn diese durch sein eigenes Vergehen manipuliert wurde. †[83]

(51) Wie denn? Können wir diejenigen, die aus Angst vor dem schlechten Ruf vom Ehebruch abgehalten werden, schamhaft nennen, wenn doch der schlechte Ruf selbst Folge der Schlechtigkeit der Tat ist? Denn was kann nach hergebrachter Weise gelobt oder getadelt werden, wenn du dich von der Natur der Sache entfernst, die du für lobenswert oder tadelnswert hältst? Oder werden körperliche Unförmigkeiten, wenn sie sehr auffallen werden, in gewissem Maße zwar Anstoß erregen, die Unförmigkeit des Geistes aber nicht, dessen sittliche Schlechtigkeit aus seinen Fehlern selbst ganz leicht wahrgenommen werden kann? Was kann nämlich hässlicher genannt werden als die Habsucht, was schrecklicher als die Hemmungslosigkeit, was verachtenswerter als die Ängstlichkeit, was hoffnungsloser als die Begriffsstutzigkeit und Dummheit? Was folgt also? Sagen wir von denen, die sich aufgrund einzelner Fehler hervortun oder auch aufgrund mehrerer, dass sie wegen der Verluste oder der Schäden oder wegen irgendwelcher Martern Übeltäter sind, oder wegen des Wesens und der sittlichen Schlechtigkeit der Fehler? Das kann ebenso, zum gegenteiligen Lob, im Fall der Tugend gesagt werden.

(52) Postremo, si propter alias res virtus expetitur, melius esse aliquid quam virtutem necesse est. Pecuniamne igitur, an honores, an formam, an valetudinem? Quae et cum adsunt perparva sunt, et quam diu adfutura sint, certum sciri nullo modo potest. An – id quod turpissimum dictu est – voluptatem? At in ea quidem spernenda et repudianda virtus vel maxime cernitur.

Sed videtisne quanta series rerum sententiarumque sit, atque ut ex alio alia nectantur? Quin labebar longius, nisi me retinuissem.

[Q.] Quo tandem? Libenter enim, frater, quo ducis ista oratione, tecum prolaberer.

[M.] Ad finem bonorum, quo referuntur et cuius adipiscendi causa sunt facienda omnia: controversam rem et plenam dissensionis inter doctissimos, sed aliquando tamen iudicandam.

(53) [A.] Qui istuc fieri potest, Lucio Gellio mortuo?

[M.] Quid tandem id ad rem?

[A.] Quia me Athenis audire ex Phaedro meo memini, Gellium, familiarem tuum, cum pro consule ex praetura in Graeciam venisset, essetque Athenis, philosophos qui tum

(52) Schließlich: Wenn die Tugend wegen anderer Dinge erstrebt wird, muss notwendigerweise irgendetwas besser als die Tugend sein. Also Geld? Oder Ehrenämter? Oder Schönheit? Oder Gesundheit? Auch wenn diese alle vorhanden sind, sind sie doch von sehr geringem Wert, und wie lange sie alle Bestand haben werden, kann überhaupt nicht sicher gewusst werden. Oder – das sittlich Schlechteste, das sich benennen lässt – die Lust? Nein, gerade darin, dass man diese verachtet und entschieden von sich weist, lässt sich die Tugend am besten erkennen!

Seht ihr aber, was das für eine lange Kette an Themen und Gedanken ist, und wie das eine mit dem anderen verknüpft ist? Ja, ich war dabei, noch weiter abzuschweifen, wenn ich mich nicht jetzt zurückgehalten hätte.

(Quintus:) Wohin denn? Gerne würde ich nämlich, mein Bruder, mit dir dorthin abschweifen, wohin du uns mit dieser Rede führst.

(Marcus:) Zum höchsten Gut,[84] auf das sich alles bezieht, und für dessen Erlangung alles getan werden muss: ein kontroverses Thema und voller Uneinigkeit unter den großen Gelehrten, aber irgendwann muss darüber dennoch entschieden werden!

(53) *(Atticus:)* Wie kann das geschehen, da doch Lucius Gellius verstorben ist?

(Marcus:) Warum in aller Welt hat das etwas mit der Sache zu tun?

(Atticus:) Weil ich in Athen von meinem Freund Phaidros, wie ich mich erinnere, gehört habe, dass dein guter Freund Gellius, nachdem er als Prokonsul nach seiner Prätur nach Griechenland gekommen war und in Athen weilte, die Philosophen, die es damals gab, an einen Ort zusam-

erant in locum unum convocasse eisque magnopere auctorem fuisse ut aliquando controversiarum aliquem facerent modum; quodsi essent eo animo ut nollent aetatem in litibus conterere, posse rem convenire; et simul operam suam illis esse pollicitum, si posset inter eos aliquid convenire.

[M.] Ioculare istuc quidem, Pomponi, et a multis saepe derisum. Sed ego plane vellem me arbitrum inter antiquam Academiam et Zenonem datum.

[A.] Quo tandem istuc modo?

[M.] Quia de re una solum dissident, de ceteris mirifice congruunt.

[A.] Ain tandem? Unane est solum dissensio?

(54) [M.] Quae quidem ad rem pertineat, una: quippe cum antiqui omne quod secundum naturam esset, quo iuvaremur in vita, bonum esse decreverint, hic nisi quod honestum esset ⟨nihil⟩ putarit bonum.

[A.] Parvam vero controversiam dicis, at tamen eam quae dirimat omnia.

[M.] Probe quidem sentires, si re ac non verbis dissiderent.

[A.] Ergo assentiris Antiocho, familiari meo (›magistro‹ enim non audeo dicere), quocum vixi et qui me ex nostris paene convellit hortulis, deduxitque in Academiam perpauculis passibus.

mengerufen[85] und ihnen nachdrücklich angeraten habe, dass sie ihren Streitigkeiten endlich irgendein Maß setzten; wenn sie die Absicht hätten, ihr Leben nicht im Streit zu vergeuden, könne man zu einer Übereinkunft kommen; und zugleich habe er ihnen seine Hilfe versprochen, sollte es unter ihnen zu irgendeiner Vereinbarung kommen können.

(Marcus:) Das ist in jedem Fall lustig, Pomponius, und von vielen oft belächelt worden. Doch ich wollte durchaus gerne, dass man mich als Schiedsrichter zwischen der Alten Akademie und Zenon einsetzte.

(Atticus:) Wie denn das in aller Welt?

(Marcus:) Weil sie nur in einem Punkt uneins sind, in den anderen aber erstaunlich übereinstimmen.

(Atticus:) Meinst du das tatsächlich? Eine einzige Meinungsverschiedenheit gibt es nur?

(54) *(Marcus:)* Ja: Soweit es sich auf die Sache bezieht, tatsächlich nur eine, weil ja die Alten[86] alles Naturgemäße, was uns im Leben hilft, zu einem Gut erklärt haben, der Letztgenannte aber nichts außer dem, was moralisch richtig ist, für ein Gut gehalten hat.

(Atticus:) Du sprichst zwar einen kleinen Streit an, aber doch einen, der alles trennt.

(Marcus:) Du hättest gewiss Recht, wenn sie tatsächlich in der Sache und nicht in den Worten uneins wären.

(Atticus:) Du hast also dieselbe Meinung wie Antiochos,[87] mein guter Freund – »Lehrer« wage ich ihn nämlich nicht zu nennen –, mit dem ich zusammenlebte und der mich fast aus meinen Gärtchen[88] herausgerissen und mit ganz wenigen Schritten in die Akademie verführt hätte.

[M.] Vir iste fuit ille quidem prudens et acutus et in suo genere perfectus, mihique, ut scis, familiaris; cui tamen ego assentiar in omnibus necne, mox videro; hoc dico, controversiam totam istam posse sedari.

(55) [A.] Qui istuc tandem vides?

[M.] Quia si, ut Chius Aristo dixit solum bonum esse quod honestum esset, malumque quod turpe, ⟨ita Zeno dixisset⟩ ceteras res omnes plane pares, ac ne minimum quidem utrum adessent an abessent interesse, valde a Xenocrate et Aristotele et ab illa Platonis familia discreparet, essetque inter eos de re maxima et de omni vivendi ratione dissensio. Nunc vero, cum decus, quod antiqui summum bonum esse dixerant, hic solum bonum dicat, itemque dedecus illi summum malum, hic solum, divitias valetudinem pulchritudinem commodas res appellet, non bonas, paupertatem debilitatem dolorem incommodas, non malas, sentit idem quod Xenocrates, quod Aristoteles, loquitur alio modo. Ex hac autem non rerum, sed verborum discordia controversia est nata de finibus; in qua, quoniam usus capionem XII Tabulae intra quinque pedes esse noluerunt, depasci veterem possessionem Academiae ab hoc acuto homine non sinemus; nec

(Marcus:) Dieser Mann war gewiss klug und scharfsinnig und in seinem Gebiet unübertroffen und mit mir, wie du weißt, eng befreundet; ob ich ihm gleichwohl in allen Dingen zustimme oder nicht, werde ich bald sehen; ich sage nur, dass diese gesamte Kontroverse beigelegt werden kann.

(55) *(Atticus:)* Inwiefern siehst du denn da eine Möglichkeit?

(Marcus:) Insofern als wenn, so wie Ariston von Chios sagte, dass das einzige Gut das sei, was moralisch richtig, das einzige Übel das, was moralisch falsch ist, ⟨Zenon auch noch gesagt hätte,⟩[89] dass die übrigen Dinge völlig gleich seien und es nicht den geringsten Unterschied mache, ob sie da sind oder nicht, er sehr von Xenokrates, Aristoteles und jener Schule Platons abweichen würde und es unter ihnen eine sehr große Meinungsverschiedenheit in der Sache und in der ganzen Frage der Lebensführung gäbe. Weil er nun aber das sittlich Schöne, von dem die Alten gesagt hatten, dass es das »höchste Gut« sei, als das »einzige Gut« bezeichnet und er ebenso das sittlich Hässliche, was für jene das »höchste Übel« war, als das »einzige Übel« bezeichnet und er Reichtum, Gesundheit und Schönheit »bevorzugte«, nicht »gute Dinge« nennt, Armut, Krankheit und Schmerz aber »nicht bevorzugte«, nicht »schlechte Dinge«,[90] meint er dasselbe wie Xenokrates und wie Aristoteles, er sagt es nur auf andere Weise. Aus dieser Uneinigkeit in den Worten, nicht in der Sache, ist die Kontroverse über die Ziele entstanden; dabei werden wir, da ja die Zwölftafelgesetze eine Ersitzung innerhalb von fünf Fuß nicht zulassen wollen,[91] den alten Besitz der Akademie nicht von diesem scharfsinnigen Menschen abweiden lassen und

Mamilia lege singuli, sed e XII tres arbitri fines regemus.

(56) [Q. (vel A.?)] Quamnam igitur sententiam dicimus?

[M.] Requiri placere terminos quos Socrates pepigerit, eisque parere.

[Q.] Praeclare, frater! Iam nunc a te verba usurpantur civilis iuris ac legum, quo de genere exspecto disputationem tuam. Nam ista quidem magna diiudicatio est, ut ex te ipso saepe cognovi. Sed certe ita res se habet, ut ex natura vivere summum bonum sit, id est vita modica et apta ⟨e⟩ virtute perfrui; aut naturam sequi et eius quasi lege vivere, id est nihil (quantum in ipso sit) praetermittere quominus ea quae natura postulet consequatur, quod item hoc valet, virtute tamquam lege vivere. Quapropter hoc diiudicari nescio an numquam, sed hoc sermone certe non potest, siquidem id quod suscepimus perfecturi sumus.

(57) [M. (vel A.?)] At ego huc declinabam, nec invitus.

[Q.] Licebit alias; nunc id agamus quod coepimus, cum praesertim ad id nihil pertineat haec de summo malo bonoque dissensio.

nicht nach dem Mamilischen Gesetz[92] von nur einem, sondern nach dem Zwölftafelgesetz als drei Schiedsrichter die Grenzen abstecken.[93]

(56) *(Quintus [oder Atticus?]:)* Welches Urteil fällen wir denn also?

(Marcus:) Dass man beschließe, die Grenzen einzufordern, die Sokrates festgesetzt hat, und man sich nach ihnen richte.

(Quintus:) Wunderbar, mein Bruder! Denn schon gebrauchst du die Sprache des bürgerlichen Rechts und der Gesetze, das Gebiet, über das ich deine Darlegung erwarte. Denn bei dem eben Gesagten handelt es sich um eine schwierige Schlichtung, wie ich selbst von dir persönlich oft erfahren habe. Doch gewiss verhält sich die Angelegenheit so, dass nach der Natur zu leben das höchste Gut ist, das heißt, sich an einem maßvollen und angemessenen Leben ⟨auf der Basis⟩ der Tugend zu erfreuen; oder der Natur zu folgen und gewissermaßen nach ihrem Gesetz zu leben, das heißt, nichts zu unterlassen (sofern es im eigenen Ermessen liegt), um das, was die Natur fordert, zu erreichen, was ebenso bedeutet, nach der Tugend wie nach einem Gesetz zu leben.[94] Daher kann diese Sache vielleicht niemals abschließend geschlichtet werden, in jedem Fall aber nicht in diesem Gespräch, wenn wir denn das, was wir uns vorgenommen haben, zu Ende bringen wollen.

(57) *(Marcus [oder Atticus?]:)*[95] Ich aber habe diesen Umweg nicht ungern genommen.[96]

(Quintus:) Das wird ein andermal möglich sein; nun wollen wir das behandeln, was wir begonnen haben, zumal diese Meinungsverschiedenheit um das höchste Übel und das höchste Gut damit nichts zu tun hat.

[M.] Prudentissime, Quinte, dicis. Nam quae a me adhuc dicta sunt ⟨***⟩

[Q.] Neque ⟨a⟩ te Lycurgi leges neque Solonis neque Charondae neque Zaleuci, nec nostras XII Tabulas nec plebiscita desidero, sed te existimo cum populis tum etiam singulis hodierno sermone leges vivendi et disciplinam daturum.

(58) [M.] Est huius vero disputationis, Quinte, proprium id quod exspectas; atque utinam esset etiam facultatis meae! Sed profecto ita se res habet, ut quoniam vitiorum emendatricem legem esse oportet commendatricemque virtutum, ab ea vivendi doctrina ducatur. Ita fit ut ⟨***⟩ mater omnium bonarum rerum sapientia (a cuius amore Graeco verbo philosophia nomen invenit), qua nihil a dis immortalibus uberius, nihil florentius, nihil praestabilius hominum vitae datum est. Haec enim una nos cum ceteras res omnes, tum quod est difficillimum docuit: ut nosmet ipsos nosceremus, cuius praecepti tanta vis et tanta sententia est, ut ea non homini cuipiam sed Delphico deo tribueretur.

(59) Nam qui se ipse norit, primum aliquid se habere {sentiet} divinum ingeniumque in se suum sicut simulacrum aliquod dicatum putabit; tantoque munere deorum semper dignum aliquid et faciet et sentiet, et cum se ipse perspexerit totumque temptarit, intelleget quemadmo-

(Marcus:) Sehr umsichtig, Quintus, sagst du das. Denn was von mir bisher gesagt wurde ⟨***⟩

(Quintus:) Und ich wünsche mir ⟨von⟩ dir weder die Gesetze Lykurgs noch die Solons noch die des Charondas noch die des Zaleukos und weder unsere Zwölftafelgesetze noch unsere Plebiszite, sondern ich meine, dass du sowohl den Völkern als auch jedem Einzelnen im heutigen Gespräch Gesetze und eine Ordnung zu leben geben wirst.

(58) *(Marcus:)* Das, was du erwartest, ist allerdings der eigentliche Kern dieser Erörterung, Quintus; und läge es doch auch im Bereich meiner Fähigkeiten! Doch in der Tat verhält sich die Sache so, dass, weil das Gesetz die Laster korrigieren und die Tugenden empfehlen muss, von ihm auch die Lehre, wie man leben soll, hergeleitet wird. So geschieht es, dass ⟨***⟩[97] die Mutter aller guten Dinge die Weisheit (von der Liebe zu ihr hat die Philosophie in ihrer griechischen Bezeichnung ihren Namen gefunden).[98] Nichts ist von den unsterblichen Göttern für das Leben der Menschen fruchtbarer, nichts blühender, nichts herausragender gegeben worden als die Weisheit. Sie allein hat nämlich uns alle übrigen Dinge gelehrt, vor allem aber auch das, was am schwierigsten ist: uns selbst zu erkennen.[99] So groß ist die Gewalt, so groß die Bedeutung dieser Vorschrift, dass sie nicht irgendeinem Menschen, sondern dem delphischen Gott zugeschrieben wurde.

(59) Denn wer sich selbst kennt, wird als Erstes glauben, dass er etwas Göttliches hat und seine Vorstellungskraft in ihm wie irgendein Götterbild geweiht ist; und er wird stets etwas tun und denken, was diesem so großen Geschenk der Götter würdig ist, und wenn er in sich selbst Einblick gewonnen und ganz erprobt hat, wird er erkennen, wie

dum a natura subornatus in vitam venerit, quantaque instrumenta habeat ad obtinendam adipiscendamque sapientiam, quoniam principio rerum omnium quasi adumbratas intellegentias animo ac mente conceperit; quibus illustratis sapientia duce, bonum virum et ob eam ipsam causam cernat se beatum fore.

(60) Nam cum animus, cognitis perceptisque virtutibus, a corporis obsequio indulgentiaque discesserit, voluptatemque sicut labem aliquam dedecoris oppresserit, omnemque mortis dolorisque timorem effugerit, societatemque caritatis coierit cum suis, omnesque natura coniunctos suos duxerit, cultumque deorum et puram religionem susceperit, et exacuerit illam ut oculorum, sic ingeni aciem ad bona seligenda et reicienda contraria (quae virtus ex providendo est appellata prudentia), quid eo dici aut cogitari poterit beatius?

(61) Idemque cum caelum terras maria rerumque omnium naturam perspexerit, eaque unde generata, quo recursura, {quando} quomodo obitura, quid in eis mortale et caducum, quid divinum aeternumque sit viderit, ipsumque ea moderantem et regentem ⟨deum⟩ paene prenderit, sese-

er von der Natur ausgestattet ins Leben getreten ist, über wie wirksame Werkzeuge er verfügt, um die Weisheit zu erreichen und zu erlangen, da er ja zu Beginn gewissermaßen umschattete Vorstellungen von allen Dingen in seiner Seele und in seinem Verstand empfangen hat; und nachdem sie unter Führung der Weisheit erhellt worden sind, dürfte er erkennen, dass er ein guter Mensch ist und er aus diesem Grund glücklich sein wird.

(60) Denn wenn der Geist nach der Erkenntnis und Aneignung der Tugenden sich vom Gehorsam und Dienst gegenüber dem Körper gelöst hat und er die Wollust wie irgendeinen Schandfleck niedergedrückt hat und er der ganzen Furcht vor dem Tod und vor dem Schmerz entflohen ist und er eine Gesellschaft gegenseitiger Wertschätzung mit den Seinen eingegangen ist und er alle, die ihm von Natur verbunden sind, unter die Seinen gezählt hat und er sich der Verehrung der Götter und eines reinen religiösen Handelns unterzogen hat und er jene Sehkraft des Geistes so ausgeschärft hat wie die Sehkraft der Augen, um das Gute zu wählen und das Gegenteil von sich zu weisen (eine Tugend, die vom »Vorausschauen« Voraussicht[100] genannt wird) – was kann glücklicher als dieser Geist genannt oder gedacht werden?

(61) Und wenn derselbe den Himmel, die Länder, die Meere und die Beschaffenheit von allen Dingen genau in Augenschein genommen hat und er gesehen hat, woher diese entstanden sind, wohin sie zurückkehren werden, auf welche Weise sie zugrunde gehen werden, was in ihnen sterblich und hinfällig, was göttlich und ewig ist, und er ⟨den Gott⟩ selbst sozusagen als den ertappt hat, der dies lenkt und regiert, und er erkannt hat, dass er nicht von den

que non {omnis} circumdatum moenibus alicuius loci, sed civem totius mundi quasi unius urbis agnoverit: in hac ille magnificentia rerum atque in hoc conspectu et cognitione naturae, di immortales, quam se ipse noscet (quod Apollo praecepit Pythius), quam contemnet, quam despiciet, quam pro nihilo putabit ea quae vulgo dicuntur amplissima!

(62) Atque haec omnia, quasi saepimento aliquo, vallabit disserendi ratione, veri et falsi iudicandi scientia, et arte quadam intellegendi quid quamque rem sequatur et quid sit cuique contrarium. Cumque se ad civilem societatem natum senserit, non solum illa subtili disputatione sibi utendum putabit, sed etiam fusa latius perpetua oratione, qua regat populos, qua stabiliat leges, qua castiget improbos, qua tueatur bonos, qua laudet claros viros, qua praecepta salutis et laudis apte ad persuadendum edat suis civibus, qua hortari ad decus, revocare a flagitio, consolari possit afflictos, factaque et consulta fortium et sapientium cum improborum ignominia sempiternis monumentis prodere. Quae cum tot res tantaeque sint, quae inesse in homine perspiciantur ab eis qui se ipsi velint nosse, earum parens est educatrixque sapientia.

Mauern irgendeines Orts umgeben ist, sondern Bürger der gesamten Welt wie einer einzigen Stadt ist: Bei dieser Großartigkeit der Zustände und diesem Anblick und dieser Erkenntnis der Natur, unsterbliche Götter, wie wird er sich selbst erkennen (wie es der pythische Apollon vorgeschrieben hat), wie wird er verachten, wie geringschätzen, wie das für nichts wert halten, was beim Volk als das Großartigste gilt!

(62) Und dies alles wird er wie mit einem Zaun umwallen durch seine kundige Art zu argumentieren, durch sein Wissen, das Richtige vom Falschen zu unterscheiden, und durch eine gewisse Gewandtheit zu erkennen, welche Konsequenz eine jede Sache hat und was ihr entgegengesetzt ist. Wenn er aber zu der Auffassung gelangt ist, dass er für die Gesellschaft mit seinen Mitbürgern geboren ist, wird er meinen, nicht nur jene schlichte Argumentation benutzen zu müssen, sondern auch eine weiter ausgreifende und zusammenhängende Rede,[101] um mit ihr die Völker zu lenken, mit ihr die Gesetze aufrecht zu erhalten, mit ihr die Übeltäter zurechtzuweisen, mit ihr die Guten zu schützen, mit ihr berühmte Männer zu loben, mit ihr seinen Mitbürgern Regeln für Wohlergehen und Lob in einer zum Überzeugen geeigneten Weise auszugeben, mit ihr in der Lage zu sein, zum Schönen aufzufordern, von der Schandtat zurückzurufen, die Niedergeschlagenen aufzurichten und die Taten und Entscheidungen der Tapferen und Weisen zusammen mit der Schande der Übeltäter durch immerwährende Denkmäler zu überliefern. Da diese Dinge so viele und so bedeutend sind, deren Innewohnen im Menschen von denjenigen klar gesehen wird, die sich selbst erkennen wollen, ist ihre Mutter und Erzieherin die Weisheit.

(63) [A.] Laudata quidem a te graviter et vere; sed quorsus hoc pertinet?

[M.] Primum ad ea, Pomponi, de quibus acturi iam sumus, quae tanta esse volumus. Non enim erunt, nisi ea fuerint unde illa manant amplissima. Deinde facio et libenter et, ut spero, recte, quod eam cuius studio teneor, quaeque me eum quicumque sum effecit, non possum silentio praeterire.

[A.] Recte vero facis et merito et pie, fuitque id, ut dicis, in hoc sermone faciendum.

(63) *(Atticus:)* Sie wurde von dir nun würdevoll und wahrhaftig gepriesen; doch worauf zielt das?

(Marcus:) Erstens auf das, Pomponius, mit dem wir uns gleich beschäftigen werden und von dem wir wollen, dass ihm eine so große Bedeutung zukommt. Die wird es nämlich nur dann haben, wenn das, aus dem es sich ergießt, ganz großartig ist. Alsdann mache ich es gern und, wie ich hoffe, richtig, dass ich eben *sie*,[102] von deren Studium ich gefesselt werde und die mich zu dem gemacht hat, was ich bin, nicht unter Schweigen übergehen kann.

(Atticus:) Ja, das machst du richtig, nach Verdienst und mit der rechten Gesinnung, und es musste das, wie du sagst, in diesem Gespräch so getan werden.

Liber secundus

(1) [A.] Sed visne, quoniam et satis iam ambulatum est et tibi aliud dicendi initium sumendum est, locum mutemus, et in insula quae est in Fibreno – nam id, opinor, illi alteri flumini nomen est – sermoni reliquo demus operam sedentes?

[M.] Sane quidem; nam illo loco libentissime soleo uti, sive quid mecum ipse cogito sive aut quid scribo aut lego.

(2) [A.] Equidem qui nunc potissimum huc venerim, satiari non queo, magnificasque villas et pavimenta marmorea et laqueata tecta contemno. Ductus vero aquarum, quos isti Nilos et Euripos vocant, quis non cum haec videat irriserit? Itaque ut tu paulo ante de lege et de iure disserens ad naturam referebas omnia, sic in his ipsis rebus, quae ad requietem animi delectationemque quaeruntur, natura dominatur. Quare antea mirabar – nihil enim his in locis nisi saxa et montes cogitabam, itaque ut facerem et orationibus inducebar tuis et versibus – sed mirabar, ut dixi, te tam valde hoc loco delectari; nunc contra miror te, cum Roma absis, usquam potius esse.

(3) [M.] Ego vero, cum licet plures dies abesse, praesertim

Zweites Buch

(1) *(Atticus:)* Aber möchtest du, weil man schon genug herumspaziert ist und du mit deinem Vortrag einen neuen Anfang nehmen musst, dass wir den Ort wechseln und uns auf der Insel, die im Fibrenus liegt – denn so heißt, meine ich, der andere Fluss dort –, im Sitzen mit dem restlichen Gespräch befassen?

(Marcus:) Ja, natürlich. Denn von diesem Ort dort mache ich für gewöhnlich großzügigen Gebrauch, sei es, dass ich mir für mich allein über etwas Gedanken mache, sei es, dass ich etwas schreibe oder lese.

(2) *(Atticus:)* Ich für meinen Teil kann, auch wenn ich gerade erst hierhergekommen bin, nicht genug bekommen und verachte dagegen prachtvolle Villen, Fußböden aus Marmor und getäfelte Decken. In der Tat, die Wasserführungen, welche diese Leute dort Nil und Euripus nennen[103] – wer dürfte über sie nicht lachen, wenn er dies hier sähe? Wie du daher kurz zuvor in deiner Erörterung über Gesetz und über Recht alles auf die Natur zurückgeführt hast, so herrscht auch gerade in diesen Dingen hier, die man zur geistigen Entspannung und zum Vergnügen sucht, die Natur. Deshalb wunderte ich mich früher – ich stellte mir nämlich für gewöhnlich nichts außer Felsen und Bergen an diesen Orten vor, und ich wurde durch deine Reden und Verse dazu verleitet, das zu tun[104] – wie gesagt, ich wunderte mich, dass du dich so sehr zu diesem Ort hier hingezogen fühltest. Jetzt hingegen wundere ich mich, dass du, wenn du nicht in Rom bist, eher anderswo weilst.[105]

(3) *(Marcus:)* Doch, mich zieht es, wenn mir eine mehrtägige Abwesenheit vergönnt ist, gerade zu dieser Jahres-

hoc tempore anni, et amoenitatem hanc et salubritatem sequor; raro autem licet. Sed nimirum me alia quoque causa delectat, quae te non ⟨ita⟩ attingit {ita}.

[A.] Quae tandem ista causa est?

[M.] Quia si verum dicimus, haec est mea et huius fratris mei germana patria; hinc enim orti stirpe antiquissima sumus, hic sacra, hic genus, hic maiorum multa vestigia. Quid plura? Hanc vides villam ut nunc quidem est, lautius aedificatam patris nostri studio, qui cum esset infirma valetudine, hic fere aetatem egit in litteris; sed hoc ipso in loco, cum avus viveret et antiquo more parva esset villa, ut illa Curiana in Sabinis, me scito esse natum. Quare inest nescioquid et latet in animo ac sensu meo quo me plus hic locus fortasse delectet, siquidem etiam ille sapientissimus vir, Ithacam ut videret, immortalitatem scribitur repudiasse.

(4) [A.] Ego vero tibi istam iustam causam puto, cur huc libentius venias atque hunc locum diligas; quin ipse (vere dicam) sum illi villae amicior modo factus, atque huic omni solo in quo tu ortus et procreatus es. Movemur enim nescioquo pacto locis ipsis in quibus eorum quos diligimus aut admiramur adsunt vestigia. Me quidem ipsae illae nostrae

zeit, an diesen reizvollen und gesunden Ort; selten nur ist es vergönnt. Selbstverständlich jedoch erfreut mich noch ein anderer Grund, der dich nicht ⟨so⟩ betrifft.

(Atticus:) Was ist denn dein Grund?

(Marcus:) Dass dies hier, wenn wir die Wahrheit sagen, die leibliche Heimat von mir und meinem Bruder ist. Von hier nämlich sind wir aus uraltem Stamm entsprossen, hier sind unsere sakralen Einrichtungen, hier ist unser Geschlecht, hier sind viele Spuren der Vorfahren. Was soll ich sonst noch sagen? Diese Villa hier siehst du jedenfalls in ihrem jetzigen Zustand, ansehnlicher gebaut durch das Bemühen unseres Vaters, der hier für gewöhnlich, da von schwacher Gesundheit, sein Leben mit der Gelehrsamkeit verbrachte. Aber an eben diesem Ort bin ich, als der Großvater noch lebte und nach altem Brauch die Villa klein war (wie die berühmte Villa des Curius bei den Sabinern)[106], geboren, musst du wissen. Deshalb wohnt, ja versteckt sich sogar, irgendetwas in meinem Geist und in meinem Empfinden, wodurch mich dieser Ort hier vielleicht mehr erfreut; so hat ja auch der berühmte kenntnisreichste Mann, um Ithaka zu sehen, so steht es geschrieben, die Unsterblichkeit ausgeschlagen.[107]

(4) *(Atticus:)* In der Tat glaube ich, dass für dich dein Grund berechtigt ist, warum du hierher lieber kommst und diesen Ort wertschätzt. Ja sogar meine eigene Zuneigung (lass mich die Wahrheit sagen) zu jener Villa ist soeben inniger geworden – und auch zu diesem ganzen Boden, wo du deinen Ursprung genommen hast und gezeugt worden bist. Wir werden nämlich auf irgendeine Weise gerade von den Orten berührt, an denen die Spuren derer existieren, die wir wertschätzen und bewundern. Ja, mich erfreut ge-

Athenae non tam operibus magnificis exquisitisque antiquorum artibus delectant, quam recordatione summorum virorum, ubi quisque habitare, ubi sedere, ubi disputare sit solitus; studioseque eorum etiam sepulcra contemplor. Quare istum ubi tu es natus plus amabo posthac locum.

[M.] Gaudeo igitur me incunabula paene mea tibi ostendisse.

(5) [A.] Equidem me cognosse admodum gaudeo. Sed illud tamen quale est quod paulo ante dixisti, hunc locum (id est, ⟨ut⟩ ego te accipio dicere, Arpinum) germanam patriam esse vestram? Quid? Vos duas habetis patrias? An est una illa patria communis? Nisi forte sapienti illi Catoni fuit patria non Roma sed Tusculum.

[M.] Ego mehercule et illi et omnibus municipibus duas esse censeo patrias, unam naturae, alteram civitatis; ut ille Cato, cum est Tusculi natus, in populi Romani civitatem susceptus est. Ita cum ortu Tusculanus esset, civitate Romanus, habuit alteram loci patriam, alteram iuris. Ut vestri Attici, priusquam Theseus eos demigrare ex agris et in astu, quod appellatur, omnes se conferre iussit, et sui erant idem et Attici, sic nos et eam patriam ducimus ubi nati et illam qua excepti sumus. Sed necesse est caritate eam praestare

rade mein wohlbekanntes Athen nicht so sehr durch seine prachtvollen Bauwerke und die ausgesuchten Kunstwerke der Alten wie durch die Erinnerung an die vorzüglichsten Männer: wo ein jeder zu wohnen, wo er zu sitzen, wo er zu disputieren pflegte; und mit großem Interesse schaue ich mir auch ihre Gräber an. Deshalb werde ich eben den Ort, wo du geboren bist, von nun an noch mehr lieben.

(Marcus:) Nun, ich freue mich, dass ich dir sozusagen meine Wiege gezeigt habe.[108]

(5) *(Atticus:)* Ich meinerseits freue mich sehr, sie kennengelernt zu haben. Doch was bedeutet das, was du kurz zuvor gesagt hast, nämlich dass dieser Ort (also, ⟨wenn⟩ ich dich recht verstehe, Arpinum) eure leibliche Heimat sei? Wie kann das sein? Habt ihr eine doppelte Heimat? Gibt es denn nicht eine, die gemeinsame Heimat? Es sei denn, dass jener weise Cato[109] nicht Rom, sondern Tusculum zur Heimat hatte.

(Marcus:) Ich, beim Herkules, bin der Meinung, dass sowohl jener als auch alle Munizipalen eine doppelte Heimat haben: eine der Geburt und eine der Bürgerschaft – wie jener Cato, obgleich er in Tusculum geboren war, in die Bürgerschaft des römischen Volkes aufgenommen wurde.[110] Da er seiner Herkunft nach Tusculaner, der Bürgerschaft nach aber Römer war, hatte er so eine Orts- und eine Rechtsheimat. Wie eure Attiker, bevor Theseus ihnen befahl, von ihren Feldern wegzuziehen und sich in das, was *astu* [»Stadt«] genannt wird, zu begeben, sowohl die Ihren blieben als auch zugleich Attiker waren, so halten wir für unsere Heimat sowohl die, in die wir hineingeboren wurden, als auch die, von der wir aufgenommen wurden. Aber nötig ist, dass in unserer Wertschätzung diejenige Heimat

⟨e⟩ qua rei publicae nomen ⟨et⟩ universae civitatis est, pro qua mori et cui nos totos dedere et in qua nostra omnia ponere et quasi consecrare debemus; dulcis autem non multo secus est ea quae genuit quam illa quae excepit. Itaque ego hanc meam esse patriam prorsus numquam negabo, dum illa sit maior, haec in ea contineatur.

(6) [A.] Recte igitur Magnus ille noster, me audiente, posuit in iudicio, cum pro Ampio tecum simul diceret, rempublicam nostram iustissimas huic municipio gratias agere posse, quod ex eo duo sui conservatores exstitissent; ut iam videar adduci hanc quoque quae te procrearit esse patriam tuam.

Sed ventum in insulam est; hac vero nihil est amoenius. Ut enim hoc quasi rostro finditur Fibrenus, et divisus aequaliter in duas partes latera haec adluit, rapideque dilapsus cito in unum confluit, et tantum complectitur quod satis sit modicae palaestrae loci! Quo effecto – tamquam id habuerit operis ac muneris ut hanc nobis efficeret sedem ad disputandum – statim praecipitat in Lirem, et quasi in familiam patriciam venerit, amittit nomen obscurius, Litemque multo gelidiorem facit: nec enim ullum hoc frigidius

den Vorrang hat, ⟨von⟩ welcher der Name des politischen Gemeinwesens ⟨und⟩ der gesamten Bürgerschaft herrührt, für die wir sterben, der wir uns gänzlich überantworten, in der wir alles, was wir haben, anlegen und gleichsam konsekrieren müssen.[111] Kaum weniger süß aber als jene, welche uns aufgenommen hat, ist die, welche uns zeugte. Deshalb werde ich durchaus niemals leugnen, dass dies hier meine Heimat ist, insofern nur Erstere größer und diese hier in ihr enthalten ist.

(6) *(Atticus:)* Recht hatte also unser Freund, der berühmte [Pompeius] Magnus, mit seiner Feststellung in der Gerichtsverhandlung, als er zusammen mit dir für Ampius sprach (ich war unter den Zuhörern), dass unser politisches Gemeinwesen diesem Municipium hier mit größter Berechtigung Dank sagen könne, weil aus ihm zwei seiner Retter hervorgegangen seien,[112] so dass ich mich dazu bewogen sehe, dass auch diejenige, die dich hervorbracht hat, deine Heimat ist.

Doch ist die Insel erreicht; ihre anmutige Lage ist unübertroffen. Denn wie wird der Fibrenus durch diesen Schiffsbug, bildlich gesprochen, gespalten! Wie bespült er diese Seiten hier, nachdem er sich gleichmäßig in zwei Teile getrennt hat! Und kaum ist er rasend auseinandergeglitten, fließt er schnell wieder in eins zusammen und umschließt nur so viel Raum, dass dieser gerade eine Palästra mittlerer Größe umfasst. Hat er dies bewirkt – als wäre dies seine Aufgabe und Bestimmung, dass er diese Stätte uns für die Unterredung erschaffe –, stürzt er sich sofort in den Liris; und als ob er in eine patrizische Familie gekommen wäre, lässt er seinen weniger bekannten Namen fahren[113] und macht den Liris viel kälter. Ich bin nämlich noch auf keinen

flumen attigi, cum ad multa accesserim; ut vix pede temptare id possim, quod in Phaedro Platonis facit Socrates.

(7) [M.] Est vero ita; sed tamen huic amoenitati, quem ex Quinto saepe audio Thyamis Epirotes tuus ille, nihil, opinor, concesserit.

[Q.] Est ita ut dicis; cave enim putes Attici nostri Amalthio platanisque illis quicquam esse praeclarius. Sed, si videtur, considamus hic in umbra, atque ad eam partem sermonis ex qua egressi sumus revertamur.

[M.] Praeclare exigis, Quinte (at ego effugisse arbitrabar!), et tibi horum nihil deberi potest.

[Q.] Ordire igitur; nam hunc tibi totum dicamus diem.

[M.] ›A Iove Musarum primordia‹, sicut in Aratio carmine orsi sumus.

[Q.] Quorsum istuc?

[M.] Quia nunc item ab eodem et a ceteris dis immortalibus sunt nobis agendi capienda primordia.

[Q.] Optime vero, frater, et fieri sic decet.

(8) [M.] Videamus igitur rursus, priusquam aggrediamur ad leges singulas, vim naturamque legis, ne cum referenda sint ad eam nobis omnia labamur interdum errore sermo-

kälteren Fluss als diesen gestoßen – und ich bin schon an viele herangetreten! –, so dass ich kaum mit dem Fuß das erproben kann, was im ›Phaidros‹ Platons Sokrates tut.[114]

(7) *(Marcus:)* Jawohl, so ist es. Aber dennoch dürfte dieser anmutigen Umgebung hier dein berühmter Thyamis in Epirus, über den Quintus oft spricht, vermutlich in nichts nachstehen.

(Quintus:) Es ist so, wie du sagst. Glaube bloß nicht, es gebe irgendetwas Herrlicheres als das Amaltheion unseres Freundes Atticus und die Platanen dort. Aber wenn es recht ist, wollen wir uns hier im Schatten zusammensetzen und zu dem Teil des Gesprächs zurückkehren, den wir verlassen haben.

(Marcus:) Du treibst deine Forderung vortrefflich ein, Quintus (und ich glaubte schon, davongekommen zu sein!), und dir kann von diesen Dingen nichts geschuldet bleiben.

(Quintus:) Fang also an, denn diesen ganzen Tag widmen wir dir!

(Marcus:) »Von Jupiter haben die Musen ihren Ursprung«, wie wir im Aratos-Gedicht begonnen haben.[115]

(Quintus:) Wozu das jetzt?

(Marcus:) Weil wir nun ebenso von demselben[116] und von den übrigen unsterblichen Göttern den Ursprung unseres Unterfangens ergreifen müssen.

(Quintus:) Sehr gut, Bruder, und dass es so gemacht wird, schickt sich.

(8) *(Marcus:)* Wir wollen also erneut, bevor wir uns den einzelnen Gesetzen zuwenden, die Wirkungsmacht und die Natur des Gesetzes ansehen, damit wir nicht, da wir ja alles darauf rückbeziehen müssen, bisweilen durch einen

nis, ignoremusque vim rationis eius qua iura nobis definienda sint.

[Q.] Sane quidem hercle, et est ista recta docendi via.

[M.] Hanc igitur video sapientissimorum fuisse sententiam, legem neque hominum ingeniis excogitatam nec scitum aliquod esse populorum, sed aeternum quiddam quod universum mundum regeret imperandi prohibendique sapientia. Ita principem legem illam et ultimam mentem esse dicebant omnia ratione aut cogentis aut vetantis dei. Ex quo illa lex quam di humano generi dederunt recte est laudata; est enim ratio mensque sapientis ad iubendum et ad deterrendum idonea.

(9) [Q.] Aliquotiens iam iste locus a te tactus est. Sed antequam ad populares leges venis, vim istius caelestis legis explana si placet, ne aestus nos consuetudinis absorbeat et ad sermonis morem usitati trahat.

[M.] A parvis enim, Quinte, didicimus ›Si in ius vocat‹, atque alia eiusmodi, leges {alias} nominare. Sed vero intellegi sic oportet, et hoc et alia iussa ac vetita populorum vim habere ad recte facta vocandi et a peccatis avocandi, quae vis non modo senior est quam aetas populorum et civitatum,

irrtümlichen Sprachgebrauch fehlgeleitet werden und von der Kraft derjenigen Methode keine Kenntnis nehmen, mit deren Hilfe wir die Rechte bestimmen müssen.

(Quintus:) Sehr gut, beim Herkules, und dies ist der richtige Weg der Belehrung!

(Marcus:) Es ist also dies, wie ich sehe, die Meinung der bedeutendsten Philosophen gewesen, dass das Gesetz weder vom menschlichen Erfindungsgeist erdacht wurde noch irgendein Beschluss von Völkern ist, sondern etwas Ewiges, das die gesamte Welt mit der Weisheit des Befehlens und Verbietens lenke. So pflegten sie zu sagen, dass jenes erste und letzte Gesetz der Verstand des Gottes sei, der alles mit Vernunft entweder erzwingt oder verhindert. Von daher ist jenes Gesetz, das die Götter dem Menschengeschlecht gegeben haben, zu Recht gepriesen worden: Es ist nämlich die Vernunft und der Verstand des Weisen, mit der Fähigkeit, zu gebieten und abzuschrecken.

(9) *(Quintus:)* Mehr als einmal schon ist dieses Thema von dir berührt worden. Aber bevor du zu den Gesetzen der Völker kommst, erkläre doch bitte die Wirkungsmacht deines himmlischen Gesetzes, auf dass uns nicht das Aufwallen der Gewohnheit verschlingt und zu dem fest eingebürgerten Sprachgebrauch hinzieht.

(Marcus:) Von klein auf, Quintus, haben wir in der Tat gelernt, [der Formel] »Wenn (jemand einen anderen) zu Gericht ruft«[117] – und noch anderem von dieser Art – den Namen »Gesetze« zu geben. Aber in Wirklichkeit muss man das so verstehen: dass sowohl dieses als auch andere Gebote und Verbote der Völker die Wirkungsmacht haben, zu dem, was rechtens getan ist, hin- und von Verfehlungen wegzurufen. Diese Wirkungsmacht ist nicht nur älter als

sed aequalis illius caelum atque terras tuentis et regentis dei. (10) Neque enim esse mens divina sine ratione potest, nec ratio divina non hanc vim in rectis pravisque sanciendis habere. Nec quia nusquam erat scriptum ut contra omnes hostium copias in ponte unus assisteret a tergoque pontem interscindi iuberet, idcirco minus Coclitem illum rem gessisse tantam fortitudinis lege atque imperio putabimus; nec si regnante L. Tarquinio nulla erat Romae scripta lex de stupris, idcirco non contra illam legem sempiternam Sextus Tarquinius vim Lucretiae Tricipitini filiae attulit. Erat enim ratio, profecta a rerum natura, et ad recte faciendum impellens et a delicto avocans, quae non tum denique incipit lex esse cum scripta est, sed tum cum orta est; orta autem est simul cum mente divina. Quamobrem lex vera atque princeps, apta ad iubendum et ad vetandum, ratio est recta summi Iovis.

(11) [Q.] Adsentior, frater, ut quod est rectum verumque ⟨aeternum quoque⟩ sit, neque cum litteris quibus scita scribuntur aut oriatur aut occidat.

[M.] Ergo ut illa divina mens summa lex est, item, cum in

die Lebenszeit von Völkern und Bürgerschaften, sondern so alt wie jener Gott, der Himmel und Länder schützt und lenkt. (10) Denn weder kann es einen göttlichen Verstand ohne Vernunft geben, noch kann die göttliche Vernunft ohne diese Wirkungsmacht bei der Besiegelung des Rechten und Verkehrten auskommen. Nur weil nirgendwo geschrieben stand, dass gegen alle Truppen der Feinde einer allein sich auf die Brücke stellen und dass er gebieten solle, man möge in seinem Rücken die Brücke abreißen, werden wir deshalb nicht weniger glauben, dass der berühmte Cocles[118] ein so großes Unterfangen vermittels des Gesetzes und Befehls der Tapferkeit durchführte; und wenn während der Königsherrschaft des Lucius Tarquinius in Rom kein niedergeschriebenes Gesetz über sexuelle Gewalttaten existierte, hat deshalb Sextus Tarquinius trotzdem entgegen jenem immerwährenden Gesetz der Lucretia, Tochter des Tricipitinus, Gewalt angetan.[119] Es existierte nämlich die Vernunft, die von der Natur der Dinge herkommt, die zum richtigen Handeln antreibt und von Vergehen abhält – und die nicht dann erst anfängt, Gesetz zu sein, wenn sie niedergeschrieben worden ist, sondern dann, wenn sie entstanden ist. Entstanden aber ist sie zugleich mit dem göttlichen Verstand. Aus diesem Grund ist das wahre und allererste Gesetz – welches dazu taugt, zu gebieten und zu verbieten – die rechte Vernunft Jupiters, des Obersten.

(11) *(Quintus:)* Ich stimme zu, mein Bruder, dass das, was recht und wahr ist, ⟨auch ewig ist,⟩[120] und nicht zusammen mit den Buchstaben, mit denen Beschlüsse niedergeschrieben werden, entsteht oder vergeht.

(Marcus:) Wie also jener göttliche Verstand das oberste Gesetz ist, ebenso existiert er, wenn er im Menschen exis-

homine est, perfecta est in mente sapientis. Quae sunt autem varie et ad tempus descriptae populis, favore magis quam re legum nomen tenent. Omnem enim legem, quae quidem recte lex appellari possit, esse laudabilem ⟨qui ista subtilius quaerunt⟩ quibusdam talibus argumentis docent: constat profecto ad salutem civium civitatumque incolumitatem vitamque hominum quietam et beatam inventas esse leges, eosque qui primum eiusmodi scita sanxerint, populis ostendisse ea se scripturos atque laturos, quibus illi ascitis susceptisque honeste beateque viverent, quaeque ita composita sanctaque essent, eas leges videlicet nominarent. Ex quo intellegi par est eos qui perniciosa et iniusta populis iussa descripserint, cum contra fecerint quam polliciti professique sint, quidvis potius tulisse quam leges; ut perspicuum esse possit in ipso nomine legis interpretando inesse vim et sententiam iusti et veri legendi. (12) Quaero igitur a te, Quinte, sicut illi solent: quo si civitas careat, ob eam ipsam causam quod eo careat pro nihilo habenda sit, id estne numerandum in bonis?

[Q.] Ac maximis quidem.

tiert, im Verstand des Weisen in vollendeter Form. Was aber auf unterschiedliche Weise und für den Augenblick den Völkern vorgeschrieben worden ist, behauptet den Namen »Gesetze« aus Anhänglichkeit mehr als durch die Sache selbst. Dass nämlich jedes Gesetz, wenn es denn nur zu Recht als Gesetz bezeichnet werden kann, preisenswert sei, lehren ⟨diejenigen, welche jene Themen genauer untersuchen,⟩[121] mit bestimmten Argumenten folgender Art: Es steht auf alle Fälle fest, dass man Gesetze zum Wohlergehen der Bürger, zur Erhaltung von Bürgerschaften und für ein ruhiges und glückliches Menschenleben erfunden hat; und dass diejenigen, welche zuerst derartige Beschlüsse besiegelten, den Völkern gezeigt haben, dass sie dasjenige niederschreiben und vorlegen würden, dessen Billigung und Annahme jenen ein moralisch richtiges und glückliches Leben ermöglichten; und was so verfasst und besiegelt sei, das sollten sie natürlich Gesetze nennen. Von daher ist es angemessen, dass man Folgendes erkenne: Diejenigen, welche den Völkern schädliche und ungerechte Gebote vorschrieben, weil sie gegen ihre eigenen Versprechen und Ankündigungen handelten, haben alles, nur keine Gesetze vorgelegt – so dass es vielleicht klar ist, dass, wenn man den Namen »Gesetz« [*lex*] an sich erklärt, ihm die Bedeutung und der Sinn anhaften, das Gerechte und Wahre »auszulesen« [*legere*].[122] (12) Ich will also von dir, Quintus, wissen, wie es jene für gewöhnlich tun: Wenn eine Bürgerschaft von einer Sache keinen Gebrauch macht und aus eben dem Grund, weil sie von dieser Sache keinen Gebrauch macht, für untauglich gehalten werden muss, muss man diese Sache dann nicht unter die moralischen Güter zählen?

(Quintus:) Ja, sogar unter die größten.

[M.] Lege autem carens civitas estne ob ⟨id⟩ ipsum habenda nullo loco?

[Q.] Dici aliter non potest.

[M.] Necesse est igitur legem haberi in rebus optimis.

[Q.] Prorsus adsentior.

(13) [M.] Quid quod multa perniciose, multa pestifere sciscuntur in populis, quae non magis legis nomen attingunt quam si latrones aliquas consessu suo sanxerint? Nam neque medicorum praecepta dici vere possint, si quae inscii imperitique pro salutaribus mortifera conscripserint, neque in populo lex, cuicuimodi fuerit illa, etiamsi perniciosum aliquid populus acceperit. Ergo est lex iustorum iniustorumque distinctio, ad illam antiquissimam et rerum omnium principem expressa naturam, ad quam leges hominum deriguntur, quae supplicio improbos afficiunt, defendunt ac tuentur bonos.

[Q.] Praeclare intellego, nec vero iam aliam esse ullam legem puto non modo habendam sed ne appellandam quidem.

(14) [M.] Igitur tu Titias et Apuleias leges nullas putas?

[Q.] Ego vero ne Livias quidem.

(Marcus:) Muss man aber eine Bürgerschaft, die kein Gesetz hat, um eben dessen willen nicht für inexistent halten?

(Quintus:) Anders kann man es nicht sagen.

(Marcus:) Es ist also nötig, dass das Gesetz zu den besten Dingen gerechnet wird.

(Quintus:) Ich stimme völlig zu.

(13) *(Marcus:)* Was soll man sagen, dass unter den Völkern viele schädliche und viele unheilbringende Beschlüsse getroffen werden, die mit dem Namen »Gesetz« ebenso wenig zu tun haben, wie wenn Räuber auf ihrer Versammlung irgendwelche ›Gesetze‹ besiegelt haben? Denn weder dürfte man in Wahrheit von ärztlichen Vorschriften sprechen können, wenn Leute ohne Wissen und Erfahrung anstelle von Heilsamem etwas Todbringendes verschrieben haben, noch bei einem Volk von einem Gesetz, wie immer beschaffen jenes gewesen sein mag, auch wenn das Volk etwas Schädliches akzeptiert hat. Also ist das Gesetz eine Unterscheidung zwischen Gerechtem und Ungerechtem, jener altehrwürdigsten Natur nachgebildet, dem ersten von allen Dingen; auf sie sind die menschlichen Gesetze ausgerichtet, welche die Übeltäter mit Bestrafung belegen, die Guten verteidigen und beschützen.

(Quintus:) Das verstehe ich klar und deutlich, und ich glaube wirklich schon nicht mehr, dass man irgendetwas anderes für ein Gesetz halten, geschweige denn so nennen darf.

(14) *(Marcus:)* Folglich glaubst du, dass die Gesetze des Titius und des Appuleius gar keine sind?

(Quintus:) In Wahrheit halte ich nicht einmal diejenigen des Livius für Gesetze![123]

[M.] Et recte, quae praesertim uno versiculo senatus puncto temporis sublatae sint; lex autem illa, cuius vim explicavi, neque tolli neque abrogari potest.

[Q.] Eas tu igitur leges rogabis videlicet quae numquam abrogentur?

[M.] Certe, si modo acceptae a duobus vobis erunt. Sed ut vir doctissimus fecit Plato atque idem gravissimus philosophorum omnium, qui princeps de republica conscripsit, idemque separatim de legibus eius, id mihi credo esse faciendum, ut priusquam ipsam legem recitem, de eius legis laude dicam; quod idem et Zaleucum et Charondan fecisse video, cum quidem illi non studi et delectationis sed rei publicae causa leges civitatibus suis scripserint; quos imitatus Plato videlicet hoc quoque legis putavit esse, persuadere aliquid, non omnia vi ac minis cogere.

(15) [Q.] Quid quod Zaleucum istum negat ullum fuisse Timaeus?

[M.] At ⟨ait⟩ Theophrastus, auctor haud deterior mea quidem sententia (meliorem multi nominant); commemorant vero ipsius cives, nostri clientes, Locri. Sed sive fuit sive non fuit, nihil ad rem; loquimur quod traditum est.

(Marcus:) Und zu Recht, zumal sie mit einer kurzen Zeile des Senats in einem Augenblick beseitigt worden sind. Jenes Gesetz aber, dessen Wirkungsmacht ich auseinandergesetzt habe, kann man weder beseitigen noch durch einen Beschluss aufheben.

(Quintus:) Folglich wirst du natürlich nur solche Gesetze vorschlagen, die niemals durch einen Beschluss aufgehoben werden.

(Marcus:) Gewiss, wenn bloß ihr beide sie annehmen werdet. Wie aber Platon verfahren ist, ein hochgelehrter Mann und zugleich der bedeutendste aller Philosophen, der als Erster über das politische Gemeinwesen geschrieben hat und ebenso abgesondert über seine Gesetze, so, glaube ich, muss auch ich verfahren: dass ich nämlich, bevor ich das Gesetz selbst vorlese, über die Vorzüge dieses Gesetzes spreche. Ebenso sind, sehe ich, sowohl Zaleukos als auch Charondas verfahren, obgleich jene nicht der wissenschaftlichen Beschäftigung und des Vergnügens, sondern des politischen Gemeinwesens wegen Gesetze für ihre jeweiligen Bürgerschaften niedergeschrieben haben; ihnen tat es Platon natürlich nach und hat geglaubt, dass auch dies die Aufgabe des Gesetzes sei, dass man von etwas überzeuge und nicht alles durch Gewalt und Drohungen erzwinge.

(15) *(Quintus:)* Was soll man dazu sagen, dass Timaios leugnet, eben dieser Zaleukos habe jemals existiert?

(Marcus:) Aber Theophrast ⟨sagt⟩ es, nach meiner Ansicht zumindest kein schlechterer Gewährsmann (viele nennen ihn einen besseren!); seine eigenen Mitbürger aber, unsere Klienten, die Lokrer, erinnern sich seiner.[124] Aber ob er existiert oder nicht existiert hat, tut nichts zur Sache. Wir reden darüber, was überliefert ist.

Sit igitur hoc iam a principio persuasum civibus, dominos esse omnium rerum ac moderatores deos, eaque quae gerantur eorum geri iudicio ac numine; eosdemque optime de genere hominum mereri, et qualis quisque sit, quid agat, quid in se admittat, qua mente, qua pietate colat religiones intueri; piorumque et impiorum habere rationem. (16) His enim rebus imbutae mentes haud sane abhorrebunt ab utili aut a vera sententia. Quid est enim verius quam neminem esse oportere tam stulte arrogantem, ut in se rationem et mentem putet inesse, in caelo mundoque non putet; aut ut ea quae vix summa ingeni ratione ⟨comprehendat, nulla ratione⟩ moveri putet? Quem vero astrorum ordines, quem dierum noctiumque vicissitudines, quem mensium temperatio, quemque ea quae gignuntur nobis ad fruendum, non gratum esse cogunt, hunc hominem omnino numerari qui decet? Cumque omnia quae rationem habent praestent eis quae sint rationis expertia, nefasque sit dicere ullam rem praestare naturae omnium rerum, rationem inesse in ea confitendum est. Utiles esse autem has opiniones quis neget, cum intellegat quam multa firmentur iureiurando, quantae saluti sint foederum religiones, quam multos divi-

Folglich mögen schon von Anfang an die Bürger vom Folgenden überzeugt sein: dass die Götter Herren aller Dinge und Lenker sind und das, was besorgt wird, durch ihr Urteil und ihren Wink besorgt wird; dass sie sich zugleich bestens um das Menschengeschlecht verdient machen; dass sie ein Auge darauf haben, was für einer ein jeder ist, was er tut, was er sich zuschulden kommen lässt, mit welcher Überlegung und welcher Gesinnung er die religiösen Handlungen in Ehren hält, und dass sie Frommen wie Unfrommen Beachtung schenken. (16) Ist er nämlich von diesen Dingen benetzt, dann wird der Verstand vor einer nützlichen oder vor einer wahren Ansicht in der Tat nicht zurückschrecken. Denn was beruht mehr auf den Tatsachen, als dass niemand eine so törichte Anmaßung an den Tag legen dürfe, dass er glaubt, ihm wohne zwar Vernunft und Verstand inne, doch keineswegs dem Himmel und der Welt; oder dass er glaubt, etwas bewege sich ⟨ohne Vernunft⟩, nur weil er es selbst mit dem Äußersten, das die Vernunft seines Geistes hergibt, kaum ⟨begreift⟩[125]. Wahrlich, wen die geordnete Einrichtung der Gestirne, wen die Wechsel von Tagen und Nächten, wen die rechte Mischung der Monate und wen das, was zu unserem Genuss erzeugt wird, nicht zwingt, dankbar zu sein, wie wäre es da in Ordnung, diesen überhaupt als Menschen zu zählen? Und da alles, was Vernunft hat, Vorrang hat vor dem, was der Vernunft entbehrt, und es nicht gestattet ist, zu sagen, irgendeine Sache habe Vorrang vor der Natur aller Dinge, muss man anerkennen, dass ihr Vernunft innewohnt. Dass aber diese Meinungen nützlich sind, wer könnte das leugnen, wenn er einsieht, wie viele Dinge durch den Eidschwur bekräftigt werden, welch großes Heil die religiösen Bindungen von Verträgen

ni supplicii metus a scelere revocarit, quamque sancta sit societas civium inter ipsos, dis immortalibus interpositis tum iudicibus, ⟨tum⟩ testibus?

Habes legis prooemium; sic enim haec appellat Plato.

(17) [Q.] Habeo vero, frater, et in hoc admodum delector quod in aliis rebus aliisque sententiis versaris atque ille; nihil enim tam dissimile quam vel ea quae ante dixisti, vel hoc ipsum de dis exordium; unum illud mihi videris imitari, orationis genus.

[M.] Velle fortasse: quis enim id potest aut umquam poterit imitari? Nam sententias interpretari perfacile est; quod quidem ego facerem, nisi plane esse vellem meus; quid enim negoti est eadem prope verbis eisdem conversa dicere?

[Q.] Prorsus adsentior; verum ut modo tute dixisti, te esse malo tuum. Sed iam exprome, si placet, istas leges de religione.

(18) [M.] Expromam equidem ut potero; et quamquam et locus et sermo familiaris est, legum {leges} voce proponam.

[Q.] Quidnam id est?

[M.] Sunt certa legum verba, Quinte, neque ita prisca ut

mit sich bringen, wie viele Menschen die Furcht vor göttlicher Bestrafung schon von einem Verbrechen zurückgehalten hat, und wie unverletzlich die Gesellschaft der Bürger untereinander ist, hat man erst die unsterblichen Götter bald als Richter, ⟨bald⟩[126] als Zeugen einbezogen.[127]

Da hast du das Proöm zum Gesetz; so nämlich bezeichnet es Platon.

(17) *(Quintus:)* In der Tat, mein Bruder, und ich freue mich besonders, dass du dich darin mit anderen Themen und anderen Ansichten abgibst als jener. Nichts nämlich ist [ihm] so unähnlich wie das von dir zuvor Gesagte oder auch eben dieser Beginn über die Götter; einzig und allein jenes scheinst du mir nachzuahmen: die Form der Rede.

(Marcus:) Vielleicht ›zu wollen‹. Wer nämlich ist oder dürfte jemals in der Lage sein, sie nachzuahmen? Denn die Ansichten zu übersetzen ist sehr leicht. Und so würde ich freilich verfahren, wenn ich nicht ganz und gar ich selbst sein wollte. Was nämlich ist schon schwierig daran, ungefähr dasselbe mit denselben Worten zu sagen, nur in Übersetzung?

(Quintus:) Ich stimme völlig zu. Aber wie du gerade gesagt hat: Ich will lieber, dass du du selbst bist. Aber eröffne uns jetzt, wenn es recht ist, diese deine Gesetze über die Religion.

(18) *(Marcus:)* Meinerseits werde ich sie euch eröffnen, soweit ich es vermag. Und obwohl der Ort vertraut und das Gespräch vertraulich ist, will ich sie in der Sprache der Gesetze vorstellen.

(Quintus:) Was bedeutet das denn?

(Marcus:) Es gibt bestimmte Gesetzeswörter, zwar nicht so altehrwürdige wie in den alten Zwölftafel- und den

in veteribus XII sacratisque legibus, et tamen, quo plus auctoritatis habeant, paulo antiquiora quam hic sermo est. Eum morem igitur, cum brevitate, si potuero, consequar. Leges autem a me edentur non perfectae – nam esset infinitum – sed ipsae summae rerum atque sententiae.

[Q.] Ita vero necesse est; quare audiamus.

(19) [M.] [1] Ad divos adeunto caste; pietatem adhibento, opes amovento. [2] Qui secus faxit, deus ipse vindex erit.

[3] Separatim nemo habessit deos, neve novos neve advenas, nisi publice adscitos. [4] Privatim colunto quos rite a patribus ⟨cultos acceperint.

[5] In urbibus⟩ delubra habento, lucos in agris habento et Larum sedes. [6] Ritus familiae patrumque servanto. [7] Divos et eos qui caelestes semper habiti sunt colunto, et ollos quos endo caelo merita locaverunt, Herculem Liberum Aesculapium Castorem Pollucem Quirinum, ast olla propter quae datur homini ascensus in caelum, Mentem Virtutem Pietatem Fidem; earumque laudum delubra sunto, neve ulla vitiorum.

[8] Sacra sollemnia obeunto. [9] Feriis iurgia amovento,

Sakrationsgesetzen[128], und dennoch, damit sie mehr Gewicht haben, ein wenig altertümlichere, als es die gegenwärtige Unterhaltung ist. Diesen Gebrauch will ich – mit Kürze, wenn ich es vermag – mir nun aber zu eigen machen.[129] Die Gesetze jedoch werden von mir nicht vollständig vorgestellt werden – denn das nähme kein Ende –, sondern lediglich der Kern ihres Inhalts und Gedankengangs.

(Quintus:) So ist es wahrlich erforderlich. Deshalb wollen wir sie hören.

(19) *(Marcus:)* [1] Den Göttlichen[130] möge man in Reinheit nahen, die rechte Gesinnung möge man an den Tag legen, Reichtümer möge man entfernen. [2] Wer anders handelt, dem wird der Gott selbst Bestrafer sein.

[3] Abgesondert für sich möge niemand Götter haben, weder neue noch hinzugezogene,[131] nur die vom Gemeinwesen aufgenommenen. [4] Für seine Person möge man diejenigen verehren, bezüglich derer man ⟨erfahren hat⟩, dass sie von den Vätern nach hergebrachter Weise ⟨verehrt wurden.

[5] In den Städten⟩[132] möge man Heiligtümer haben, Haine möge man auf dem Land haben und die Wohnsitze der Laren. [6] Die rituellen Gebräuche des Hausverbands[133] und der Väter möge man bewahren. [7] Als Göttliche möge man sowohl die verehren, die schon immer als Himmlische gegolten haben, als auch jene, die ihre Verdienste in den Himmel versetzt haben: Herkules, Liber, Äskulap, Castor, Pollux, Quirinus; und auch jene Eigenschaften, um derentwillen dem Menschen der Aufstieg in den Himmel gegeben wird: Verstand, Tugend, rechte Gesinnung, Redlichkeit; und für diese preisenswerten Eigenschaften möge es Heiligtümer geben, aber keine für die Laster.

[8] Zu den alljährlichen sakralen Handlungen möge man

easque in famulis operibus patratis habento; idque ut ita cadat in annuis anfractibus descriptum esto. [10] Certasque fruges certasque bacas sacerdotes publice libanto. (20) [1] Hoc certis sacrificiis ac diebus, itemque alios ad dies ubertatem lactis feturaeque servanto; idque ne ommitti possit, ad certam rationem cursus annuos sacerdotes finiunto. [2] Quaeque cuique divo decorae grataeque sint hostiae, providento.

[3] Divisque ⟨alii⟩ aliis sacerdotes, omnibus pontifices, singulis flamines sunto; virginesque Vestales in urbe custodiunto ignem foci publici sempiternum. [4] Quoque haec privatim et publice modo rituque fiant, discunto ignari a publicis sacerdotibus. [5] Eorum autem genera sunto duo: unum quod praesit caerimoniis et sacris, alterum quod interpretetur fatidicorum et vatium effata incognita, quom senatus populusque ita sciverit.

[6] Interpretes autem Iovis Optimi Maximi, publici augures, signis et auspiciis postera vidento, disciplinam tenen-

sich einfinden. [9] An den Feiertagen möge man Rechtsstreitigkeiten beiseiteschaffen und sie gemeinsam mit den Bediensteten nach Vollendung der Arbeiten begehen;[134] und dass dies so mit dem jährlichen Kreislauf der Sonne zusammenfalle, möge vorgeschrieben werden. [10] Und bestimmte Feldfrüchte sowie bestimmte Baumfrüchte mögen die Priester vor dem Gemeinwesen als Libationsopfer darbringen. (20) [1] Dies mit bestimmten Opfern und an bestimmten Tagen; und ebenso mögen sie zu anderen Tagen den reichen Ertrag an Milch und Jungvieh bewahren. Und damit dies nicht ausgelassen werden kann,[135] mögen die Priester nach einer festgelegten Berechnung die Abläufe des Jahres eingrenzen. [2] Und welche Opfergaben einem jeden Göttlichen geziemend und angenehm sind, die sollen sie im Voraus besorgen.

[3] Und für die unterschiedlichen Göttlichen möge es ⟨unterschiedliche⟩ Priester, für alle die Pontifices, für die einzelnen die Flamines, geben. Und die Vestalischen Jungfrauen mögen in der Stadt das immerwährende Feuer des Herds des Gemeinwesens bewachen. [4] Und in welcher Weise und Form dies für ihre Person und im Gemeinwesen regelgerecht und in hergebrachter Weise geschehen soll, mögen die Unwissenden von den Priestern des Gemeinwesens[136] lernen. [5] Von ihnen aber soll es zwei Gruppen geben:[137] die erste, die den religiösen Feierlichkeiten und sakralen Handlungen vorsteht, die zweite, die die unverstandenen Äußerungen der Wahrsager und Seher deutet, wenn der Senat und das Volk das so beschlossen hat.

[6] Die Deuter Jupiters aber, des Besten und Größten, die Auguren des Gemeinwesens, mögen mithilfe von Zeichen und der Vogelschau die Zukunft sehen, ihre Lehre erhalten;

to, (21) [1] sacerdotesque ⟨et⟩ vineta virgetaque et salutem populi auguranto, [2] quique agent rem duelli quique popularem, auspicium praemonento, ollique obtemperanto. [3] Divorumque iras providento, sisque apparento. [4] Caelique fulgura regionibus ratis temperanto, urbemque et agros et templa liberata et effata habento. [5] Quaeque augur iniusta nefasta vitiosa {dira} dixerit, irrita infectaque sunto. [6] Quique non paruerit, capitale esto.

[7] Foederum {pacis belli} indutiarum ratorum fetiales iudices nuntii sunto, bella disceptanto.

[8] Prodigia portenta ad Etruscos et haruspices, si senatus iussit, deferunto. [9] Etruriaque principes disciplinam doceto. [10] Quibus divis creverint procuranto, idemque fulgura atque obstita pianto.

[11] Nocturna mulierum sacrificia ne sunto, praeter olla quae pro populo rite fient.

[12] Neve quem initianto, nisi ut adsolet Cereri Graeco sacro.

(22) [1] Sacrum ommissum quod neque expiari poterit,

(21) und Priester,[138] [1] Weinpflanzungen und Rutengebüsche und das Wohlergehen des Volkes mögen sie inaugurieren; [2] und die die Sache des Krieges und die diejenige des Volkes betreiben werden, denen mögen sie die Beobachtung der Vogelzeichen im Voraus anzeigen, und jene mögen gehorchen. [3] Und gegen die Zornesausbrüche der Göttlichen mögen sie Vorkehrungen treffen, und nach ihrem Willen mögen sie sich richten. [4] Und das Leuchten der Blitze am Himmel mögen sie durch das Festlegen von Regionen ordnen, und die Stadt und das Land und die Beobachtungsräume mögen sie befreit und abgegrenzt halten.[139] [5] Und was ein Augur für widerrechtlich, regelwidrig, fehlerhaft erklärt hat, möge ungültig und ungeschehen sein. [6] Und wer nicht gehorcht, für den möge es ein todeswürdiges Vergehen sein.

[7] Von Verträgen, Waffenstillstandsvereinbarungen und rechtskräftigen Entscheidungen mögen die Fetialen Richter und Boten sein; Kriege mögen sie schlichten.

[8] Vorzeichen und Wunderzeichen möge man den Etruskern, und zwar den Haruspices, wenn der Senat es befohlen hat, melden. [9] Und Etrurien möge seine führenden Männer in der Lehre unterrichten. [10] Für die Göttlichen, für die sie es beschlossen haben, mögen sie die Vorsorge tragen[140], und dieselben Männer mögen die Blitze und was von ihnen getroffen wurde sühnen.

[11] Nächtliche Opferhandlungen der Frauen möge es nicht geben, außer jenen, die zum Wohl des Volkes nach hergebrachter Weise durchgeführt werden.

[12] Und niemanden möge man einweihen, außer, wie es gewöhnlich geschieht, bei Ceres durch eine griechische Sakralhandlung.

(22) [1] Das Auslassen einer religiösen Handlung,[141] das

impium esto; quod expiari poterit, publici sacerdotes expianto.

[2] Loedis publicis, quae sive curriculo et certatione corporum sive cantu et fidibus et tibiis fiat, popularem laetitiam moderanto eamque cum divum honore iungunto.

[3] Ex patriis ritibus optuma colunto.

[4] Praeter Idaeae Matris famulos, eosque iustis diebus, ne quis stipem cogito.

[5] Sacrum sacrove commendatum qui clepsit rapsitve, parricida esto. [6] Periurii poena divina exitium, humana dedecus ⟨esto⟩. [7] Incestum pontifices supremo supplicio sanciunto. [8] Impius ne audeto placare donis iram deorum. [9] Caute vota reddunto. [10] Poena violati iuris ⟨divini divina⟩ esto.

[11] Ne quis agrum consecrato. [12] Auri argenti eboris sacrandi modus esto. [13] Sacra privata perpetua manento. [14] Deorum Manium iura sancta sunto. [15] Suos leto datos divos habento. [16] Sumptum in ollos luctumque minuunto.

(23) [Q.] Conclusa quidem est a te, frater, magna lex sane

nicht gesühnt werden kann, möge als pflichtvergessen gelten; dasjenige, welches man zu sühnen vermag, mögen die Priester des Gemeinwesens sühnen.

[2] Bei den Spielen des Gemeinwesens möge man das Vergnügen des Volkes, welches entweder durch das Wettrennen und den Wettstreit der Körper oder durch Gesang und die Leier und Pfeifen erzeugt werden soll, mäßigen und es mit der Ehrung der Göttlichen verknüpfen.

[3] Von den religiösen Zeremonien der Väter möge man das Beste pflegen.

[4] Außer den Dienern der Idäischen Mutter,[142] und auch die nur zu bestimmten Tagen, möge niemand Spenden erzwingen.

[5] Wer einen sakralen Gegenstand oder etwas, das einem sakralen Ort zur Aufbewahrung übergeben wurde, stiehlt oder raubt, möge ein Verwandtenmörder sein. [6] Die göttliche Strafe für Meineid ⟨möge⟩ der Untergang, die menschliche die Schande ⟨sein⟩. [7] Unzucht mögen die Pontifices mit der Höchststrafe belegen. [8] Ein Pflichtvergessener möge nicht wagen, mit Geschenken den Zorn der Götter zu besänftigen. [9] Sorgsam möge man Gelübde einlösen. [10] Die Strafe für die Verletzung ⟨göttlichen⟩ Rechts möge ⟨von den Göttern⟩[143] kommen.

[11] Niemand möge ein Feld konsekrieren. [12] Ein Maß möge es geben für die Konsekrierung von Gold, Silber, Elfenbein. [13] Die Sakralhandlungen zu Hause mögen dauerhaft bestehen bleiben. [14] Die Rechte der Totengötter mögen unverletzlich sein. [15] Die Seinen, die dem Tod anheimgegeben worden sind, möge man für Göttliche halten. [16] Den Aufwand für jene und die Trauer möge man beschränken.

(23) *(Quintus:)* Fürwahr, ein großes Gesetz ist von dir,

quam brevi; sed ut mihi quidem videtur, non multum discrepat ista constitutio religionum a legibus Numae nostrisque moribus.

[M.] An censes, cum in illis de republica libris persuadere videatur Africanus omnium rerum publicarum nostram veterem illam fuisse optimam, non necesse esse optimae reipublicae leges dare consentaneas?

[Q.] Immo prorsus ita censeo.

[M.] Ergo adeo exspectate leges quae genus illud optimum rei publicae contineant; et si quae forte a me hodie rogabuntur quae non sint in nostra re publica nec fuerint, tamen erunt fere ⟨quae olim fuerunt⟩ in more maiorum, qui tum ut lex valebat.

(24) [A.] Suade igitur, si placet, istam ipsam legem, ut ego ›Uti {tu} rogas‹ possim dicere.

[M.] Ain tandem, Attice? Non es dicturus aliter?

[A.] Prorsus maiorem quidem rem nullam sciscam aliter; in minoribus, si voles, remittam hoc tibi.

[Q.] Atque ea quidem ⟨mea⟩ sententia est.

[M.] At ne longum fiat videte.

[A.] Utinam quidem! Quid enim agere malumus?

[M.] [19.1] Caste iubet lex adire ad deos, animo videlicet,

Bruder, überaus kurz zusammengefasst worden. Aber wie mir freilich scheint, besteht überwiegend Einklang zwischen deiner Einrichtung der religiösen Praktiken und den Gesetzen Numas[144] sowie unseren Bräuchen.

(Marcus:) Meinst du denn, da in den erwähnten Büchern über das politische Gemeinwesen Scipio Africanus, wie es scheint, überzeugend darlegt,[145] dass von allen politischen Gemeinwesen gerade jenes, das wir ehemals hatten, das beste gewesen ist, dass es nicht notwendig sei, dem besten politischen Gemeinwesen Gesetze zu geben, die mit ihm übereinstimmen?

(Quintus:) Allerdings ist das meine feste Meinung.

(Marcus:) Folglich also erwartet Gesetze, die besagte beste Form des politischen Gemeinwesens zusammenhalten; und wenn ich heute zufällig einige vorschlagen werde, die es in unserem politischen Gemeinwesen nicht gibt und nicht gegeben hat, wird es sie dennoch ungefähr in der Art geben, ⟨wie es sie einst⟩ im Brauch der Vorfahren ⟨gegeben hat⟩[146], der damals wie ein Gesetz Geltung hatte.

(24) *(Atticus:)* Empfiehl folglich, wenn es recht ist, dieses dein Gesetz, damit ich sagen kann: »Wie du vorschlägst!«.[147]

(Marcus:) Ist das denn dein Ernst, Atticus? Wirst du nichts anderes sagen?

(Atticus:) Gewiss werde ich keine größere Sache anders entscheiden; nur bei den kleineren, wenn du willst, werde ich dir das ersparen.

(Quintus:) Und das ist gewiss ⟨meine⟩ Meinung.

(Marcus:) Aber schaut, dass es nicht zu lang wird.

(Atticus:) Hoffentlich wird es lang! Womit nämlich wollen wir uns lieber beschäftigen?

(Marcus:) [19.1] Das Gesetz verordnet, dass man den Göt-

in quo sunt omnia; nec tollit castimoniam corporis, sed hoc oportet intellegi, cum multum animus corpori praestet observeturque ut casto corpore adeatur, multo esse in animis id servandum magis; nam illud vel aspersione aquae vel dierum numero tollitur, animi labes nec diuturnitate evanescere nec amnibus ullis elui potest. (25) Quod autem pietatem adhiberi, opes amoveri iubet, significat probitatem gratam esse deo, sumptum esse removendum. Quid enim? Paupertatem cum divitiis etiam inter homines esse aequalem velimus, cur eam sumptu ad sacra addito deorum aditu arceamus? – praesertim cum ipsi deo nihil minus gratum futurum sit, quam non omnibus patere ad se placandum et colendum viam. [19.2] Quod autem non iudex sed deus ipse vindex constituitur, praesentis poenae metu religio confirmari videtur.

[19.3] Suosque deos aut novos aut alienigenas coli confusionem habet religionum et ignotas caerimonias nostris sacerdotibus. (26) [19.4] Nam ⟨a⟩ patribus acceptos deos ita placet coli, si huic legi paruerint ipsi patres.

tern in Reinheit nahe, im Geiste, versteht sich, in dem alles existiert; das beseitigt zwar nicht die Reinheit des Körpers, aber Folgendes muss man verstehen: Weil der Geist den Körper gewaltig übertrifft und man darauf achtet, dass man sich mit reinem Körper nahe, muss man dies beim Geiste noch viel stärker beachten. Denn jene Sache wird entweder durch das Besprengen mit Wasser oder eine Anzahl von Tagen beseitigt; die Befleckung des Geistes kann weder mit langer Dauer verschwinden noch durch irgendwelche Ströme abgewaschen werden. (25) Was das betrifft, dass [das Gesetz] verordnet, man bringe die rechte Gesinnung in Anwendung und entferne Reichtümer, bedeutet das, dass Rechtschaffenheit dem Gott angenehm ist, Aufwand beseitigt werden muss. Denn was heißt das? Wenn wir wollen, dass die Armut auch unter den Menschen Reichtümern gleichgestellt ist, warum sollten wir sie dann dadurch davon abhalten, sich den Göttern zu nähern, dass wir religiöse Handlungen mit erheblichem finanziellem Aufwand durchführen? – Zumal gerade dem Gott nichts weniger angenehm sein wird, als dass nicht allen der Weg offenstehe, ihn zu besänftigen und in Ehren zu halten. [19.2] Was aber das betrifft, dass kein Richter, sondern der Gott selbst als Bestrafer eingesetzt wird, so wird durch Furcht vor gegenwärtiger Strafe offenbar das religiöse Verhalten gefestigt.

[19.3] Und dass man entweder neue Götter oder solche fremden Ursprungs als die seinen verehrt, hat eine Verwirrung der religiösen Praktiken zur Folge sowie Rituale, die den Priestern des Gemeinwesens unbekannt sind. (26) [19.4] Denn ich finde es gut, dass man die ⟨von⟩ den Vätern empfangenen Götter nur insoweit verehre, wenn diesem Gesetz hier die Väter selbst gehorchten.

[19.5] Delubra esse in urbibus censeo, nec sequor magos Persarum, quibus auctoribus Xerxes inflammasse templa Graeciae dicitur, quod parietibus includerent deos quibus omnia deberent esse patentia ac libera, quorumque hic mundus omnis templum esset et domus. Melius Graii atque nostri, qui ut augerent pietatem in deos, easdem illos urbes, quas nos, incolere voluerunt. Adfert enim haec opinio religionem utilem civitatibus, si quidem et illud bene dictum est a Pythagora, doctissimo viro, ›tunc maxime et pietatem et religionem versari in animis cum rebus divinis operam daremus‹, et quod Thales, qui sapientissimus in septem fuit, ›homines existimare oportere omnia ⟨quae⟩ cernerent deorum esse plena; fore enim omnes castiores, veluti cum in fanis essent maxime religiosis.‹ Est enim quaedam ⟨communi⟩ opinione species deorum in oculis, non solum in mentibus. (27) Eandemque rationem luci habent in agris; neque ea quae a maioribus prodita est cum dominis tum famulis, posita in fundi villaeque conspectu, religio Larum repudianda est.

[19.6] Iam ritus familiae patrumque servare, id est, quoniam antiquitas proxime accedit ad deos, a dis quasi traditam religionem tueri, ⟨decet⟩.

[19.5] Ich rate dazu, dass es in den Städten Heiligtümer gebe, und ich folge nicht den Magiern der Perser, auf deren Veranlassung hin Xerxes die Tempel Griechenlands in Brand gesetzt haben soll, weil sie mit Mauern die Götter einschlössen, obschon diese offenen und ungehinderten Zugang zu allem haben müssten und diese gesamte Welt hier ihr Tempel und Wohnhaus sei.[148] Besser die Griechen[149] und unsere Landsleute, die wollten, um die rechte Gesinnung gegenüber den Göttern zu mehren, dass jene dieselben Städte bewohnen wie wir. Denn diese Ansicht bringt ein religiöses Verhalten hervor, das den Bürgerschaften nützlich ist, wenn nämlich die Aussage des Pythagoras, des hochgelehrten Mannes, zutrifft: Die rechte Gesinnung und das religiöse Empfinden wohnten dann besonders in den Herzen, wenn wir den Belangen der Götter Aufmerksamkeit schenkten; und was Thales, der Weiseste unter den Sieben, sagte:[150] Die Menschen müssten der Ansicht sein, dass alles, ⟨dessen⟩ sie gewahr werden, voll der Götter sei; alle nämlich würden dann reiner sein, wie wenn sie sich in heiligen Bezirken von besonderer religiöser Empfindung aufhielten. Denn nach ⟨landläufiger⟩ Ansicht[151] erblicken wir gewissermaßen die Götter mit den Augen, nicht lediglich mit dem Verstand. (27) Derselbe Grund gilt für Haine auf dem Land; auch die Verehrung der Laren, die von den Vorfahren sowohl den Herren als auch besonders den Bediensteten überliefert worden ist und die man im Blickfeld des Guts und des Landhauses eingerichtet hat, soll man nicht zurückweisen.

[19.6] Außerdem ⟨schickt es sich⟩, die religiösen Bräuche des Hausverbands und der Väter zu bewahren, das heißt, da ja das Altertum den Göttern am nächsten kommt, die von den Göttern gleichsam anvertraute religiöse Sitte zu erhalten.

[19.7] Quod autem ex hominum genere consecratos, sicut Herculem et ceteros, coli lex iubet, indicat omnium quidem animos immortales esse, sed fortium bonorumque divinos. (28) Bene vero quod Mens Pietas Virtus Fides consecratur {manu}, quarum omnium Romae dedicata publice templa sunt, ut illa qui habeant (habent autem omnes boni) deos ipsos in animis suis collocatos putent. Nam illud vitiosum Athenis, quod Cylonio scelere expiato, Epimenide Crete suadente, fecerunt Contumeliae fanum et Impudentiae; virtutes enim, non vitia consecrari decet. Araque vetusta in Palatio Febris, et altera Esquiliis Malae Fortunae, detestanda, atque omnia eiusmodi repudianda sunt. Quod si fingenda nomina, Vicae Potae potius vincendi atque potiundi, Statae standi, cognominaque Statoris et Invicti Iovis, rerumque expetendarum nomina Salutis Honoris Opis Victoriae, quoniamque exspectatione rerum bonarum erigitur animus, recte etiam Spes a Caiatino consecrata est; Fortunaque sit, vel Huiusce Diei (nam valet in omnes dies), vel Respiciens ad opem ferendam, vel Fors in quo incerti casus significantur magis, vel Primigenia a gignendo. †comestum [19.8] ⟨***⟩

[19.7] Was das betrifft, dass das Gesetz verordnet, die aus dem Menschengeschlecht Konsekrierten zu verehren, wie zum Beispiel Herkules und andere, sagt es aus, dass die Seelen aller zwar unsterblich sind, aber die der Tapferen und Guten göttlich. (28) Wirklich recht ist es, dass der ›Verstand‹, die ›rechte Gesinnung‹, die ›Tugend‹, die ›Redlichkeit‹ konsekriert wird; von all diesen sind in Rom im Namen des Gemeinwesens Tempel geweiht, damit diejenigen, die jene Eigenschaften besitzen (alle Guten aber besitzen sie), glauben, die Götter selbst hätten in ihren Seelen Platz genommen. Denn das ist verkehrt in Athen, dass sie nach der Sühnung des Verbrechens an Kylon auf Anraten des Kreters Epimenides der ›Schmähung‹ einen heiligen Bezirk errichteten und auch der ›Schamlosigkeit‹.[152] Denn es schickt sich, dass man Tugenden, keine Laster konsekriert. Auch den alten Altar des ›Fiebers‹ auf dem Palatin – und den anderen auf dem Esquilin, für ›Unglück‹ – muss man verabscheuen, und alles von dieser Art muss man zurückweisen. Wenn man aber Namen neubilden muss,[153] dann eher den der Vica Pota, Göttin des Siegens und sich Bemächtigens, der Stata, Göttin des festen Standes, und die Beinamen Jupiter Fluchthemmer und Unbesiegter sowie die Namen erstrebenswerter Dinge: des ›Wohlergehens‹, der ›Ehre‹, der ›Hilfe‹, des ›Sieges‹; und weil durch die Erwartung guter Dinge der Geist aufgerichtet wird, ist zu Recht auch die ›Hoffnung‹ von Caiatinus konsekriert worden.[154] Und eine Göttin ›Glück‹ möge es geben, sei es das Glück ›dieses gegenwärtigen Tages‹ (denn es hat für alle Tage Geltung), sei es das ›sorgetragende‹ zum Zweck der Hilfeleistung, sei es der Zufall [Fors], bei dem eher ungewisse Vorfälle bezeichnet werden, sei es das ›erstgeborene‹ [Primigenia] von »gebären«. [19.8] ⟨***⟩[155]

(29) [19.9] Feriarum festorumque dierum ratio in liberis requietem habet litium et iurgiorum, in servis operum et laborum. Quas compositor anni conferre debet ad perfectionem operum rusticorum; [19.10–20.1] quod ⟨ad⟩ tempus ut sacrificiorum libamenta serventur fetusque pecorum (quae dicta in lege sunt), diligenter habenda ratio intercalandi est; quod institutum perite a Numa, posteriorum pontificum neglegentia dissolutum est. [20.2] Iam illud ex institutis pontificum et haruspicum non mutandum est, quibus hostiis immolandum cuique deo; cui maioribus, cui lactentibus; cui maribus, cui feminis.

[20.3] Plures autem deorum omnium, singuli singulorum sacerdotes et respondendi iuris et conficiendarum religionum facultatem adferunt. Cumque Vesta quasi focum urbis (ut Graeco nomine est ⟨Hestia⟩ appellata, quod nos prope idem {Graecum interpretatum} nomen tenemus) complexa sit, ei colendae virgines praesint, ut advigiletur facilius ad custodiam ignis, et sentiant mulieres {in} naturam feminarum omnem castitatem pati.

(30) [20.4] Quod sequitur vero non solum ad religionem pertinet, sed etiam ad civitatis statum, ut sine eis qui sacris

(29) [19.9] Die Berücksichtigung der Feier- und der Festtage gewährt bei den freien Menschen Ruhe vor Rechtsstreitigkeiten und -händeln, bei den Sklaven vor Arbeiten und Anstrengungen; wer das Jahr ordnet, muss sie mit dem Abschluss der landwirtschaftlichen Arbeiten in Einklang bringen. [19.10–20.1] Damit man ⟨für⟩ diesen Zeitpunkt die Opfergaben aufbewahrt und auch die Jungtiere des Hausviehs (die im Gesetz genannt sind), muss die Berechnung des Einschiebens eines Schaltmonats mit Sorgfalt gehandhabt werden; das ist mit Sachverstand von Numa eingerichtet, durch die Nachlässigkeit späterer Pontifices zunichtegemacht worden. [20.2] Ferner darf man aus den Einrichtungen der Pontifices und Haruspices das nicht verändern, mit welchen Opfertieren welchem Gott geopfert werden muss; welchem mit ausgewachsenen, welchem mit saugenden; welchem mit männlichen, welchem mit weiblichen.

[20.3] Aber die Existenz mehrerer Priester für alle Götter und einzelner für einzelne Götter schafft die Möglichkeit, sowohl Rechtsbescheide zu erteilen als auch die religiösen Handlungen erfolgreich durchzuführen. Und da Vesta sich gleichsam des Herdes der Stadt angenommen hat (so wie sie mit griechischem Namen ⟨Hestia⟩[156] [»Herd«] heißt, ein Name, den wir beinahe identisch beibehalten), stehen ihrer Verehrung Jungfrauen vor, damit die Wache, um das Feuer zu beaufsichtigen, leichter fällt und die Frauen der Auffassung sind, dass die weibliche Natur jegliche Keuschheit verträgt.

(30) [20.4] Was nun aber folgt, bezieht sich nicht allein auf die Religion, sondern auch auf den Zustand der Bürgerschaft: dass man nämlich ohne diejenigen, welche den sakralen Handlungen in der politischen Öffentlichkeit vorste-

publice praesint, religioni privatae satis facere non possint; continet enim rem publicam consilio et auctoritate optimatium semper populum indigere. [20.5] Descriptioque sacerdotum nullum iustae religionis genus praetermittit; nam sunt ad placandos deos alii constituti qui sacris praesint sollemnibus, ad interpretanda alii praedicta vatium, neque multorum (ne esset infinitum), neque ut ea ipsa quae suscepta publice essent quisquam extra collegium nosset.

(31) [20.6–21.1] Maximum autem et praestantissimum in re publica ius est augurum cum auctoritate coniunctum; neque vero hoc quia sum ipse augur ita sentio, sed quia sic existimari nos est necesse. Quid enim maius est, si de iure quaerimus, quam posse a summis imperiis et summis potestatibus comitiatus et concilia vel instituta dimittere vel habita rescindere? Quid gravius quam rem susceptam dirimi, si unus augur ›alio ⟨die⟩‹ dixerit? Quid magnificentius quam posse decernere ut magistratu se abdicent consules? Quid religiosius quam cum populo, cum plebe agendi ius

hen, dem religiösen Handeln der Einzelperson nicht Genüge tun kann. Es hält nämlich das politische Gemeinwesen zusammen, dass das Volk immer des Rats und der Autorität der besten Männer[157] bedarf. [20.5] Und die Ordnung der Priester lässt keine Form gerechtfertigten religiösen Handelns unberücksichtigt. Denn zur Besänftigung der Götter hat man die einen bestimmt, welche den alljährlichen sakralen Handlungen vorstehen, die anderen zur Deutung der Voraussagen der Seher – aber nur von wenigen (damit das nicht ins Uferlose führe) und auch nicht so, dass irgendwer außerhalb des Kollegiums eben diese Voraussagen in Erfahrung bringe, obschon man sie im Interesse der politischen Öffentlichkeit auf sich genommen hat.

(31) [20.6–21.1] Das bedeutendste aber und hervorragendste Recht im politischen Gemeinwesen ist mit der Vollmacht der Auguren verknüpft. Ich bin nun aber keineswegs dieser Ansicht, weil ich selbst Augur bin,[158] sondern weil es notwendig ist, dass man uns so beurteilt. Was nämlich hat größere Bedeutung, wenn wir das Recht zu ergründen suchen, als in der Lage zu sein, die Versammlungen des gesamten Volkes und diejenigen der Plebs[159] entweder aufzulösen, nachdem sie von [den Trägern] der obersten Befehlsgewalt und der obersten Machtbefugnis einberufen worden sind, oder aber für ungültig zu erklären, nachdem man sie bereits abgehalten hat? Was hat mehr Gewicht, als eine schon begonnene Angelegenheit abzubrechen, wenn nur ein einziger Augur »An einem anderen ⟨Tag⟩!« sagt? Was gibt es Großartigeres, als entscheiden zu können, dass die Konsuln ihre Magistratur aufgeben? Was ist von größerer religiöser Bedeutung, als das Recht zu gewähren oder aber nicht zu gewähren, mit dem gesamten Volk oder der Plebs

aut dare aut non dare? Quid legem, si non iure rogata est, tollere, ut Titiam decreto collegi, ut Livias consilio Philippi consulis et auguris; nihil domi, nihil militiae per magistratus gestum sine eorum auctoritate posse cuiquam probari?

(32) [A.] Age iam, ista video fateorque esse magna; sed est in collegio vestro inter Marcellum et Appium, optimos augures, magna dissensio (nam eorum ego in libros incidi), cum alteri placeat auspicia ista ad utilitatem esse rei publicae composita, alteri disciplina vestra quasi divinari videatur posse. Hac tu de re quaero quid sentias.

[M.] Egone? Divinationem, quam Graeci manticen appellant, esse sentio, et huius hanc ipsam partem quae est in avibus ceterisque signis {quid} disciplinae nostrae. Si enim deos esse concedimus, eorumque mente mundum regi, et eosdem hominum consulere generi, et posse nobis signa rerum futurarum ostendere, non video cur esse divinationem negem. (33) Sunt autem ea quae posui; ex quibus id quod volumus efficitur et cogitur. Iam vero permultorum

eine Sache zu verhandeln? Oder ein Gesetz aufzuheben, wenn es nicht nach dem Recht vorgeschlagen wurde, wie dasjenige des Titius durch Beschluss des Kollegiums oder diejenigen des Livius auf Anweisung des Philippus, der Konsul und Augur war?[160] Dass nichts, was zu Hause, und nichts, was im Feld durch die Magistrate ausgeführt worden ist,[161] ohne ihre Vollmacht bei irgendjemand Anerkennung finden kann?

(32) *(Atticus:)* Wohl denn, ich sehe diese Dinge und gebe zu, dass sie beträchtlich sind; aber es gibt in eurem Kollegium zwischen Marcellus und Appius, zwei ganz vortrefflichen Auguren, eine tiefe Meinungsverschiedenheit (denn ich bin auf ihre Bücher gestoßen), da der eine die Meinung vertritt, dass diese Auspizien hier zum Nutzen des politischen Gemeinwesens eingerichtet wurden, der andere glaubt, dass mithilfe eurer Lehre gleichsam der göttliche Wille vorausgesagt werden kann.[162] Ich möchte von dir wissen, welcher Ansicht du bezüglich dieses Punktes bist.

(Marcus:) Ich? Ich bin der Ansicht, dass es die Voraussage göttlichen Willens, welche die Griechen Mantik nennen, tatsächlich gibt und dass genau derjenige Teil von ihr, der sich mit den Vögeln und den übrigen Zeichen beschäftigt, Sache unserer Lehre ist. Wenn wir nämlich zugestehen, dass es die Götter gibt und die Welt durch ihren Verstand gelenkt wird und dass sie auch dem Menschengeschlecht Anweisungen erteilen und in der Lage sind, uns die Zeichen zukünftiger Geschehnisse zu zeigen, dann sehe ich keinen Grund, warum ich die Existenz der Voraussage göttlichen Willens leugnen sollte. (33) Das, was ich behauptet habe, existiert aber; und daraus ergibt sich ganz zwangsläufig das, was wir anstreben. Unser politisches Ge-

exemplorum et nostra est plena res publica et omnia regna omnesque populi cunctaeque gentes, ⟨ex⟩ augurum praedictis multa incredibiliter vera cecidisse. Neque enim Polyidi neque Melampodis neque Mopsi neque Amphiarai neque Calchantis neque Heleni tantum nomen fuisset, neque tot nationes id ad hoc tempus retinuissent, ut Phrygum Lycaonum Cilicum maximeque Pisidarum, nisi vetustas ea certa esse docuisset; nec vero Romulus noster auspicato urbem condidisset, neque Atti Navi nomen memoria floreret tam diu, nisi omnes hi multa ad veritatem admirabilia dixissent. Sed dubium non est quin haec disciplina et ars augurum evanuerit iam et vetustate et neglegentia. Ita neque illi adsentior qui hanc scientiam negat umquam in nostro collegio fuisse, neque illi qui esse etiamnunc putat. Quae mihi videtur apud maiores fuisse duplex, ut ad rei publicae tempus nonnumquam, ad agendi consilium saepissime pertineret.

(34) [A.] Credo hercle ita esse, istique rationi potissimum adsentior. Sed redde cetera.

[M.] Reddam vero, et id si potero brevi. [21.7] Sequitur enim de iure belli, in quo et suscipiendo et gerendo

meinwesen und alle Königreiche, alle Völker und sämtliche Stämme sind doch wahrlich mit ganz vielen Beispielen davon reichlich versehen, dass ⟨im Gefolge⟩ der Vorhersagen der Auguren vieles unglaublicherweise wahr eingetreten ist. Denn nicht Polyidos, nicht Melampos, nicht Mopsos, nicht Amphiaraos, nicht Kalchas, nicht Helenos hätten einen so großen Namen besessen[163], und es gäbe nicht so viele Ethnien, die ihn bis auf die heutige Zeit bewahrt haben, wie zum Beispiel die Phryger, Lykaonier, Kiliker und ganz besonders die Pisider, wenn nicht ihr hohes Alter gelehrt hätte, dass diese Dinge gewiss sind. Und auch unser Romulus hätte die Stadt nicht unter Einholung der Auspizien gegründet, noch genösse der Name des Attus Navius in der Geschichte einen so nachhaltigen Ruf, wenn sie nicht allesamt, was den Wahrheitsgehalt angeht, viele bewundernswerte Aussagen gemacht hätten.[164] Aber es besteht kein Zweifel, dass diese Lehre und Kunst der Auguren sich aufgrund ihres hohen Alters und ihrer Vernachlässigung jetzt verloren hat. Daher stimme ich weder jenem zu, der leugnet, dass es diese Wissenschaft jemals in unserem Kollegium gegeben hat, noch jenem, der glaubt, es gebe sie auch jetzt noch. Ich denke, sie hatte bei unseren Vorfahren eine doppelte Funktion, insofern sie bisweilen auf eine Krise des politischen Gemeinwesens, mit größter Häufigkeit aber auf die Beratung politischen Handelns Einfluss hatte.

(34) *(Atticus:)* Beim Herkules, ich glaube, dass es so ist, und stimme deiner Argumentation nachdrücklich zu. Aber lass uns auch den Rest zukommen.

(Marcus:) In der Tat werde ich ihn euch zukommen lassen, und noch dazu kurzgefasst, wenn ich kann. [21,7] Als nächstes nämlich geht es um das Recht des Krieges: Dass

et deponendo ius ut plurimum valeret et fides, eorumque ut publici interpretes essent lege sanximus.

[21.8–10] Iam de haruspicum religione, de expiationibus et procurationibus satis esse plane in ipsa lege dictum puto.

[A.] Adsentior; quoniam omnis hac in religione versatur oratio ⟨***⟩

[M.] At vero quod sequitur, quomodo aut tu adsentiare aut ego reprehendam sane quaero, Tite.

[A.] Quid tandem id est?

(35) [M.] [21.11] De nocturnis sacrificiis mulierum.

[A.] Ego vero adsentior, excepto praesertim in ipsa lege sollemni sacrificio ac publico.

[M.] Quid ergo aget Iacchus Eumolpidaeque nostri et augusta illa mysteria, si quidem sacra nocturna tollimus? Non enim populo Romano, sed omnibus bonis firmisque populis leges damus.

(36) [A.] Excipies, credo, illa quibus ipsi initiati sumus.

[M.] Ego vero excipiam. Nam mihi cum multa eximia divinaque videntur Athenae tuae peperisse atque in vitam hominum attulisse, tum nihil melius illis mysteriis,

bei seiner Eröffnung, Durchführung und Beendigung das Recht die höchste Geltung haben soll und auch die Redlichkeit; und dass es ihre vom Gemeinwesen eingesetzten Deuter geben soll, das haben wir besiegelt.

[21.8–10] Außerdem glaube ich, dass über die religiöse Aufgabe der Haruspices sowie über die Expiations- und Prokurationsrituale im Gesetz selbst durchaus genug gesagt worden ist.

(Atticus:) Ich stimme zu. Da ja die ganze Rede diese religiöse Aufgabe zum Thema hat, ⟨***⟩.[165]

(Marcus:) Allerdings will ich bei dem, was als nächstes kommt, wirklich wissen, wie, wenn du nicht zustimmst, ich doch zumindest daran festhalten kann, Titus.

(Atticus:) Worum geht es denn dabei?

(35) *(Marcus:)* [21.11] Um nächtliche Opfer von Frauen.

(Atticus:) Ich für meinen Teil stimme zu, zumal weil im Gesetz selbst für das alljährliche für die politische Gemeinschaft veranstaltete Opfer eine Ausnahme gemacht wurde.

(Marcus:) Was werden also Iakchos und unsere Eumolpiden tun und auch die berühmten ehrwürdigen Mysterien, wenn wir also die nächtlichen Sakralhandlungen aufheben? Denn nicht dem römischen Volk, sondern allen guten und gefestigten Völkern geben wir Gesetze.

(36) *(Atticus:)* Eine Ausnahme, denke ich mir, wirst du für jene Sakralhandlungen machen, in denen wir selbst eingeweiht sind.

(Marcus:) Ich für meinen Teil werde eine Ausnahme machen. Denn mir scheint, dass dein Athen zwar viel Außerordentliches und Göttliches erzeugt und in das Leben der Menschen gebracht hat, aber nichts Besseres als die

quibus ex agresti immanique vita exculti ad humanitatem et mitigati sumus, initiaque, ut appellantur, ita revera principia vitae cognovimus, neque solum cum laetitia vivendi rationem accepimus, sed etiam cum spe meliore moriendi. Quid autem mihi displiceat in nocturnis, poetae indicant comici; qua licentia Romae data quidnam egisset ille qui in sacrificium cogitatam libidinem intulit, quo ne imprudentiam quidem oculorum adici fas fuit?

[A.] Tu vero istam Romae legem rogato, nobis nostras ne ademeris.

(37) [M.] [21.12] Ad nostras igitur revertor; quibus profecto diligentissime sanciendum est ut mulierum famam multorum oculis lux clara custodiat, initienturque eo ritu Cereri quo Romae initiantur. Quo in genere severitatem maiorum senatus vetus auctoritas de Bacchanalibus et consulum exercitu adhibito quaestio animadversio⟨que⟩ declarat; atque omnia nocturna (ne nos duriores forte videamur) in media Graecia Diagondas Thebanus lege perpetua sustulit. Novos vero deos et in his colendis nocturnas pervigilationes sic Aristophanes facetissimus poeta veteris comoediae

berühmten Mysterien, durch die wir aus einem bäurischen und wilden Leben zum Menschsein ausgebildet und in einen milden Zustand versetzt wurden und die »Anfänge«, wie sie genannt werden,[166] so in Wirklichkeit als die Grundlagen des Lebens erkannt haben. Und wir haben nicht nur eine Regel empfangen, wie man mit Freude lebt, sondern auch, wie man mit besserer Hoffnung stirbt. Was mir aber bei den nächtlichen [Sakralhandlungen] missfällt, das zeigen die Komödiendichter an. Wenn eine derartige Freizügigkeit in Rom gewährt worden wäre, wie hätte denn jener gehandelt, der mit Absicht eine Begierde in eine Opferhandlung hineintrug, auf die ohne Vorsatz die Blicke zu werfen bereits wider das göttliche Recht gewesen wäre?[167]

(Atticus:) Schlage du doch dieses Gesetz hier für Rom vor und nimm uns die unseren nicht!

(37) *(Marcus:)* [21.12] Zu den unseren kehre ich also zurück. Durch sie muss auf alle Fälle mit größter Sorgfalt besiegelt werden, dass das helle Tageslicht, indem viele sie sehen, den unbescholtenen Ruf der Frauen bewache und dass sie nach dem religiösen Brauch eingeweiht werden, nach dem sie in Rom der Ceres eingeweiht werden. In diesem Bereich gibt der alte Beschluss des Senats über die Bacchanalien und die Untersuchung ⟨und⟩ Ahndung durch die Konsuln unter Einsatz militärischer Kräfte die strenge Einstellung der Vorfahren deutlich zu erkennen.[168] Und sogar alle nächtlichen Handlungen hat mitten in Griechenland (damit wir nicht etwa zu hart erscheinen) der Thebaner Diagondas mit einem dauerhaft gültigen Gesetz untersagt.[169] Die neuen Götter aber und dass man bei ihrer Verehrung die Nacht durchwacht, attackiert Aristophanes, der wit-

vexat, ut apud eum Sabazius et quidam alii di peregrini iudicati e civitate eiciantur.

[22.1] Publicus autem sacerdos imprudentiam consilio expiatam metu liberet, audaciam in ommittendis ⟨sacris⟩ religionibus⟨que⟩ foeda⟨ndi⟩s damnet atque impiam iudicet.

(38) [22.2] Iam ludi publici quoniam sunt cavea circoque divisi, sint corporum certationes cursu et pugillatu et luctatione, curriculisque equorum usque ad certam victoriam circo constitutis, cavea cantu vigeat ac fidibus et tibiis, dummodo ea moderata sint ut lege praescribitur. Adsentior enim Platoni nihil tam facile in animos teneros atque molles influere quam varios canendi sonos, quorum dici vix potest quanta sit vis in utramque partem; namque et incitat languentes et languefacit excitatos, et tum remittit animos tum contrahit.

Civitatumque hoc multarum in Graecia interfuit, antiquum vocum conservari modum; quarum mores lapsi ad mollitias pariter sunt immutati cum cantibus, aut hac dulcedine corruptelaque depravati, ut quidam putant, aut cum severitas eorum ob alia vitia cecidisset, tum fuit in auribus

zigste Dichter der Alten Komödie, dergestalt, dass bei ihm Sabazius und gewisse andere fremde Götter gerichtlich abgeurteilt und aus der Bürgerschaft hinausgeworfen werden.[170]

[22.1] Ein Priester des Gemeinwesens aber möge eine unvorsätzliche Handlung, wenn sie nach Anweisung entsühnt wurde, von Furcht befreien, und Dreistigkeit bei der Auslassung[171] ⟨sakraler Handlungen⟩ ⟨und⟩ ⟨der Beschmutzung⟩[172] religiöser Rituale möge er verdammen und als pflichtvergessen beurteilen.

(38) [22.2] Da ferner die Spiele für das Gemeinwesen nach Theaterraum und Zirkus aufgeteilt sind, möge es körperliche Wettkämpfe im Laufen, im Faustkampf und im Ringen,[173] außerdem im Pferderennen geben, im Zirkus eingerichtet, bis der Sieger feststeht. Der Theaterraum möge durch den Gesang, die Leier und die Pfeifen lebendig sein, solange dies maßvoll geschieht, wie es durch das Gesetz vorgeschrieben wird. Ich stimme nämlich Platon zu,[174] dass nichts so leicht in zarte und formbare Gemüter hineinströmt wie die unterschiedlichen Töne des Gesangs. Wie groß ihre Macht ist, kann man kaum in Worte fassen, und zwar in beide Richtungen: Denn sie bringt die Ermatteten zur Erregung und ermattet die Erregten, bald entspannt sie die Gemüter, bald macht sie sie beklommen.

Auch für viele Bürgerschaften in Griechenland war das Folgende wichtig: dass man die alte Weise der Gesänge bewahre. Ihre Sitten haben sich, als sie zur Verweichlichung hin verfielen, zeitgleich mit den Gesängen gewandelt: Entweder sind sie durch ebendiese Süße und Verführung schlecht geworden, wie einige glauben, oder es gab dann in den veränderten Ohren und Gemütern auch für diese Ver-

animisque mutatis etiam huic mutationi locus. (39) Quamobrem ille quidem sapientissimus Graeciae vir longeque doctissimus valde hanc labem veretur; negat enim mutari posse musicas leges sine mutatione legum publicarum; ego autem nec tam valde id timendum nec plane contemnendum puto.

Illud quidem ⟨…⟩: quae solebant quondam compleri severitate iucunda Livianis et Naevianis modis, nunc ut eadem exsultent ⟨et⟩ cervices oculosque pariter cum modorum flexionibus torqueant. Graviter olim ista vindicabat vetus illa Graecia, longe providens quam sensim pernicies illapsa civium ⟨in⟩ animos malis studiis malisque doctrinis repente totas civitates everteret, si quidem illa severa Lacedaemo nervos iussit, quos plures quam septem haberet, in Timothei fidibus incidi.

(40) [22.3] Deinceps in lege est ut de ritibus patriis colantur optima. De quo cum consulerent Athenienses Apollinem Pythium quas potissimum religiones tenerent, oraculum editum est: ›eas quae essent in more maiorum‹. Quo cum iterum venissent maiorumque morem dixissent saepe esse mutatum, quaesissentque quem morem potissimum sequerentur e variis, respondit ›optimum‹. Et profecto ita est

änderung Raum, als ihre strenge Einstellung wegen anderer Laster geschwunden war. (39) Aus diesem Grund fürchtet ja jener weiseste und bei Weitem gelehrteste Mann Griechenlands diesen Verfall sehr; er sagt nämlich,[175] dass man die Gesetze, welche die Tonkunst betreffen, ohne eine Veränderung der Gesetze des Gemeinwesens nicht verändern könne; ich aber glaube, dass diese Sache weder so sehr gefürchtet noch ganz vernachlässigt werden darf.

Aber auf jene Sache ⟨…⟩:[176] dass dasselbe [Publikum], welches einst in angenehmer Strenge von den Melodien des Livius [Andronicus] und des Naevius erfüllt zu werden pflegte, nun herumhüpft ⟨sowie⟩ den Nacken und die Augen zeitgleich mit den Modulationen der Melodien verdreht. Schwer bestrafte ehemals jenes alte Griechenland diese Dinge, in weiter Voraussicht, wie das Verderben erst allmählich ⟨in⟩ die Gemüter der Bürger eindringt und dann auf einen Schlag durch schlimme Studien und schlimme Lehren ganze Bürgerschaften umstürzt, so wahr jenes gestrenge Sparta befahl, die Saiten auf der Leier des Timotheus zu zerschneiden, da er mehr als sieben hatte.

(40) [22.3] Als nächstes steht im Gesetz, dass von den religiösen Gebräuchen der Väter das Beste gepflegt werden soll. Als die Athener diesbezüglich den Pythischen Apoll um Rat fragten, an welchen religiösen Praktiken sie hauptsächlich festhalten sollten, erging das folgende Orakel: »an denjenigen, welche in der Sitte der Vorfahren existieren«. Als sie dorthin aber ein zweites Mal gekommen waren und gesagt hatten, die Sitte der Vorfahren sei häufig verändert worden, und angefragt hatten, welcher von den unterschiedlichen Sitten sie hauptsächlich folgen sollten, gab es die Antwort: »der besten«. Und in der Tat ist es so, dass

ut id habendum sit antiquissimum et deo proximum quod sit optimum.

[22.4] Stipem sustulimus, nisi eam quam ad paucos dies propriam Idaeae Matris excepimus; implet enim superstitione animos et exhaurit domos.

[22.5] Sacrilego poena est, neque ei soli qui sacrum abstulerit, sed etiam ei qui sacro commendatum, quod etiam nunc multis fit in fanis. (41) Alexander in Cilicia deposuisse apud Solenses in delubro pecuniam dicitur, et Atheniensis Clisthenes Iunoni Samiae, civis egregius, cum rebus timeret suis, filiarum dotes credidisse.

[22.6–7] Iam de periuriis, de incesto nihil sane hoc quidem loco disputandum est. [22.8] Donis impii ne placare audeant deos, Platonem audiant, qui vetat dubitare qua sit mente futurus deus, cum vir nemo bonus ab improbo se donari velit. [22.9] ⟨De⟩ diligentia votorum satis in lege dictum; est autem votum sponsio qua obligamur deo. [22.10] Poena vero violatae religionis iustam recusationem non habet. Quid ego hic sceleratorum utar exemplis, quorum plenae tragoediae? Quae ante oculos sunt, ea potius attingam, etsi haec

man dasjenige für das Älteste und dem Gott am nächsten Stehende halten muss, was das Beste ist.

[22.4] Die Spende haben wir untersagt, außer derjenigen, die das Eigentum der Mutter vom Berg Ida ist und die wir für den Zeitraum von wenigen Tagen ausgenommen haben. Sie erfüllt nämlich die Gemüter der Menschen mit Aberglauben und macht die Haushalte arm.

[22.5] Für den Tempelräuber gibt es eine Strafe, und nicht nur für den allein, der einen sakralen Gegenstand, sondern auch für den, der etwas entwendet hat, das einem sakralen Ort zur Aufbewahrung übergeben wurde, was auch heute noch an vielen heiligen Orten geschieht. (41) Alexander [der Große] soll in Kilikien bei den Einwohnern von Soloi in einem Heiligtum Geld hinterlegt haben,[177] und der Athener Kleisthenes soll die Mitgift seiner Töchter, als er um seinen Besitz fürchtete, obschon er ein herausragender Bürger war, der Juno von Samos anvertraut haben.

[22.6–7] Ferner: Über Meineide und über Unzucht muss an dieser Stelle hier wohl nichts erörtert werden.[178] [22.8] Damit die Pflichtvergessenen es nicht wagen, die Götter mit Geschenken zu besänftigen, mögen sie auf Platon hören, der untersagt,[179] Zweifel daran zu hegen, von welcher Gesinnung der Gott sein werde, zumal kein guter Mensch möchte, dass er von einem Übeltäter beschenkt wird. [22.9] ⟨Über⟩ die sorgfältige Einlösung der Gelübde ist ausreichend im Gesetz gesprochen worden; ein Gelübde ist nämlich eine Verbürgung, durch die wir uns dem Gott verpflichten. [22.10] Die Strafe für die Verletzung einer religiösen Verpflichtung kennt keinen rechtmäßigen Einspruch. Was soll ich hier Beispiele von Verbrechern benutzen, von denen die Tragödien voll sind? Was uns vor Augen steht, das

commemoratio vereor ne supra hominis fortunam esse videatur; tamen, quoniam sermo mihi est apud vos, nihil reticebo, volamque hoc quod loquar dis immortalibus gratum potius videri quam grave hominibus.

(42) Cum perditorum civium scelere, discessu meo, religionum iura polluta sunt, vexati nostri Lares familiares, in eorum sedibus exaedificatum templum Licentiae, pulsus a delubris is qui illa servarat, circumspicite celeriter animo (nihil enim attinet quemquam nominari) qui sint rerum exitus consecuti. Nos qui illam custodem urbis, omnibus ereptis nostris rebus ac perditis, violari ab impiis passi non sumus, eamque ex nostra domo in ipsius patris domum detulimus, iudicia senatus, Italiae, gentium denique omnium conservatae patriae consecuti sumus; quo quid accidere potuit homini praeclarius? Quorum scelere religiones tum prostratae adflictaeque sunt, partim ex illis distracti ac dissipati iacent; qui vero ex eis et horum scelerum principes fuerant et praeter ceteros in omni religione impii, non solum ⟨nullo in⟩ vita cruciatu atque dedecore, verum etiam sepultura et iustis exsequiarum caruerunt.

will ich lieber berühren, auch wenn ich fürchte, dass diese Erwähnung das Glück eines Menschen zu übersteigen scheint. Dennoch, da ich das Gespräch mit euch führe, werde ich nichts verschweigen, und es wird mein Wunsch sein, dass das, worüber ich spreche, eher den unsterblichen Göttern angenehm als den Menschen gewichtig erscheint.

(42) Als durch das Verbrechen verworfener Mitbürger und durch mein Weggehen die Rechte unserer religiösen Verpflichtungen beschmutzt, die Laren unseres Hausverbands attackiert, in ihren Wohnsitzen ein Sakralraum für die Freizügigkeit erbaut und von den heiligen Stätten derjenige, der sie gehütet hatte, vertrieben wurde, betrachtet schnell vor eurem geistigen Auge (es ist nämlich unwichtig, dass man jemanden namentlich nennt), welchen Ausgang diese Dinge genommen haben![180] Wir, die wir nicht duldeten, dass jene Wächterin der Stadt von pflichtvergessenen Menschen verletzt werde, obwohl unser gesamter Besitz gewaltsam entrissen und vernichtet worden war, und sie aus unserem Haus in das Haus ihres eigenen Vaters überführten, haben das Urteil des Senats, Italiens und schließlich aller Volksstämme erlangt, dass das Vaterland von uns gerettet worden war. Was kann einem Menschen Glanzvolleres passieren als das? Diejenigen, durch deren Verbrechen unsere religiösen Verpflichtungen damals zu Boden geworfen und übel zugerichtet wurden, liegen zum Teil versprengt und verstreut darnieder; diejenigen aber unter ihnen, welche die Anführer dieser Verbrechen und mehr als die anderen bei jeder religiösen Handlung pflichtvergessen waren, entbehrten nicht allein ⟨zu⟩ Lebzeiten ⟨keiner⟩[181] Marter und Schande, sondern auch einer Beisetzung und des gebührenden Zeremoniells eines Leichenzugs.

(43) [Q.] Equidem ista agnosco, frater, et meritas dis gratias ago; sed nimis saepe secus aliquanto videmus evadere.

[M.] Non enim, Quinte, recte existimamus quae poena divina sit, sed opinionibus vulgi rapimur in errorem nec vera cernimus. Morte aut dolore corporis aut luctu animi aut offensione iudicii hominum miserias ponderamus, quae fateor humana esse et multis bonis viris accidisse: sceleris est poena tristis, et praeter eos eventus qui sequuntur per se ipsa maxima est. Vidimus eos qui nisi odissent patriam numquam inimici nobis fuissent, ardentes tum cupiditate, tum metu; {tum} conscientia quid agerent modo timentes, vicissim contemnentes religiones; perrupta ab eis quidem iudicia hominum, non deorum. (44) Reprimam iam me, non insequar longius, eoque minus quo plus poenarum habeo quam petivi. Tantum ponam brevi: duplicem poenam esse divinam, quod constet et ex vexandis vivorum animis et ea fama mortuorum ut eorum exitium et iudicio vivorum et gaudio comprobetur.

(45) [22.11–12] Agri autem ne consecrentur, Platoni prorsus

(43) *(Quintus:)* Ich für meinen Teil entsinne mich dessen, mein Bruder, und entrichte den Göttern verdienten Dank; aber wir sehen, dass es oft genug ein Stück weit anders ausgeht.

(Marcus:) Weil wir nicht richtig beurteilen, Quintus, was die göttliche Strafe ist, sondern weil wir durch die Meinungen der Menge in den Irrtum gerissen werden und die Wahrheit nicht erkennen. Wir bemessen menschliches Unglück nach Tod oder körperlichem Schmerz oder seelischer Trauer oder nach einer zu unseren Ungunsten ausgegangenen Gerichtsverhandlung. Ich gestehe zu, dass diese Vorkommnisse menschlich sind und schon vielen guten Männern passierten. Für das Verbrechen gibt es eine bittere Strafe, und abgesehen von den sich anschließenden Konsequenzen ist sie durch sich selbst am schwersten. Wir haben gesehen, wie diejenigen, die niemals unsere Feinde gewesen wären, wenn sie das Vaterland nicht gehasst hätten, bald vor Gier brannten und bald vor Angst und wie sie im Bewusstsein dessen, was sie taten, die religiösen Verpflichtungen bald fürchteten und im Wechsel verachteten. Überwältigt wurden von ihnen freilich die Gerichtshöfe der Menschen, nicht die der Götter. (44) Jetzt werde ich mich zurückhalten und die Sache nicht weiter verfolgen – und umso weniger, als ich mehr an Genugtuung erhalten habe, als ich erstrebte. So viel nur will ich in Kürze feststellen: dass die göttliche Strafe eine doppelte ist, weil sie zum einen aus den seelischen Qualen der Lebenden besteht, zum anderen aus einer derartigen Reputation der Toten, dass ihr Untergang sowohl durch das Urteil der Lebenden als auch durch deren Freude [darüber] gutgeheißen wird.

(45) [22.11–12] Dass aber die Felder nicht konsekriert werden

adsentior, qui (si modo interpretari potuero) his fere verbis utitur: ›Terra igitur, ut focus domiciliorum, sacra deorum omnium est; quocirca ne quis iterum idem consecrato. Aurum autem et argentum in urbibus, et privatim et in fanis, invidiosa res est; tum ebur, exanimi corpore extractum, haud satis castum donum deo; iam aes atque ferrum duelli instrumenta, non fani. Ligneum autem quod quis voluerit uno e ligno dicato, itemque lapideum, in delubris communibus, textile ne operosius quam mulieris opus menstruum. Color autem albus praecipue decorus deo est, cum in cetero, tum maxime in textili; tincta vero absint nisi a bellicis insignibus. Divinissima autem dona aves et formae ab uno pictore uno absolutae die, itemque cetera huius exempli dona sunto.‹ Haec illi placent; sed ego cetera non tam restricte praefinio, vel hominum vitiis vel subsidiis temporum victus; terrae cultum segniorem suspicor fore si ad eam tuendam ferroque subigendam superstitionis aliquid accesserit.

[A.] [22.13–14] Habeo ista; nunc de sacris perpetuis et de ⟨deorum⟩ Manium iure restat.

sollen, darin stimme ich mit Platon voll und ganz überein, der (wenn ich ihn nur richtig übersetzen kann) in etwa die folgenden Worte verwendet:[182] »Die Erde, wie der Herd der Wohnstätten, ist also der sakrale Besitz[183] aller Götter; aus dem Grund möge keiner dasselbe ein zweites Mal konsekrieren. Gold aber und Silber ist in den Städten, sowohl für die einzelne Person als auch in Heiligtümern, eine Sache, die Neid hervorruft; außerdem ist Elfenbein, herausgezogen aus einem entseelten Körper, kein für die Gottheit ausreichend reines Geschenk; ferner sind Erz und Eisen Instrumente des Krieges, nicht eines Heiligtums. Aber etwas aus Holz, [und zwar] aus einem Stück Holz, und ebenso etwas aus Stein möge in den gemeinsamen Heiligtümern weihen, wer will; etwas aus Stoff, soweit es nicht arbeitsaufwendiger ist als die monatliche Arbeit einer Frau. Als Farbe aber ziert Weiß den Gott am meisten – das gilt allgemein, vor allem aber bei Stoffen; Gefärbtes aber soll fernbleiben, außer bei den Feldzeichen. Die am besten zu den Göttern passenden Geschenke aber sind Vögel sowie Figuren, die von einem einzigen Maler an einem einzigen Tag vollendet worden sind; und weitere Geschenke mögen ebenso diesem Beispiel folgen.« Das ist seine Meinung; doch ich schreibe die weiteren [Geschenke] nicht so restriktiv vor, weil mich teils die menschlichen Fehler, teils die den Zeitumständen angepassten Ressourcen zum Nachgeben gebracht haben; ich habe den Verdacht, dass die Kultivierung der Erde schwerfälliger sein wird, wenn zu ihrer Obhut und ihrem Aufarbeiten mit dem Eisen irgendetwas an Aberglaube hinzutritt.

(Atticus:) [22.13–14] So weit jene Dinge! Nun bleiben noch übrig: die Kontinuität der Sakralhandlungen und das Recht der Toten⟨götter⟩.[184]

[M.] O miram memoriam, Pomponi, tuam! At mihi ista exciderant.

(46) [A.] Ita credo! Sed tamen hoc magis eas res et memini et ⟨ex⟩specto, quod et ad pontificium ius et ad civile pertinent.

[M.] Vero: et a peritissimis sunt istis de rebus et responsa et scripta multa, et ego in hoc omni sermone nostro quod ad cumque legis genus me disputatio nostra deduxerit, tractabo quoad potero eius ipsius generis ius civile nostrum; sed ita, locus ut ipse notus sit ex quo ducatur quaeque pars iuris, ut non difficile sit qui modo ingenio sit mediocri, quaecumque nova causa consultatiove acciderit, eius tenere ius, cum scias a quo sit capite repetendum.

(47) Sed iuris consulti, sive erroris obiciendi causa quo plura et difficiliora scire videantur, sive (quod similius veri est) ignoratione docendi – nam non solum scire aliquid artis est, sed ⟨est⟩ quaedam ars etiam docendi – saepe quod positum est in una cognitione, id in infinita dispertiuntur, velut in hoc ipso genere: quam magnum illud Scaevolae faciunt, pontifices ambo et idem iuris peritissimi! ›Saepe,‹ inquit

(Marcus:) Was für ein erstaunliches Gedächtnis du hast, Pomponius! Mir dagegen waren diese Punkte schon entfallen.

(46) *(Atticus:)* Das glaube ich! Aber gleichwohl erinnere ich mich umso mehr an diese Gegenstände und bin auch ⟨ge⟩spannt auf sie, weil sie sowohl das Pontifikal- als auch das bürgerliche Recht[185] betreffen.

(Marcus:) In der Tat: Es gibt von den größten Experten teils Rechtsbescheide, teils Schriften in großer Zahl über eben diese Themen, und auch ich werde in unserem gesamten Gespräch hier, zu welcher Gesetzesgattung auch immer mich unsere Erörterung hinführt, unser bürgerliches Recht eben dieser Gattung behandeln, soweit ich dazu in der Lage bin: aber so, dass der Gegenstand selbst bekannt ist, aus dem sich ein jeglicher Teil des Rechts herleitet, so dass es [selbst] für jemanden, der nur eine mittelmäßige Auffassungsgabe hat, nicht schwer ist, das Recht eines jeden Falls oder einer jeden Anfrage, wenn sie neu auftreten, zu erfassen, da man weiß, von welcher Quelle man es ableiten muss.

(47) Aber die Rechtsgelehrten, sei es, um Ungewissheit zu verursachen, damit sie den Anschein erwecken können, sie wüssten noch mehr und noch Schwierigeres, sei es (was wahrscheinlicher ist), weil sie keine Ahnung vom Lehren haben – denn nicht nur irgendetwas zu wissen, ist ein Zeichen von Kunst, sondern es ⟨gibt⟩ auch eine gewisse Kunst des Lehrens –, zerlegen oft das, was in einem Begriff niedergelegt worden ist, in unendlich viele Teile. So ist das auch just in dieser Gattung: Was für eine große Bedeutung räumen ihr die Scaevolae ein, beides Pontifices und zugleich die bedeutendsten Rechtsgelehrten![186] »Oft«, sagt

Publi filius, ›ex patre audivi pontificem bonum neminem esse, nisi qui ius civile cognosset.‹ – Totumne? Quid ita? Quid enim ad pontificem de iure parietum aut aquarum, aut ullo omnino nisi eo quod cum religione coniunctum est? Id autem quantulum est! De sacris, credo, de votis, de feriis et de sepulcris, et si quid eiusmodi est. Cur igitur haec tanta facimus cum cetera perparva sint, de sacris autem, qui locus patet latius, haec sit una sententia, ut conserventur semper et deinceps familiis prodantur, et ut in lege posui, perpetua sint sacra? (48) Haec iura pontificum auctoritate consecuta sunt, ut ne morte patris familias sacrorum memoria occideret, eis essent ea adiuncta ad quos eiusdem morte pecunia venerit. Hoc uno posito, quod est ad cognitionem disciplinae satis, innumerabilia nascuntur, quibus implentur iuris consultorum libri.

Quaeruntur enim qui adstringantur sacris. Heredum causa iustissima est; nulla est enim persona quae ad vicem eius qui e vita emigrarit propius accedat. Deinde qui morte testamentove eius tantundem capiat quantum omnes heredes: id quoque ordine; est enim ad id quod propositum

der Sohn des Publius, »habe ich von meinem Vater gehört, niemand sei ein guter Pontifex, wenn er nicht auch das bürgerliche Recht kenne.« – Das ganze? Weshalb? Was geht denn einen Pontifex das Recht der Hauswände oder der Wasserleitungen an,[187] oder überhaupt irgendetwas mit Ausnahme von dem, was mit der Religion verbunden ist? Wie klein ist das aber: Sakralhandlungen, glaube ich, Gelübde, Feiertage, Gräber und was es noch von dieser Art gibt! Warum also machen wir diese Themen so groß, wenn doch das Übrige sehr klein ist, hinsichtlich der Sakralhandlungen aber, ein Gegenstand, der einen größeren Umfang hat, dieser eine Satz genügen dürfte: nämlich dass sie stets bewahrt und den darauffolgenden Hausverbänden weitergegeben werden sollen und, wie ich im Gesetz dargelegt habe, die Sakralhandlungen ohne Unterbrechung fortgeführt werden! (48) Die folgenden Rechte erlangten sie durch die Autorität der Pontifices: nämlich, dass die Sakralhandlungen, damit beim Tod des Oberhaupts der Familie die Erinnerung an sie nicht erlösche, denjenigen zugeschlagen werden, zu denen nach seinem Tod das Vermögen gelangt ist. Nachdem dieser eine Punkt festgesetzt worden ist, der für ein systematisches Verständnis ausreichend ist, erwachsen aus ihm unzählige, mit denen die Bücher der Rechtsgelehrten gefüllt werden.

Man fragt nämlich, wer an die Sakralhandlungen gebunden ist.[188] Es ist nach bestem Rechtsempfinden die Angelegenheit der Erben; es gibt nämlich keine Person, die an die Stelle dessen, der aus dem Leben geschieden ist, näher heranreichen dürfte. Danach [ist] derjenige [an der Reihe], der durch seinen Tod oder sein Testament ebenso viel erhält wie alle Erben zusammen: auch das ordnungsgemäß; denn

est accommodatum. Tertio loco, si nemo sit heres, is qui de bonis quae eius fuerint cum moritur usu ceperit plurimum possidendo; quarto, si nemo sit qui ullam rem ceperit, qui de creditoribus eius plurimum servet. (49) Extrema illa persona est, ut si quis ei qui mortuus sit pecuniam debuerit, nemini eam solverit, proinde habeatur quasi eam pecuniam ceperit. Haec nos a Scaevola didicimus.

Non ita discripta sunt ab antiquis; nam illi quidem his verbis docebant, ›tribus modis sacris adstringi: hereditate, aut si maiorem partem pecuniae capiat, aut, si maior pars pecuniae legata est, si inde quippiam ceperit‹; sed Pontificem sequamur. (50) Videtis igitur omnia pendere ex uno illo, quod pontifices cum pecunia sacra coniungi volunt, isdemque ferias et caerimonias adscribendas putant ⟨ad quos pecunia pervenerit⟩.

Atque etiam dant hoc Scaevolae, cum est partitio, ut si in testamento deductio scripta non sit ipsique minus ceperint quam omnibus heredibus relinquatur, sacris ne alligentur. (In donatione hoc idem secus interpretantur, et quod pater

es passt zu dem, was als Vorsatz aufgestellt worden ist. An dritter Stelle derjenige, der, wenn es keinen Erben gibt, von den Gütern, die ihm bei seinem Tod gehörten, für den größten Teil durch Inbesitznahme den Nießnutz erworben hat; an vierter, wenn es niemanden gibt, der irgendeine Sache erworben hat, derjenige von seinen Gläubigern, der den größten Teil bewahrt. (49) Zuletzt ist diese Person an der Reihe: Wenn irgendjemand dem Verstorbenen Geld geschuldet und es niemandem zurückgezahlt hat, wird er daher so behandelt, als hätte er dieses Geld erworben. Dies haben wir von Scaevola [dem Pontifex] gelernt.[189]

Von den Alten ist es so nicht klassifiziert worden; denn jene lehrten ja mit den folgenden Worten: »Auf drei Arten werde man an die Sakralhandlungen gebunden: durch eine Erbschaft; oder wenn man den größeren Teil des Vermögens erwirbt; oder wenn man, wenn der größere Teil des Vermögens vermacht worden ist, davon irgendetwas erworben hat«.[190] Doch wir wollen dem Pontifex [Scaevola] folgen. (50) Ihr seht also, wie alles von jener einen Sache abhängt: nämlich, dass die Pontifices wollen, dass man die Sakralhandlungen mit dem Vermögen verknüpft, und sie glauben, dass man denselben Leuten, ⟨zu denen das Vermögen gelangt ist,⟩[191] [die Verantwortung für] die Feiertage und Rituale übertragen soll.

Und auch das Folgende gestehen die Scaevolae[192] zu: dass im Fall einer Teilung, wenn im Testament der Abzug[193] nicht verzeichnet ist und sie ihrerseits weniger erworben haben als das, was allen Erben [zusammen] hinterlassen wird, sie nicht an die Sakralhandlungen gebunden werden.[194] (Bei einer Schenkung deuten sie denselben Sachverhalt anders, und zwar: Was das Familienoberhaupt bei ei-

familias in eius donatione qui in ipsius potestate est approbavit, ratum est; quod eo insciente factum est, si id is non approbat, ratum non est.)

(51) His propositis quaestiunculae multae nascuntur; quas qui intellegat, non, si ad caput referat, per se ipse facile perspiciat? – veluti si minus quis cepisset ne sacris alligaretur, ac post de eius heredibus aliquis exegisset pro sua parte id quod ab eo cui ipse heres esset praetermissum fuisset, eaque pecunia non minor esset facta cum superiore exactione quam heredibus omnibus esset relicta, qui eam pecuniam exegisset, solum sine coheredibus sacris alligari. Quin etiam cavent ut cui plus legatum sit quam sine religione capere liceat, is per aes et libram heredes testamenti solvat, propterea quod eo loco res est, ita soluta hereditate, quasi ea pecunia legata non esset.

(52) Hoc ego loco multisque aliis quaero a vobis, Scaevolae, pontifices maximi et homines meo quidem iudicio acutissimi, quid sit quod ad ius pontificium civile appetatis; civilis enim iuris scientia pontificium quodam modo tolli-

ner Schenkung desjenigen, der seiner Machtbefugnis untersteht, anerkannt hat, ist gültig; was dagegen ohne sein Wissen gemacht worden ist, wenn er es nicht anerkennt, nicht gültig.)

(51) Aus diesen Voraussetzungen erwachsen viele Partikularfragen. Wer dürfte, so er verständig ist, diese nicht von sich aus selbst leicht durchschauen, wenn er sie auf ihre Quelle zurückführt? – Zum Beispiel: Wenn jemand weniger erworben hätte, um nicht an die Sakralhandlungen gebunden zu werden, und danach jemand von seinen Erben für seinen Teil Anspruch auf das erhoben hätte, was von dem, dessen Erbe er doch war, ausgeschlagen worden war, und dieses Vermögen zusammen mit dem zuvor geltend gemachten Anspruch nicht weniger ergäbe, als was allen Erben [zusammen] hinterlassen worden war, dann wäre derjenige, der Anspruch auf dieses Vermögen erhoben hätte, allein ohne Miterben an die Sakralhandlungen gebunden. Ja, sie leisten sogar Rechtsberatung mit dem Ziel, dass derjenige, dem mehr vermacht worden ist, als er ohne religiöse Verpflichtung erwerben darf, die Testamentserben durch Kupfer und Waage[195] entbindet, deshalb weil bei diesem Zustand, wenn man so von der Erbschaft entbunden wurde, es sich verhält, als sei dieses Vermögen nicht vermacht worden.

(52) Bei diesem Gegenstand und vielen anderen will ich von euch wissen, ihr Scaevolae, die ihr beide Pontifices Maximi und zumindest nach meinem Dafürhalten sehr scharfsinnige Menschen seid, was der Grund dafür ist, dass ihr zusätzlich zum Pontifikalrecht auch nach dem bürgerlichen Verlangen tragt; durch die Kenntnis des bürgerlichen Rechts zerstört ihr nämlich auf bestimmte Weise das Pontifikal-

tis. Nam sacra cum pecunia pontificum auctoritate, nulla lege coniuncta sunt; itaque si vos tantummodo pontifices essetis, pontificalis maneret auctoritas, sed quod idem iuris civilis estis peritissimi, hac scientia illam eluditis. Placuit P. Scaevolae et Ti. Coruncanio pontificibus maximis, itemque ceteris, eos qui tantundem caperent quantum omnes heredes, sacris alligari. Habeo ius pontificium: quid huc accessit ex iure civili? (53) Partitionis caput scriptum caute: ut centum nummi deducerentur, inventa est ratio cur pecunia sacrorum molestia liberaretur. Quid si hoc qui testamentum faciebat cavere noluisset? Admonet iuris consultus hic quidem, ipse Mucius, pontifex idem, ut minus capiat quam omnibus heredibus relinquatur (superiores dicebant, quidquid cepisset, astringi): rursus sacris liberatur. Hoc vero nihil ad pontificium ius et e medio est iure civili, ut per aes et libram heredem testamenti solvant, et eodem loco res sit quasi ea pecunia legata non esset. Si is cui legatum est stipulatus est id ipsum quod legatum est, ut ea pecunia ex stipulatione debeatur, sitque ea non ⟨***⟩

recht. Denn Sakralhandlungen sind durch die Autorität der Pontifices, nicht durch irgendein Gesetz, mit dem Vermögen verbunden; und so hätte, wenn ihr lediglich Pontifices wärt, die pontifikale Autorität Bestand; aber weil ihr ebenso Experten des bürgerlichen Rechts seid, treibt ihr mithilfe dieses Wissens mit jener euer Spiel. Die Pontifices Maximi Publius Scaevola und Tiberius Coruncanius, und ebenso andere, waren der Ansicht, dass diejenigen, die so viel erwarben wie alle Erben [zusammen], an die Sakralhandlungen gebunden waren.[196] So weit das Pontifikalrecht. Was kommt aus dem bürgerlichen Recht dazu? (53) Ein sorgfältig formulierter Abschnitt über die Teilung: Gesetzt den Fall, dass man hundert Sesterzen abzöge, wurde eine Rechtfertigung gefunden, warum das Geld von der Beschwerlichkeit der Sakralhandlungen befreit werden könne. Was, wenn derjenige, der das Testament erstellte, sich dagegen hatte vorsehen wollen? Dann empfiehlt doch dieser Rechtsgelehrte, derselbe Mucius [Scaevola], der zugleich Pontifex ist, dass er weniger erwerben soll als allen Erben [zusammen] hinterlassen wird (die Früheren sagten, er werde durch das Vermögen gebunden, welches auch immer er erworben habe): Wieder wird er von den Sakralhandlungen befreit. Das Folgende aber hat mit dem Pontifikalrecht nichts zu tun und kommt mitten aus dem bürgerlichen Recht: dass sie durch Kupfer und Waage den Testamentserben entbinden und bei diesem Zustand, wenn man so von der Erbschaft entbunden wurde, es sich verhält, als sei dieses Vermögen nicht vermacht worden. Wenn derjenige, dem etwas vermacht wurde, just dasjenige, was ihm vermacht wurde, stipuliert hat, damit ihm dieses Vermögen aufgrund der Stipulation geschuldet wird[197] und es nicht ⟨***⟩[198]

(54) [M.] [22.14] ⟨***⟩ doctum hominem sane, cuius fuit Accius perfamiliaris; sed mensem credo extremum anni, ut veteres Februarium, sic hic Decembrem sequebatur. Hostia autem maxima parentare pietatis esse adiunctum putabat.

(55) Iam tanta religio est sepulcrorum ut extra sacra et gentem inferri fas negent esse, idque apud maiores nostros A. Torquatus in gente Popillia iudicavit. Nec vero tam denicales, quae a nece appellatae sunt quia residentur mortuis, quam ceterorum caelestium quieti dies, ›feriae‹ nominarentur, nisi maiores [22.15] eos qui ex hac vita migrassent in deorum numero esse voluissent; eas in eos dies conferre ius, ut ne ipsius neve publicae feriae sint. Totaque huius iuris compositio pontificalis magnam religionem caerimoniamque declarat. Neque necesse est edisseri a nobis quae finis funestae familiae, quod genus sacrificii Lari vervecibus fiat, quemadmodum os resectum terra obtegatur quaeque in porca contracta iura sint, quo tempore incipiat sepulcrum esse et religione teneatur.

(56) Ac mihi quidem antiquissimum sepulturae genus il-

(54) *(Marcus:)* [22.14] ⟨***⟩[199] ein wirklich gelehrter Mann, dessen enger Freund Accius war, doch ich glaube, dass er als den letzten Monat des Jahres so den Dezember befolgte wie die Alten den Februar. Mit dem größten Opfertier aber das Ritual für die Anverwandten durchzuführen, meinte er, sei wesentlicher Bestandteil der rechten Gesinnung.

(55) Außerdem ist der religiöse Charakter der Grabstätten so groß, dass sie sagen, es sei wider göttliches Recht, dass man jemanden, der nicht in Beziehung zu den Sakralhandlungen und dem Clan[200] stehe, hineintrage, und dies hat bei unseren Vorfahren Aulus Torquatus im Fall des Clans der Popillier entschieden. Und in der Tat würde man die Totenfeiertage, die nach dem Wort »Tod« bezeichnet werden,[201] weil man sie rastend für die Toten verbringt, nicht so wie die Ruhetage der übrigen Götter »Feiertage« nennen, wenn die Vorfahren [22.15] nicht gewollt hätten, dass diejenigen, die aus dem Leben geschieden sind, unter die Zahl der Götter gehören; Recht ist, diese auf solche Tage zu legen, dass es [dort] weder eigene noch öffentliche Feiertage gibt. Auch die gesamte Zusammenstellung dieses Pontifikalrechts hier gibt deutlich die Bedeutung des religiösen Charakters und des Rituals kund, und es ist nicht nötig, dass von uns ausführlich erörtert wird, welches Ende der Trauer des Hausverbands gesetzt wird und welche Art von Opfer vermittels von Hammeln es für den Laren gibt,[202] auf welche Weise ein abgeschnittener Knochen von der Erde bedeckt wird, welche Rechtsverpflichtungen man im Fall der Sau übernommen hat, und zu welchem Zeitpunkt ein Grab beginnt, eines zu sein, und durch seinen religiösen Charakter bewahrt wird.[203]

(56) Und freilich bin ich der Ansicht, dass die älteste Art

lud fuisse videtur, quo apud Xenophontem Cyrus utitur: redditur enim terrae corpus, et ita locatum ac situm quasi operimento matris obducitur. Eodemque ritu in eo sepulcro quod ⟨haud⟩ procul a Fontis ara est regem nostrum Numam conditum accepimus; gentemque Corneliam usque ad memoriam nostram hac sepultura scimus esse usam. Gai Mari sitas reliquias apud Anienem dissipari iussit Sulla victor acerbiore odio incitatus quam si tam sapiens fuisset quam fuit vehemens; (57) quod haud scio an timens ⟨ne⟩ suo corpori posset accidere, primus e patriciis Corneliis igni voluit cremari. Declarat enim Ennius de Africano, ›hic est ille situs‹, vere, nam ›siti‹ dicuntur ei qui conditi sunt, nec tamen eorum ante sepulcrum est quam iusta facta et porcus caesus est. Et quod nunc communiter in omnibus sepultis venit usu, ⟨ut⟩ humati dicantur, id erat proprium tum in eis quos humus iniecta contexerat, eumque morem ius pontificale confirmat; nam prius quam in os iniecta gleba est, locus ille ubi crematum est corpus nihil habet religionis: iniecta gleba, tum et iure ›humatus‹ est et gleba ⟨›humus‹⟩ vocatur, ac tum denique multa religiosa iura complectitur. Itaque in eo qui in nave necatus, deinde in mare

des Begräbnisses diejenige war, welche Kyros bei Xenophon verwendet.[204] Es wird nämlich der Körper der Erde zurückgegeben und so platziert und beigesetzt, als würde er durch die Decke seiner Mutter umhüllt. Der Überlieferung nach wurde unser König Numa nach demselben Brauch in der Grabstätte bestattet, die ⟨un⟩weit vom Altar des Fons liegt; und wir wissen auch, dass der Clan der Cornelier bis in die heutige Zeit dieses Begräbnis verwendet hat. Die Überreste des Gaius Marius, die beim Anio beigesetzt waren, ließ Sulla nach seinem Sieg verstreuen, angetrieben von einem Hass, der bitterer war, als er gewesen wäre, wenn er so weise gewesen wäre, wie er aufbrausend war. (57) Vielleicht weil er fürchtete, ⟨dass⟩ dies seinem eigenen Körper widerfahren könne, wollte er als Erster von den patrizischen Corneliern durch Feuer verbrannt werden. Ennius tut nämlich über Africanus kund: »Hier ist jener beigesetzt« – wahr, denn »beigesetzt« heißen die, die bestattet worden sind. Aber doch gibt es ihre Grabstätte nicht, ehe nicht das gebührende Zeremoniell vollzogen und das Schwein geschlachtet wurde. Und was nun allgemein bei allen Begrabenen notwendig eintritt, ⟨dass⟩ sie beerdigt genannt werden, das war damals ein Merkmal unter denjenigen, welche das darauf geworfene Erdreich bedeckt hatte, und diese Sitte bestätigt das Pontifikalrecht. Denn bevor ein Stück Erde auf einen Knochen geworfen wurde, besitzt jener Ort, wo der Körper verbrannt wurde, keinerlei religiösen Charakter. Hat man ein Stück Erde daraufgeworfen, dann ist er rechtens »beerdigt« und das Stück Erde wird ⟨»Erdreich«⟩ genannt, und dann endlich umfasst es viele religiöse Rechte.[205] Daher entschied Publius Mucius [Scaevola] im Fall desjenigen, der auf einem Schiff umgebracht und

proiectus esset, decrevit P. Mucius familiam puram, quod os supra terram non exstaret; porcam heredi esse contractam, et habendas triduum ferias et porco femina piaculum pati; si in mari mortuus esset, eadem praeter piaculum et ferias.

(58) [A.] Video quae sint in pontificio iure, sed quaero ecquidnam sit in legibus.

[M.] Pauca sane, Tite, et ut arbitror non ignota vobis; sed ea non tam ad religionem spectant quam ad ius sepulcrorum. ›Hominem mortuum,‹ inquit lex in XII, ›in urbe ne sepelito, neve urito;‹ credo ⟨vel ***⟩ vel propter ignis periculum; quod autem addit ›neve urito‹, indicat non qui uratur sepeliri, sed qui humetur.

[A.] Quid qui post XII in urbe sepulti sunt clari viri?

[M.] Credo, Tite, fuisse aut eos quibus hoc ante hanc legem virtutis causa tributum est, ut Publicolae, ut Tuberto, quod eorum posteri iure tenuerunt, aut {eos} si qui hoc, ut C. Fabricius, virtutis causa soluti legibus consecuti sunt. Sed ⟨ut⟩ in urbe sepeliri lex vetat, sic decretum a pontificum collegio non esse ius in loco publico fieri sepulcrum. Nostis

daraufhin ins Meer geworfen wurde, dass sein Hausverband rein sei, weil der Knochen nicht über der Erde herausrage, dass der Erbe [zum Opfer] einer Sau verpflichtet sei, drei Tage dauernde Feiertage abgehalten werden müssten und er ein Sühnungsopfer mit einem weiblichen Schwein über sich ergehen lasse. Wenn [der Angehörige] im Meer gestorben sei, [gelte] dasselbe mit Ausnahme des Sühnungsopfers und der Feiertage.

(58) *(Atticus:)* Ich sehe, was es im Pontifikalrecht gibt, aber will wissen, ob es irgendetwas in den Gesetzen gibt.

(Marcus:) Ganz wenig, Titus, und, wie ich meine, euch nicht unbekannt. Aber dies richtet seinen Blick weniger auf den religiösen Charakter als auf das Recht der Grabstätten. »Einen toten Menschen«, sagt das Recht auf den Zwölf Tafeln, »möge man in der Stadt nicht begraben und nicht verbrennen«, ich glaube, ⟨entweder ***⟩[206] oder wegen der Brandgefahr. Dass es aber hinzufügt »und nicht verbrennen«, zeigt an, dass nicht derjenige, der verbrannt wird, begraben wird, sondern [nur] derjenige, der beerdigt wird.[207]

(Atticus:) Warum sind dann nach den Zwölf Tafeln in der Stadt berühmte Männer begraben worden?

(Marcus:) Ich glaube, Titus, es gab entweder diejenigen, denen dies aufgrund ihrer Tugend zugestanden wurde, ehe es dieses Gesetz gab, wie dem Poplicola und dem Tubertus, woran ihre Nachfahren zu Recht festgehalten haben, oder wenn welche, wie Gaius Fabricius, aufgrund ihrer Tugend von den Gesetzen befreit wurden und dies erlangten.[208] Aber ⟨wie⟩ das Gesetz in der Stadt Begräbnisse verbietet, so wurde auch vom Kollegium der Pontifices beschlossen, es sei nicht Recht, dass an einem Ort, der dem Gemeinwesen gehört, eine Grabstätte entstehe. Ihr kennt den Tempel der

extra portam Collinam aedem Honoris: aram in eo loco fuisse memoriae proditum est; ad eam cum lamina esset inventa et in ea scriptum lamina ›HONORIS‹, ea causa fuit ⟨ut⟩ aedis haec dedicaretur; sed cum multa in eo loco sepulcra fuissent, exarata sunt; statuit enim collegium locum publicum non potuisse privata religione obligari.

(59) [22.16] Iam cetera in XII minuendi sumptus sunt lamentationisque funebris, translata de Solonis fere legibus. ›Hoc plus‹ inquit, ›ne facito; rogum ascea ne polito‹ (nostis quae sequuntur; discebamus enim pueri XII ut carmen necessarium, quas iam nemo discit). Extenuato igitur sumptu tribus riciniis et tunicula purpurea et decem tibicinibus, tollit etiam lamentationem: ›mulieres genas ne radunto neve lessum funeris ergo habento‹. Hoc veteres interpretes Sex. Aelius L. Acilius non satis se intellegere dixerunt, sed suspicari vestimenti aliquod genus ⟨esse⟩ funebris; L. Aelius lessum quasi lugubrem eiulationem, ut vox ipsa significat; quod eo magis iudico verum esse, quia lex Solonis id ipsum vetat.

Haec laudabilia, et locupletibus fere cum plebe commu-

Ehre außerhalb des Collinischen Tores. Es ist überliefert, dass es an diesem Ort einen Altar gab; als in seiner Nähe eine Platte gefunden wurde und auf dieser Platte »der Ehre« geschrieben stand, war dies der Grund, ⟨dass⟩ dieser Tempel geweiht wurde. Aber weil es an diesem Ort viele Grabstätten gegeben hatte, wurden sie umgepflügt. Das Kollegium bestimmte nämlich, ein Ort, der dem Gemeinwesen gehöre, hätte nicht durch die religiösen Ansprüche von Privatpersonen gebunden werden können.[209]

(59) [22,16] Außerdem gibt es in den Zwölf Tafeln Weiteres hinsichtlich der Beschränkung des Aufwands und des Wehklagens beim Leichenbegängnis – beinahe überall aus den Gesetzen des Solon übertragen. »Mehr als das«, sagt [das Gesetz], »möge man nicht tun; den Scheiterhaufen möge man mit der Zimmeraxt nicht glätten.«[210] (Ihr kennt das Folgende: Als Knaben lernten wir nämlich die Zwölf Tafeln wie ein Gedicht, dem man nicht ausweichen konnte; jetzt lernt sie keiner mehr.) Nachdem also der Aufwand auf drei kleine Tücher, ein kleines Unterkleid[211] aus Purpurwolle und zehn Pfeifenspieler geschmälert worden war, hebt es auch das Wehklagen auf: »Die Frauen mögen sich nicht die Wangen zerkratzen und mögen auch keinen ›Lessus‹[212] um des Leichenbegängnisses willen haben.«[213] Die alten Erklärer Sextus Aelius und Lucius Acilius sagten, dass sie dies[es Wort] nicht ausreichend verstünden, aber vermuteten, es ⟨handele⟩ sich um irgendeine Art von Gewand für das Leichenbegängnis; Lucius Aelius, dass ›Lessus‹ gleichsam ein Aufheulen aus Trauer sei, wie das Wort selbst anzeigt.[214] Das ist nach meinem Urteil umso mehr die Wahrheit, als das Gesetz Solons genau dies verbietet.[215]

Diese Dinge sind lobenswert und den Vermögenden mit

nia; quod quidem maxime e natura est, tolli fortunae discrimen in morte. (60) Cetera item funebria, quibus luctus augetur, XII sustulerunt. ›Homini,‹ inquit, ›mortuo ne ossa legito quo post funus faciat‹: ⟨credo quod erat factitatum ut uni plura fierent lectique plures sternerentur, quod ne fieret lege sanctum est.⟩ Excipit bellicam peregrinamque mortem. Haec praeterea sunt in legibus: de unctura, quod servilis unctura tollitur omnisque circumpotatio, quae et recte tolluntur, neque tollerentur nisi fuissent; ne sumptuosa respersio, ne longae coronae, ne acerrae: praetereantur illa; iam significatio est laudis ornamenta ad mortuos pertinere, quod coronam virtute partam et ei qui peperisset et eius parenti sine fraude esse lex impositam iubet. Qua in lege cum esset ›neve aurum addito‹, ⟨videte⟩ quam humane excipiat altera lex: {praecipit altera lege ut} ›cui auro dentes vincti esunt ast im cum illo sepeliet uretve, se fraude esto‹. Et simul illud videtote, aliud habitum esse sepelire et urere.

dem einfachen Volk fast immer gemeinsam; das ist freilich besonders von Natur: dass im Tod der Unterschied in der sozialen Stellung aufgehoben wird. (60) Die anderen Dinge, die das Leichenbegängnis betreffen, durch die das Trauern vergrößert wird, haben die Zwölf Tafeln ebenfalls aufgehoben: »Für einen toten Menschen«, sagt [das Gesetz], »möge man nicht die Knochen sammeln, um später das Leichenbegängnis zu machen«:[216] ⟨Ich glaube, weil es oft gemacht wurde, dass es sie [Leichenbegängnisse] für eine Person mehrfach gab und mehrfach Betten aufgestellt wurden, ist durch ein Gesetz besiegelt worden, dass das nicht geschehen solle⟩.[217] Es macht eine Ausnahme für Tod im Krieg oder in der Fremde. Außerdem gibt es das Folgende in den Gesetzen:[218] bezüglich der Salbung, dass die Salbung durch Sklaven aufgehoben wird und jedes Kreisen-Lassen der Becher (dies wird zu Recht aufgehoben und würde nicht aufgehoben werden, wenn es das nicht gegeben hätte); dass es kein aufwendiges Besprengen gebe, keine langen Kränze, keine Weihrauchkästchen: das kann man beiseitelassen. Außerdem ist ein Indiz dafür, dass die Auszeichnungen des Ruhms für die Toten relevant sind, dass das Gesetz befiehlt, ein durch mannhaftes Verhalten erworbener Kranz sei ohne Schaden sowohl dem, der ihn erworben hat, als auch seinem Vater [ins Grab] gelegt worden.[219] Obwohl in diesem Gesetz stand, »man möge kein Gold hinzutun«, ⟨seht,⟩ wie menschenfreundlich ein anderes Gesetz eine Ausnahme macht: »Für den, dem die Zähne mit Gold festgebunden sind und wenn man ihn mit jenem begräbt oder verbrennt, möge das ohne Schaden sein.«[220] Und zugleich mögt ihr jenes sehen, dass man Begraben und Verbrennen für unterschiedliche Dinge hielt. (61) Außerdem gibt es

(61) Duae sunt praeterea leges de sepulcris, quarum altera privatorum aedificiis, altera ipsis sepulcris cavet. Nam quod rogum bustumve moliri vetat propius sexaginta pedes {adici} aedes alienas invito domino, incendium veretur aedium {vetat}; quod autem forum (id est vestibulum sepulcri) bustumve usu capi vetat, tuetur ius sepulcrorum.

Haec habemus in XII, sane secundum naturam, quae norma legis est. Reliqua sunt in more: funus ut indicatur si quid ludorum, dominusque funeris utatur accenso atque lictoribus, (62) honoratorum virorum laudes in contione memorentur, easque etiam ut cantus ad tibicinem prosequatur cui nomen neniae, quo vocabulo etiam ⟨apud⟩ Graecos cantus lugubres nominantur.

[A.] Gaudeo nostra iura ad naturam accommodari, maiorumque sapientia admodum delector. Sed cedo ut ceteri sumptus sic etiam sepulcrorum modum.

[M.] Recte requiris; quos enim ad sumptus progressa iam {ista} res sit, in C. Figuli sepulcro vidisse ⟨te⟩ credo. Minimam olim istius rei fuisse cupiditatem multa exstant

zwei Gesetze zu Grabstätten, von denen das eine für Gebäude von Privatpersonen, das andere für die Grabstätten selbst Vorsorge trifft. Denn was das Verbot betrifft, einen Scheiterhaufen oder eine Leichenbrandstätte gegen den Willen des Hausherrn näher als sechzig Fuß an fremde Häuser zu rücken, fürchtet es das In-Brand-Setzen der Häuser; was aber das Verbot betrifft, ein ›Forum‹ (das heißt den Vorhof zur Grabstätte) oder eine Leichenbrandstätte durch Ersitzung zu erwerben,[221] das schützt das Recht der Grabstätten.

Dies haben wir in den Zwölf Tafeln, ganz der Natur gemäß, welche die Richtschnur des Gesetzes ist. Das Übrige ist im Bereich des Brauchs: dass das Leichenbegängnis angesagt wird, wenn es irgendwelche Spiele gibt, und der Veranstalter des Leichenbegängnisses einen Gehilfen und Liktoren verwendet, (62) die Ruhmestaten von durch ihr Ehrenamt ausgezeichneten Männern in einer Versammlung in Erinnerung gerufen werden, und auch, dass zum Spiel des Pfeifenspielers ein Gesang diese schildert. Dieser trägt den Namen »Nenie«; mit diesem Wort werden auch ⟨bei⟩ den Griechen Trauergesänge benannt.

(Atticus:) Es freut mich, dass unsere Rechtsvorstellungen der Natur angepasst werden, und ich ergötze mich sehr an der Weisheit der Vorfahren; aber so wie von der Beschränkung des übrigen Aufwandes lass mich auch von der Beschränkung der Grabstätten hören.

(Marcus:) Zu Recht forderst du das. Bis zu welchem Aufwand die Sache nämlich schon fortgeschritten ist, hast ⟨du⟩, glaube ich, an der Grabstätte des Gaius Figulus gesehen.[222] Dass das Verlangen nach dieser Sache da einst äußerst gering war, dafür existieren viele Beispiele der Vor-

exempla maiorum; nostrae quidem legis interpretes, quo capite iubentur sumptus et luctum removere a deorum Manium iure, hoc intellegant in primis, sepulcrorum magnificentiam esse minuendam.

(63) Nec haec a sapientissimis legum scriptoribus neglecta sunt, et Athenis iam in more sunt: a Cecrope, ut aiunt, permansit hoc ius terra humandi. Quod cum proximi fecerant obductaque terra erat, frugibus obserebatur, ut sinus et gremium quasi matris mortuo tribueretur, solum autem frugibus expiatum ut vivis redderetur. Sequebantur epulae, quas inibant propinqui coronati, apud quos de mortui laude cum si quid veri erat praedicatum (nam mentiri nefas habebatur) iusta confecta erant. (64) Postea, cum (ut scribit Phalereus) sumptuosa fieri funera et lamentabilia coepissent, Solonis lege sublata sunt. Quam legem eisdem prope verbis nostri decemviri in decimam tabulam coniecerunt; nam de tribus riciniis et pleraque illa Solonis sunt. De lamentis vero expressa ⟨verba e⟩ verbis sunt: ›mulieres genas ne radunto, neve lessum funeris ergo habento‹.

De sepulcris autem nihil est apud Solonem amplius quam ›ne quis ea deleat neve alienum inferat‹; poenaque

fahren. Gerade die Ausleger unseres Gesetzes sollen dem Abschnitt, in dem die Entfernung von Aufwand und Trauer vom Recht der Totengötter befohlen wird, in erster Linie das Folgende entnehmen: dass die Pracht der Grabstätten zu beschränken ist.

(63) Aber diese Dinge sind von den weisesten Verfassern von Gesetzen nicht außer Acht gelassen worden und sind in Athen noch im Brauch: Von Kekrops her, wie man sagt, hat sich dieses Recht der Beerdigung im Erdreich erhalten. Wenn die nächsten Angehörigen das getan hatten und die Erde zugedeckt war, wurde sie mit Getreide besät, damit gleichsam der Mutter Busen und Schoß dem Toten zugewiesen werde, dass aber der Boden, durch das Getreide entsühnt, den Lebenden zurückgegeben werde. Es folgten Mähler, welche die Verwandten bekränzt begingen; wenn in ihrer Gegenwart über das lobenswerte Tun des Toten etwas Wahres verkündet worden war (denn zu lügen hielt man für Unrecht), war das gebührende Zeremoniell abgeschlossen. (64) Später, als (wie der Mann aus Phaleron schreibt[223]) man angefangen hatte, Leichenbegängnisse mit Aufwand und mit Wehklagen durchzuführen, wurden diese durch Solons Gesetz aufgehoben. Dieses Gesetz haben unsere Decemvirn mit fast denselben Worten in die zehnte Tafel aufgenommen; denn das mit den drei kleinen Tüchern und ein Großteil jener Dinge stammen von Solon. Bezüglich der Wehklagen aber ist Wort für Wort übersetzt worden:[224] »Die Frauen mögen sich nicht die Wangen zerkratzen und mögen auch keinen ›Lessus‹ um des Leichenbegängnisses willen haben.«[225]

Über Grabstätten aber steht nichts weiter bei Solon, als dass »keiner sie zerstören oder einen Fremden hintragen

est ›si quis bustum‹ (nam id puto appellari ›tymbon‹) ›aut monumentum aliquod aut columnam violarit deiecerit fregerit‹; sed post aliquanto, propter has amplitudines sepulcrorum quas in Ceramico videmus, lege sanctum est ›ne quis sepulcrum faceret operosius quam quod decem homines effecerint triduo‹. (65) Neque id opere tectorio exornari nec hermas hos quos vocant licebat imponi, nec de mortui laude nisi in publicis sepulturis nec ab alio nisi qui publice ad eam rem constitutus esset dici licebat. Sublata etiam erat celebritas virorum ac mulierum, quo lamentatio minueretur; auget enim luctum concursus hominum; (66) quocirca Pittacus omnino accedere quemquam vetat in funus alienum. Sed ait rursus idem Demetrius increbruisse eam funerum sepulcrorumque magnificentiam, quae nunc fere Romae est; quam consuetudinem lege minuit ipse – fuit enim hic vir, ut scitis, non solum eruditissimus, sed etiam civis e re publica maxime tuendaeque civitatis peritissimus – is igitur sumptum minuit non solum poena sed etiam tempore, ante lucem enim iussit efferri; sepulcris autem novis finivit modum, nam super terrae tumulum

möge«; und eine Strafe gibt es, »wenn jemand eine Leichenbrandstätte« (denn die wird, glaube ich, als »Tymbos« bezeichnet) »oder irgendein Grabmal oder eine Säule beschädigt, niedergerissen, zerbrochen hat«.[226] Aber ziemlich viel später ist wegen der Größe der Grabstätten, die wir auf dem Kerameikos sehen, durch Gesetz besiegelt worden, »dass niemand eine Grabstätte errichten möge, die arbeitsaufwendiger ist als was zehn Menschen innerhalb von drei Tagen erschaffen können«. (65) Weder war es erlaubt, dass man sie mit Stuckarbeit verziere, noch, dass man das, was sie Hermen nennen, daraufstelle. Es war lediglich erlaubt, dass über das lobenswerte Tun des Toten bei Beisetzungen gesprochen wurde, die das Gemeinwesen durchführte, und lediglich von demjenigen, der vom Gemeinwesen zu dieser Sache bestellt worden war. Auch das zahlreiche Erscheinen von Männern und Frauen war unterbunden, auf dass das Wehklagen beschränkt werde; denn der Menschenauflauf vergrößert die Trauer.[227] (66) Daher verbietet Pittakos, dass überhaupt jemand bei dem Leichenbegängnis für einen Fremden erscheine.[228] Aber andererseits sagt derselbe Demetrius,[229] die Pracht der Leichenbegängnisse und Grabstätten – die es in unserer Zeit so ziemlich in Rom gibt – habe zugenommen; diese Gewohnheit beschränkte er selbst durch ein Gesetz – denn dieser Mann war, wie ihr wisst, nicht nur hochgelehrt, sondern auch ein um das politische Gemeinwesen in ganz besonderem Maße verdienter Mitbürger mit großer Erfahrung beim Schutz der Bürgerschaft – der also beschränkte den Aufwand nicht allein durch eine Strafe, sondern auch zeitlich: Denn er befahl, dass man ihn [den Toten] vor Tagesanbruch hinaustrage. Für neue Grabstätten jedoch setzte er ein Maß fest: Denn er

noluit quidquam statui nisi columellam tribus cubitis ne altiorem, aut mensam aut labellum, et huic procurationi certum magistratum praefecerat.

(67) Haec igitur Athenienses tui; sed videamus Platonem, qui iusta funerum reicit ad interpretes religionum (quem nos morem tenemus); de sepulcris autem dicit haec: vetat ex agro culto eove qui coli possit ullam partem sumi sepulcro, sed quae natura agri tantummodo efficere possit ut mortuorum corpora sine detrimento vivorum recipiat, ea potissimum ut compleatur; quae autem terra fruges ferre et ut mater cibos suppeditare possit, eam ne quis nobis minuat neve vivus neve mortuus. (68) Extrui autem vetat sepulcrum altius quam quod ⟨quinque homines⟩ quinque diebus absolverint, nec e lapide excitari plus nec imponi quam quod capiat laudem mortui incisam ne plus quattuor herois versibus (quos longos appellat Ennius). Habemus igitur huius quoque auctoritatem de sepulcris summi viri, a quo item funerum sumptus praefinitur ex censibus a minis quinque usque ad minam. Deinceps dicit eodem loco de immortalitate animorum et reliqua post mortem tranquillitate bonorum, poenis impiorum.

wollte nicht, dass über dem Erdhügel irgendetwas aufgestellt werde außer einer kleinen Säule, die nicht höher als drei Ellen war, oder einem Tisch oder einem kleinen Becken,[230] und die Aufsicht hatte er einem bestimmten Magistraten übertragen.

(67) Das freilich sind deine Athener. Aber lasst uns Platon ansehen, der das gebührende Zeremoniell der Leichenbegängnisse an die Ausleger der religiösen Rituale verweist (an diesen Brauch werden wir uns halten). Über die Grabstätten aber sagt er Folgendes:[231] Er verbietet, dass von einem bebauten Feld oder einem, das bebaut werden kann, irgendein Teil für eine Grabstätte genommen wird. Aber die natürliche Beschaffenheit eines Feldes, die bloß den Zweck erfüllen kann, dass sie die Körper der Toten ohne Schaden für die Lebenden empfängt, die soll man am ehesten füllen. Die Erde aber, die Getreide tragen und wie eine Mutter Nahrung zur Verfügung stellen kann, die soll uns keiner, weder Lebender noch Toter, beschränken. (68) Er verbietet aber auch, dass man eine Grabstätte höher errichte als was ⟨fünf Menschen⟩[232] innerhalb von fünf Tagen fertigstellen; und man solle aus Stein nicht mehr in die Höhe bauen oder daraufstellen, als was das Lob eines Toten, eingemeißelt mit nicht mehr als vier heroischen Versen (die Ennius als Langverse bezeichnet), erfasst. Nun aber haben wir die gewichtige Meinung auch dieses vortrefflichsten Mannes über die Grabstätten, von dem auch der Aufwand für Leichenbegängnisse durch Vermögensschätzung von fünf Minen bis zu einer Mine vorgeschrieben wird.[233] Alsdann spricht er am selben Ort über die Unsterblichkeit der Seelen sowie die künftige Ruhe der Guten nach dem Tod und die Strafen für die Pflichtvergessenen.

(69) Habetis igitur explicatum omnem, ut arbitror, religionum locum.

[Q.] Nos vero, frater, et copiose quidem. Sed perge ad cetera.

[M.] Pergo equidem; et quoniam libitum est vobis me ad haec impellere, hodierno sermone conficiam, spero, hoc praesertim die. Video enim Platonem idem fecisse, omnemque orationem eius de legibus peroratam esse uno aestivo die; sic igitur faciam, et dicam de magistratibus; id enim est profecto quod constituta religione rem publicam contineat maxime.

[Q. (vel A.?)] Tu vero dic, et istam rationem quam coepisti tene.

(69) Nun aber habt ihr, wie ich meine, den ganzen Abschnitt der religiösen Angelegenheiten erklärt.

(Quintus:) In der Tat, mein Bruder, und gar in reichlichem Maß. Aber fahre nun mit dem Übrigen fort.

(Marcus:) Natürlich fahre ich fort. Und da es euch gefallen hat, mich zu diesen Dingen anzutreiben, will ich sie im heutigen Gespräch abschließen, hoffe ich, zumal an diesem Tag. Ich sehe nämlich, dass Platon dasselbe getan hat und seine ganze Rede über Gesetze an einem einzigen Sommertag abgeschlossen wurde. So werde ich es freilich tun, und ich werde über die Magistrate sprechen; denn das ist in der Tat dasjenige, was nach der Begründung der Religion das politische Gemeinwesen am festesten zusammenhält.

(Quintus [oder Atticus]:) Sprich du nur und halte an dem Plan fest, den du begonnen hast.

Liber tertius

(1) [M.] Sequar igitur, ut institui, divinum illum virum, quem quadam admiratione commotus saepius fortasse laudo quam necesse est.

[A.] Platonem videlicet dicis.

[M.] Istum ipsum, Attice.

[A.] Tu vero eum nec nimis valde umquam nec nimis saepe laudaveris; nam hoc mihi etiam nostri illi, qui neminem nisi suum laudari volunt, concedunt, ut eum arbitratu meo diligam.

[M.] Bene hercle faciunt. Quid enim est elegantia tua dignius? Cuius et vita et oratio consecuta mihi videtur difficillimam illam societatem gravitatis cum humanitate.

[A.] Sane gaudeo quod te interpellavi, quoniam quidem tam praeclarum mihi dedisti iudicii tui testimonium. Sed perge ut coeperas.

[M.] Laudemus igitur prius legem ipsam, veris et propriis generis sui laudibus?

[A.] Sane quidem, sicut de religionum lege fecisti.

(2) [M.] Videtis igitur magistratus hanc esse vim, ut praesit praescribatque recta et utilia et coniuncta cum legibus. Ut enim magistratibus leges, ita populo praesunt magistra-

Drittes Buch

(1) *(Marcus:)* Ich will also, wie ich es von Beginn an getan habe,[234] jenem göttlichen Mann folgen, den ich, von einer nicht ganz unerheblichen Bewunderung ergriffen, vielleicht öfter preise, als nötig ist.

(Atticus:) Du sprichst offensichtlich von Platon.

(Marcus:) Ja, Atticus, eben von diesem.

(Atticus:) Du hast ihn wohl kaum jemals zu sehr noch zu oft gepriesen; denn sogar meine dir bekannten Freunde[235], die eigentlich möchten, dass niemand außer ihrem eigenen Lehrer[236] gepriesen wird, gestehen mir zu, dass ich ihn ganz nach meinem eigenen Ermessen wertschätze.

(Marcus:) Sie tun gut daran, beim Herkules! Was ist nämlich erlesener als dein Geschmack?[237] Bei dir sind Wort und Tat, wie mir scheint, jene fast unmögliche Verbindung von würdevollem Ernst und Menschlichkeit[238] eingegangen.

(Atticus:) Es freut mich sehr, dass ich dich unterbrochen habe, da du mir doch ein so glänzendes Zeugnis deiner Wertschätzung gegeben hast. Aber mach weiter, wie du begonnen hattest!

(Marcus:) Wollen wir also zuerst das Gesetz selbst loben, und zwar mit Lobesworten, die aufrichtig sind und seiner Art entsprechen?

(Atticus:) Ja, gewiss, so wie du mit dem Gesetz von den religiösen Angelegenheiten verfahren bist.

(2) *(Marcus:)* Also: Ihr seht, dass die Wirkungsmacht des Magistrats darin liegt, dass er führt und das Richtige, Nützliche und das, was mit den Gesetzen zusammenhängt, vorschreibt. Denn wie die Gesetze den Magistrat führen, so

tus; vereque dici potest magistratum legem esse loquentem, legem autem mutum magistratum.

(3) Nihil porro tam aptum est ad ius condicionemque naturae (quod cum dico, legem a me dici intellegi volo) quam imperium, sine quo nec domus ulla nec civitas nec gens nec hominum universum genus stare, nec rerum natura omnis nec ipse mundus potest; nam et hic deo paret, et huic oboediunt maria terraeque, et hominum vita iussis supremae legis obtemperat.

(4) Atque ut ad haec citeriora veniam et notiora nobis, omnes antiquae gentes regibus quondam paruerunt; quod genus imperi primum ad homines iustissimos et sapientissimos deferebatur, id quod in re publica nostra maxime valuit quoad ei regalis potestas praefuit; deinde eorum deinceps posteris prodebatur, quod et in eis, etiam qui nunc regnant, manet. Quibus autem regia potestas non placuit, non ei nemini sed non semper uni parere voluerunt. Nos autem, quoniam leges damus liberis populis, quaeque de optima re publica sentiremus in sex libris ante diximus, accommodabimus hoc tempore leges ad illum quem probamus civitatis statum.

führen die Magistrate das Volk; und korrekterweise kann davon gesprochen werden, dass der Magistrat das sprechende Gesetz ist,[239] und umgekehrt das Gesetz ein stummer Magistrat.

(3) Außerdem: Nichts passt so sehr zum Recht und zur Beschaffenheit der Natur (wenn ich davon spreche, möchte ich, dass man es so auffasst, dass ich vom »Gesetz« spreche)[240] wie die Befehlsgewalt, ohne die weder irgendein Haushalt noch eine Bürgerschaft noch ein Volksstamm noch das Menschengeschlecht in seiner Gesamtheit bestehen kann, und weder die gesamte Natur noch die Welt selbst kann dies. Denn auch sie gehorcht dem Gott, und auf ihn hören Meere und Länder, und das Leben der Menschen leistet den Geboten des höchsten Gesetzes Folge.

(4) Und um zu jetzt näherliegenden und uns vertrauteren Dingen zu kommen: Alle alten Volksstämme gehorchten einst Königen; diese Form der Befehlsgewalt wurde zunächst den gerechtesten und weisesten Menschen übertragen – und dieser Grundsatz hatte die höchste Geltung auch in unserem politischen Gemeinwesen, solange ihm eine königliche Machtbefugnis vorstand. Alsdann wurde sie der Reihe nach ihren Nachkommen übergeben; und dieser Grundsatz besteht bei denen fort, die auch heute noch als Könige regieren. Diejenigen, denen aber die Machtbefugnis der Könige nicht gefiel, wollten nicht überhaupt niemandem gehorchen, sondern nicht immer nur einem Einzigen. Da wir freien Völkern Gesetze geben und unsere Meinung über das beste politische Gemeinwesen zuvor in sechs Büchern[241] dargelegt haben, werden wir bei dieser Gelegenheit die Gesetze an jenen Zustand der Bürgerschaft anpassen, den wir gutheißen.[242]

(5) Magistratibus igitur opus est, sine quorum prudentia ac diligentia esse civitas non potest, quorumque descriptione omnis rei publicae moderatio continetur. Neque solum eis praescribendus est imperandi sed etiam civibus obtemperandi modus; nam et qui bene imperat, paruerit aliquando necesse est, et qui modeste paret, videtur qui aliquando imperet dignus esse. Itaque oportet et eum qui paret sperare se aliquo tempore imperaturum, et illum qui imperat cogitare brevi tempore sibi esse parendum. Nec vero solum ut obtemperent oboediantque magistratibus, sed etiam ut eos colant diligantque praescribimus, ut Charondas in suis facit legibus. Noster vero Plato Titanum e genere statuit eos qui ut illi caelestibus, sic hi adversentur magistratibus. Quae cum ita sint, ad ipsas iam leges veniamus, si placet.

[A.] Mihi vero et istud et ordo iste rerum placet.

(6) [M.] [1] Iusta imperia sunto, eisque cives modeste ac sine recusatione parento. [2] Magistratus nec oboedientem et noxium civem multa vinclis verberibusve coerceto, ni par maiorve potestas populosve prohibessit, ad quos pro-

(5) Magistrate sind also nötig: Ohne ihre Klugheit und Sorgfalt kann eine Bürgerschaft nicht bestehen, und durch ihre Ordnung wird die Kontrolle des politischen Gemeinwesens insgesamt gewährleistet. Und nicht nur muss ihnen eine Richtlinie für ihr Befehlen vorgeschrieben werden, sondern den Bürgern auch eine Richtlinie für ihr Gehorchen; denn wer gut befiehlt, muss irgendwann einmal gut gehorcht haben, und wer besonnen gehorcht, ist irgendwann einmal würdig, so hat es den Anschein, befehlen zu können. Und deshalb ist es nötig, dass derjenige, der gehorcht, hofft, dass er irgendwann einmal die Befehlsgewalt innehaben wird, und dass derjenige, der herrscht, daran denkt, dass er binnen kurzer Zeit gehorchen muss. Und wir schreiben nicht nur vor, dass man den Magistraten Folge leiste und auf sie höre, sondern auch, wie Charondas es in seinen Gesetzen tut, dass man sie in Ehren halte und wertschätze.[243] Unser Platon aber stellte fest, dass diejenigen aus dem Geschlecht der Titanen stammen müssen, die so, wie jene sich den himmlischen Göttern [entgegenstellen], sich den Magistraten entgegenstellen.[244] Da dies so ist, lasst uns jetzt zu den Gesetzen selbst kommen, wenn es gefällt.

(Atticus:) Mir gefällt sowohl dein Vorgehen als auch diese Reihenfolge der Punkte.

(6) *(Marcus:)* [1] Gerecht mögen die Befehle sein; und ihnen mögen die Bürger besonnen und ohne Widerspruch gehorchen. [2] Die Magistrate mögen denjenigen Bürger, der nicht hört und der Schaden anrichtet, mit einer Geldstrafe, mit Fesseln oder mit Prügeln zur Ordnung rufen, wenn nicht eine gleiche oder größere Machtbefugnis oder das Volk dies verhindert hat. Bei dem möge man Berufung ein-

vocatio esto. [3] Cum magistratus iudicassit inrogassitve, per populum multae poenaeve certatio esto. [4] Militiae ab eo qui imperabit provocatio nec esto; quodque is qui bellum geret imperassit, ius ratumque esto.

[5] Minoris magistratus partiti iuris ploeres in ploera sunto: militiae quibus iussi erunt imperanto eorumque tribuni sunto; domi pecuniam publicam custodiunto, vincla sontium servanto, capitalia vindicanto, aes argentum aurumve publice signanto, lites contractas iudicanto, quodque senatus creverit agunto.

(7) [1] Suntoque aediles curatores urbis annonae ludorumque sollemnium. [2] Ollisque ad honoris amplioris gradum is primus ascensus esto.

[3] Censoris populi aevitatis suboles familias pecuniasque censento; urbis sarta tecta, vias aquas, aerarium vectigalia tuento; populique partes in tribus discribunto, exin pecunias aevitatis ordines {partiunto} equitum peditumque; prolem describunto, caelibes esse prohibento, mores populi regunto, probrum in senatu ne relinquonto; bini sunto,

legen. [3] Wenn ein Magistrat ein Urteil gefällt oder eine Strafe vorgeschlagen hat, möge es eine Debatte vor dem Volk[245] geben, ob es eine Geldstrafe oder eine [andere Form der] Bestrafung geben solle. [4] Im Feld[246] möge es gegen den, der befehlen wird, keine Berufung geben; und was derjenige, der einen Krieg führen wird, befohlen hat, möge Recht und gültig sein.

[5] Es möge mehrere geringere Magistrate mit verteilter Rechtsbefugnis für mehrere Aufgaben geben: Im Feld mögen sie denen befehlen, welchen sie [als Vorgesetzte] verordnet sind, und mögen ihre Tribune sein. Zu Hause mögen sie Wächter des Vermögens des Gemeinwesens sein,[247] auf die Fesseln der Schuldigen aufpassen, die Kapitalverbrechen bestrafen,[248] Kupfer, Silber oder Gold im Auftrag des Gemeinwesens zu Münzen prägen,[249] ein Urteil über anhängige Rechtsstreitigkeiten sprechen[250] und alles ausführen, was der Senat beschlossen haben wird.

(7) [1] Und die Ädile mögen die Aufseher über die Stadt, die Getreideversorgung und die alljährlichen Spiele sein. [2] Und für jene möge dies der erste Schritt zur nächsten Stufe eines bedeutenderen Ehrenamts sein.[251]

[3] Die Zensoren mögen die Lebenszeiten, die Nachkommenschaft, die Haushalte und die Vermögen des Volkes schätzen. Sie mögen sich um den Zustand der städtischen Bauwerke, die Straßen, die Wasserleitungen, das Aerarium[252], die Steuereinnahmen kümmern. Und die Teile des Volkes mögen sie auf die Tribus verteilen, darauf nach Vermögen, Lebensalter und nach den Ständen von Reiterei und Fußsoldaten; sie mögen den Nachwuchs feststellen, verhindern, dass es Unvermählte gebe, die Sitten des Volkes lenken, unanständiges Verhalten im Senat nicht zulas-

magistratum quinquennium habento, reliqui magistratus annui sunto; eaque potestas semper esto.

(8) [1] Iuris disceptator, qui privata iudicet iudicarive iubeat, praetor esto; is iuris civilis custos esto; huic potestate pari, quotcumque senatus creverit populusve iusserit, tot sunto.

[2] Regio imperio duo sunto, iique ⟨a⟩ praeeundo iudicando consulendo praetores iudices consules appellamino; militiae summum ius habento, nemini parento; ollis salus populi suprema lex esto.

(9) [1] Eundem magistratum ni interfuerint decem anni ne quis capito; aevitatem annali lege servanto.

[2] Ast quando duellum gravius discordiaeve civium escunt, oenus ne amplius sex menses, si senatus creverit, idem iuris quod duo consules teneto, isque ave sinistra dictus populi magister esto, equitatumque qui regat habeto pari iure cum eo quicumque erit iuris disceptator.

[3] Ast quando consulis magisterve populi nec erunt, reliqui magistratus ne sunto, auspicia patrum sunto, ollique ex se produnto qui comitiatu creare consules rite possint.

sen;[253] je zwei mögen es sein, ihre Magistratur möge fünf Jahre betragen,[254] die übrigen Magistraturen mögen einjährig sein. Und diese Machtbefugnis möge immer bestehen.

(8) [1] Ein Schiedsrichter des Rechts, der die Angelegenheiten von Privatleuten entscheidet oder entscheiden lässt, möge der Prätor sein; er möge Wächter des bürgerlichen Rechts sein; ihm mögen so viele gleich an Machtbefugnis sein, wie der Senat entschieden oder das Volk verordnet hat.

[2] Mit königlicher Befehlsgewalt mögen zwei ausgestattet sein,[255] und diese mögen Prätoren, Richter, Konsuln heißen, ⟨von⟩ »vorangehen« [*praeire*], »richten«, »konsultieren«; im Feld mögen sie die oberste Rechtsgewalt haben, niemandem mögen sie gehorchen; jenen möge das Wohl des Volkes das höchste Gesetz sein!

(9) [1] Dieselbe Magistratur möge niemand ergreifen, wenn nicht zehn Jahre dazwischengelegen haben; auf das Lebensalter möge man nach dem Jahresgesetz[256] achten.

[2] Und wenn jemals ein schwererer Krieg oder Zwietracht unter den Bürgern eintreten wird, möge einer nicht mehr als sechs Monate, wenn der Senat entschieden hat, dieselbe Rechtsgewalt wie die zwei Konsuln innehaben. Er möge, ernannt unter einem günstigen Vogelzeichen, des Volkes Magister[257] sein, und er möge jemanden haben, der die Reiterei leitet,[258] gleichen Rechts mit dem, der auch nur immer Schiedsrichter in Rechtsangelegenheiten[259] sein wird.

[3] Und wenn es jemals keine Konsuln oder keinen Magister des Volkes geben wird, möge es auch keine übrigen Magistrate geben, die Auspizien mögen Sache der Väter sein, und jene mögen aus ihrer Mitte Männer bestimmen, die in den Komitien[260] die Konsuln nach hergebrachter Weise schaffen können.

[4] Imperia potestates legationes, cum senatus creverit populusve iusserit, ex urbe exeunto, duella iusta iuste gerunto, sociis parcunto, se et suos continento, populi sui gloriam augento, domum cum laude redeunto.

[5] Rei suae ergo ne quis legatus esto.

[6] Plebes quos pro se contra vim auxili ergo decem creassit, ii tribuni eius sunto, quodque ii prohibessint quodque plebem rogassint, ratum esto; sanctique sunto; neve plebem orbam tribunis relinquunto.

(10) [1] Omnes magistratus auspicium iudiciumque habento; [2] exque eis senatus esto. [3] Eius decreta rata sunto; ast potestas par maiorve prohibessit, perscripta servanto. [4] Is ordo vitio vacato; [5] ceteris specimen esto.

[6] Creatio magistratuum, iudicia populi, iussa vetita cum suffragio consciscentur, optimatibus nota, plebi libera sunto.

[7] Ast quid erit quod extra magistratus coerari oesus sit, qui coeret populus creato eique ius coerandi dato.

[8] Cum populo patribusque agendi ius esto consuli prae-

[4] Die Träger von Befehlsgewalt, die Träger von Machtbefugnis, Gesandtschaften mögen, wenn der Senat es entschieden oder das Volk es verordnet hat, die Stadt verlassen, gerechte Kriege auf gerechte Weise führen, die Bundesgenossen schonen, sich und die Ihren zügeln, den Ruhm des eigenen Volkes mehren, nach Hause mit Ruhm zurückkehren.

[5] Um einer eigenen Angelegenheit willen möge keiner Gesandter sein.[261]

[6] Diejenigen zehn Männer, welche die Plebs für sich gegen Gewalt um des Schutzes willen gewählt hat, die mögen ihre Tribune[262] sein, und was sie verhindert und was sie der Plebs zur Abstimmung vorgelegt haben, das möge gültig sein; und sie mögen unantastbar[263] sein; und nicht möge man das Volk seiner Tribune beraubt zurücklassen.

(10) [1] Alle Magistrate mögen die Berechtigung haben, die Auspizien einzuholen und Urteile zu sprechen. [2] Und aus ihnen möge der Senat bestehen. [3] Seine Beschlüsse mögen gültig sein. Und wenn eine gleiche oder größere Machtbefugnis sie verhindert hat, mögen sie sie niedergeschrieben aufbewahren. [4] Dieser Stand möge von Verfehlung frei sein; [5] den übrigen [Ständen] möge er Vorbild sein.

[6] Die Schaffung der Magistrate, die Urteile des Volkes, Gebote und Verbote, wenn sie durch Abstimmung entschieden werden, mögen den besten Männern[264] bekannt, ohne Einschränkung für die Plebs sein.

[7] Und wenn es irgendetwas gibt, dessen Versorgung außerhalb der Magistraturen nötig wird, möge das Volk jemanden wählen, dass er es besorge, und möge ihm das Recht geben, es zu besorgen.

[8] Das Recht, mit dem Volk und den Vätern eine Sache zu

tori magistro populi equitumque eique quem patres produnt consulum rogandorum ergo; tribunisque quos sibi plebes creassit ius esto cum patribus agendi; idem ad plebem quod oesus erit ferunto.

[9] Quae cum populo quaeque in patribus agentur, modica sunto.

(11) [1] Senatori qui nec aderit aut causa aut culpa esto; loco {senator} et modo orato; [2] causas populi teneto.

[3] Vis in populo abesto; [4] par maiorve potestas plus valeto. [5] Ast quid turbassitur in agendo, fraus actoris esto. [6] Intercessor rei malae salutaris civis esto. [7] Qui agent auspicia servanto, auguri publico parento.

[8] Promulgata proposita in aerario ⟨condunto, neve in⟩cognita agunto, nec plus quam de singulis rebus semel consulunto; rem populum docento, doceri a magistratibus privatisque patiunto. [9] Privilegia ne inroganto. [10] De capi-

verhandeln,[265] möge dem Konsul, dem Prätor, dem Magister des Volkes und dem der Reiterei zustehen, sowie dem, den die Senatoren bestimmen, um die Konsuln vorzuschlagen; auch den Tribunen, die sich das Volk geschaffen hat, möge das Recht zustehen, eine Sache mit den Vätern zu verhandeln; dieselben mögen vor die Plebs bringen, was nötig sein wird.

[9] Was man mit dem Volk und was man bei den Vätern verhandeln wird, möge maßvoll sein.

(11) [1] Ein Senator, der bei einer Senatssitzung nicht anwesend war, möge entweder einen triftigen Grund haben oder dafür Schuld tragen. Er möge an der richtigen Stelle und mit Maß das Wort ergreifen. [2] Er möge eine Vorstellung von den Anliegen des Volkes haben.

[3] Gewalt möge im Volk keinen Platz haben. [4] Eine gleiche oder größere Machtbefugnis möge mehr gelten. [5] Und wenn es beim Verhandeln einer Sache zu einem Tumult kommt, möge dies als Vergehen des Verhandlungsführers[266] gelten. [6] Der gegen eine schlechte Sache Einspruch Einlegende möge ein um das öffentliche Wohl verdienter[267] Bürger sein. [7] Die eine Sache verhandeln werden, mögen die Auspizien beachten und dem Auguren des Gemeinwesens gehorchen.

[8] Was bekannt gemacht [und] öffentlich ausgestellt worden ist, ⟨möge man⟩ im Aerarium ⟨verwahren⟩, und ⟨nichts, was nicht⟩ zur Kenntnis gebracht worden ist, möge man verhandeln.[268] Und man möge nicht mehr als über eine einzige Angelegenheit und nur einmal beraten. Das Volk möge man über eine Angelegenheit unterrichten, und man möge es zulassen, dass es von Magistraten und Privatleuten unterrichtet wird. [9] Ausnahmeregelungen[269] möge man

te civis, nisi per maximum comitiatum ollosque quos censores in partibus populi locassint, ne ferunto.

[11] Donum ne capiunto neve danto neve petenda neve gerenda neve gesta potestate. [12] Quod quis earum rerum migrassit, noxiae poena par esto.

[13] Censoris fidem legum custodiunto. [14] Privati ad eos acta referunto, nec eo magis lege liberi sunto.

Lex recitata est: discedere et tabellam iubebo dari.

(12) [Q.] Quam brevi, frater, in conspectu posita est a te omnium magistratuum descriptio! Sed ea paene nostrae civitatis, etsi a te paulum adlatum est novi.

[M.] Rectissime, Quinte, animadvertis. Haec est enim quam Scipio laudat in ⟨sex⟩ libris, et quam maxime probat temperationem rei publicae, quae effici non potuisset nisi tali descriptione magistratuum; nam sic habetote, magistratibus eisque qui praesint contineri rem publicam, et ex eorum compositione quod cuiusque rei publicae genus sit intellegi. Quae res cum sapientissime moderatissimeque

nicht beantragen. [10] Über das Leben eines Bürgers möge man nur durch die größten Komitien[270] entscheiden und nur durch jene Leute, welchen die Zensoren in den Abteilungen des Volkes einen Platz zugewiesen haben.

[11] Ein Geschenk mögen sie weder annehmen noch geben, weder bei der Bewerbung noch bei der Ausübung noch nach dem Niederlegen einer Machtbefugnis. [12] Wenn sich jemand einem von diesen Dingen entzogen hat, möge die Strafe gleich dem [entstandenen] Schaden sein.

[13] Die Zensoren mögen die Zuverlässigkeit der Gesetze bewachen.[271] [14] Privatpersonen mögen ihnen ihre Handlungen zur Prüfung vorlegen, aber dadurch nicht weniger dem Gesetz verpflichtet sein.

Das Gesetz ist verlesen. Ich werde nun dazu auffordern, zur Abstimmung auseinanderzutreten und dass das Stimmtäfelchen abgegeben werde.[272]

(12) *(Quintus:)* In wie kurzer Zeit, mein Bruder, ist die Ordnung aller Magistrate von dir vor Augen gestellt worden. Aber beinahe ist es die unserer Bürgerschaft, obwohl ein wenig Neues von dir hinzugefügt wurde.

(Marcus:) Das erkennst du ganz richtig, Quintus. Es handelt sich nämlich um das, was Scipio in den ⟨sechs⟩ Büchern[273] preist und was er am meisten schätzt, nämlich eine Mischung[274] des politischen Gemeinwesens, die nicht hätte erreicht werden können, wenn nicht durch eine solche Ordnung der Magistrate. Denn davon seid überzeugt: Durch die Magistrate und überhaupt diejenigen Personen, welche führen, wird das politische Gemeinwesen zusammengehalten, und aus ihrer Anordnung kann verstanden werden, worin die Art eines jeden politischen Gemeinwesens liegt. Da diese Angelegenheit überaus weise und

constituta esset a maioribus nostris, nihil habui ⟨aut⟩ sane non multum quod putarem novandum in legibus.

(13) [A.] Reddes igitur nobis, ut in religionis lege fecisti admonitu et rogatu meo, sic de magistratibus, ut disputes quibus de causis maxime placeat ista descriptio?

[M.] Faciam, Attice, ut vis: et locum istum totum ut a doctissimis Graeciae quaesitum et disputatum est explicabo, et ut institui nostra iura attingam.

[A.] Istud maxime exspecto disserendi genus.

[M.] Atqui pleraque sunt dicta in illis libris, quod faciendum fuit cum de optima re publica quaereretur; sed huius loci de magistratibus sunt propria quaedam, a Theophrasto primum, deinde a Diogene Stoico quaesita subtilius.

(14) [A.] Ain tandem? Etiam a Stoicis ista tractata sunt?

[M.] Non sane nisi ab eo quem modo nominavi, et postea a magno homine et in primis erudito, Panaetio; nam veteres verbo tenus acute illi quidem, sed non ad hunc usum

sehr maßvoll von unseren Vorfahren eingerichtet worden ist, hatte ich nichts ⟨oder⟩ zumindest nicht viel, was meiner Meinung nach in den Gesetzen hätte novelliert werden müssen.

(13) *(Atticus:)* Du wirst uns also, wie du es bei dem Gesetz hinsichtlich der Religion auf meine Aufforderung und mein Bitten getan hast, so auch über die Magistrate berichten, und zwar in der Weise, dass du darlegst, aus welchen Gründen diese Ordnung am meisten deinen Zuspruch erhält?

(Marcus:) Ich werde das tun, mein Atticus, wie du es willst: Und ich werde diesen ganzen Gegenstand so erklären, wie er von den größten Gelehrten Griechenlands untersucht und erörtert wurde, und ich werde, wie ich es von Beginn an getan habe, auf unser eigenes Rechtssystem eingehen.

(Atticus:) Genau auf diese Art der Erörterung warte ich sehnlichst.

(Marcus:) Allerdings ist das meiste schon in den erwähnten Büchern[275] gesagt worden. Das musste auch getan werden, weil nach dem besten politischen Gemeinwesen gefragt wurde; aber zu diesem Thema ›Über Magistrate‹ gehören gewisse Besonderheiten, die zuerst von Theophrast[276], dann von dem Stoiker Diogenes ziemlich gründlich untersucht worden sind.

(14) *(Atticus:)* Wirklich? Auch von den Stoikern ist das behandelt worden?

(Marcus:) Allein von dem, den ich eben genannt habe, und später von einem bedeutenden und besonders gebildeten Menschen, nämlich Panaitios. Denn die euch bekannten Alten erörterten zwar begrifflich das politische Gemeinwesen scharfsinnig, nicht aber zu diesem für das Volk verständ-

popularem atque civilem, de re publica disserebant. Ab hac familia magis ista manarunt, Platone principe; post Aristoteles illustravit omnem hunc civilem in disputando locum, Heraclidesque Ponticus profectus ab eodem Platone. Theophrastus vero institutus ab Aristotele habitavit, ut scitis, in eo genere rerum, ab eodemque Aristotele doctus Dicaearchus huic rationi studioque non defuit. Post a Theophrasto Phalereus ille Demetrius, de quo feci supra mentionem, mirabiliter doctrinam ex umbraculis eruditorum otioque non modo in solem atque in pulverem, sed in ipsum discrimen aciemque produxit. Nam et mediocriter doctos magnos in re publica viros, et doctissimos homines non nimis in re publica versatos multos commemorare possumus; qui vero utraque re excelleret, ut et doctrinae studiis et regenda civitate princeps esset, quis facile praeter hunc inveniri potest?

[A.] Puto posse, et quidem aliquem de tribus nobis. Sed perge ut coeperas.

(15) [M.] Quaesitum igitur ab illis est, placeretne unum in civitate esse magistratum cui reliqui parerent. Quod exactis regibus intellego placuisse nostris maioribus; sed quoniam

lichen, die Bürgerschaft betreffenden Gebrauch. Dies strömte eher von dieser Schule aus, in der Platon die Leitung innehatte.[277] Später erhellte Aristoteles in seiner Erörterung diesen ganzen die Bürgerschaft betreffenden Bereich, und Herakleides Pontikos ist ebenfalls von Platon ausgegangen. Theophrast aber war, da er von Aristoteles unterwiesen war, wie ihr wisst, in diesem Bereich zu Hause, und auch der ebenfalls von Aristoteles ausgebildete Dikaiarchos vernachlässigte diese Theorie und Lehre nicht. Später trug jener Demetrios von Phaleron,[278] den ich oben erwähnte, von Theophrast die Lehre von den schattigen Orten der Gelehrten und ihrer Freizeit auf wunderbare Weise nicht nur in die Sonne und in den Sand, sondern mitten hinein in die vorderste Schlachtreihe. Denn sowohl mittelmäßig gelehrte große Männer, die im politischen Gemeinwesen bedeutend waren, als auch hochgelehrte Menschen, die sich nicht allzu sehr im politischen Gemeinwesen engagierten, können wir in großer Zahl erwähnen; wer aber könnte – abgesehen von dem zuletzt Genannten – ohne Probleme gefunden werden, der in beiden Bereichen herausragte, so dass er sowohl in der Beschäftigung mit der Theorie als auch in der Leitung einer Bürgerschaft der Erste wäre?

(Atticus:) Ich glaube, ich könnte das, und gewiss meine ich einen von uns dreien.[279] Aber mach weiter, wie du begonnen hast!

(15) *(Marcus:)* Es wurde von den oben Genannten gefragt, ob es auf Zustimmung treffe, dass es einen Magistraten in der Bürgerschaft geben solle, dem die übrigen gehorchten. Trotz der Vertreibung der Könige[280] stieß dies bei unseren Vorfahren, wie mir bewusst ist, auf Zustimmung; doch da die monarchische Form der Bürgerschaft,

regale civitatis genus, probatum quondam, postea non tam regni quam regis vitiis repudiatum est, nomen tantum videbitur regis repudiatum, res manebit, si unus omnibus reliquis magistratibus imperabit.

(16) Quare nec ephori Lacedaemone sine causa a Theopompo oppositi regibus, nec apud nos consulibus tribuni; nam illud quidem ipsum quod in iure positum est habet consul, ut ei reliqui magistratus omnes pareant, excepto tribuno, qui post exstitit ne id quod fuerat esset; hoc enim primum minuit consulare ius, quod exstitit ipse qui eo non teneretur; deinde quod attulit auxilium reliquis non modo magistratibus sed etiam privatis consuli non parentibus.

(17) [Q.] Magnum dicis malum; nam ista potestate nata gravitas optimatium cecidit convaluitque vis multitudinis.

[M.] Non est, Quinte, ita. Non ius enim illud solum superbius populo et violentius videri necesse erat? Quo posteaquam modica et sapiens temperatio accessit ⟨***⟩

(18) [M.] ⟨***⟩ autem lex in omnis est. [9.4fin.] ›Domum cum laude redeunto‹: nihil enim praeter laudem bonis atque innocentibus neque ex hostibus neque a sociis reportandum.

[9.5] Iam illud apertum est profecto, nihil esse turpius

die einst gutgeheißen wurde, später aber nicht so sehr wegen der Königsherrschaft, sondern wegen der Vergehen eines Königs abgelehnt worden ist, wurde nur, so wird es scheinen, die Bezeichnung »König« abgelehnt; die Sache wird bleiben, wenn einer allen übrigen Magistraten Befehle erteilen wird.

(16) Und daher wurden die Ephoren in Sparta von Theopomp nicht ohne Grund den Königen entgegengestellt,[281] und bei uns den Konsuln die Tribune; denn exakt jene [Vollmacht][282], die im Recht liegt, hat der Konsul, nämlich dass ihm alle übrigen Magistrate gehorchen – mit Ausnahme des Tribuns, der später in Erscheinung trat, damit nicht erneut das eintrete, was gewesen war; denn erstens schmälerte es das Recht des Konsuls, dass eben einer in Erscheinung trat, der nicht durch ihn beaufsichtigt wurde; und zweitens, dass er allen anderen – Magistraten wie Privatleuten – Hilfe leistete, wenn sie dem Konsul nicht gehorchten.

(17) *(Quintus:)* Ein großes Übel sprichst du an; denn nachdem diese Machtbefugnis entstanden war, sank die Autorität der besten Männer und es vergrößerte sich die Macht der Menge.

(Marcus:) So ist es nicht, Quintus. Denn musste jenes Recht allein dem Volk nicht zu hochmütig und zu gewalttätig erscheinen? Nachdem ihm eine maßvolle und weise Mischung[283] zur Seite getreten war ⟨***⟩[284]

(18) *(Marcus:)* ⟨***⟩ das Gesetz aber ist für alle [eingerichtet worden]. [9.4fin.] »Nach Hause mögen sie mit Ruhm zurückkehren.« Außer Ruhm nämlich dürfen gute und uneigennützige Menschen weder etwas von den Feinden noch von den Bundesgenossen zurückbringen.

[9.5] Außerdem ist jenes tatsächlich offensichtlich, dass es

quam {est} quemquam legari nisi rei publicae causa. Omitto quemadmodum isti se gerant atque gesserint, qui legatione hereditates aut syngraphas suas persequuntur; in hominibus est hoc fortasse vitium. Sed quaero quid reapse sit turpius quam sine procuratione {senator} legatus, sine mandatis, sine ullo rei publicae munere? Quod quidem genus legationis ego consul, quamquam ad commodum senatus pertinere videbatur, tamen approbante senatu frequentissimo, nisi mihi levis tribunus plebis tum intercessisset, sustulissem; minui tamen tempus, et quod erat infinitum annuum feci; ita turpitudo manet diuturnitate sublata.

Sed iam, si placet, de provinciis decedatur, in urbemque redeatur.

[A.] Nobis vero placet; sed eis qui in provinciis sunt minime placet.

(19) [M.] At vero, Tite, si parebunt his legibus, nihil erit eis urbe, nihil domo sua dulcius, nec laboriosius molestiusque provincia.

[9.6] Sed sequitur lex quae sancit eam tribunorum plebis potestatem quae est in re publica nostra; de qua disseri nihil necesse est.

[Q.] At mehercule ego, frater, quaero de ista potestate

nichts moralisch Falscheres gibt, als dass jemand auf Gesandtschaft[285] geschickt wird, wenn nicht um des politischen Gemeinwesens willen. Ich will nicht davon reden, wie sich jene verhalten und verhalten haben, die im Rahmen einer Gesandtschaft sich um ihre eigenen Erbschaften oder Geschäftsverträge kümmern; vielleicht liegt dieser Fehler im Menschen. Aber ich frage, was tatsächlich moralisch verwerflicher ist als ein Gesandter ohne Besorgung, ohne Aufträge, ohne irgendeine Aufgabe für das politische Gemeinwesen? Diese Art von Gesandtschaft hätte ich als Konsul gewiss abgeschafft – obwohl sie dem Vorteil des Senats zu dienen schien, dennoch mit Billigung der überwiegenden Mehrheit des Senats –, wenn damals nicht ein haltloser Volkstribun seinen Einspruch gegen mich eingelegt hätte.[286] Ich habe dennoch die Zeit verkürzt, und was vorher unbegrenzt erfolgte, habe ich auf ein Jahr beschränkt;[287] so bleibt also die Schande bestehen, auch wenn immerhin die lange Zeitdauer abgeschafft ist.

Doch möge man nun, wenn es recht ist, die Provinzen verlassen und in die Stadt zurückgehen.

(Atticus:) Uns gewiss ist es recht; aber denen, die in den Provinzen sind, gefällt dies keinesfalls.

(19) *(Marcus:)* Aber wenn sie, Titus, diesen Gesetzen gehorchen werden, wird für sie nichts angenehmer sein als die Stadt [Rom], nichts angenehmer als ihr eigener Haushalt – und nichts beschwerlicher und lästiger als eine Provinz.

[9.6] Doch es folgt nun das Gesetz, das die Machtbefugnis der Volkstribune für unantastbar erklärt, die in unserem politischen Gemeinwesen besteht; dass darüber diskutiert wird, ist keinesfalls nötig.

(Quintus:) Doch, beim Herkules! Ich frage dich, mein

quid sentias; nam mihi quidem pestifera videtur, quippe quae in seditione et ad seditionem nata sit. Cuius primum ortum si recordari volumus, inter arma civium et occupatis et obsessis urbis locis procreatum videmus; deinde cum esset cito necatus, tamquam ex XII Tabulis insignis ad deformitatem puer, brevi tempore nescioquo pacto recreatus multoque taetrior et foedior natus est. Quid enim ille non edidit? Qui primum, ut impio dignum fuit, patribus omnem honorem eripuit, omnia infima summis paria fecit, turbavit, miscuit; cum adflixisset principum gravitatem, numquam tamen conquievit.

(20) Namque ut C. Flaminium atque ea quae iam prisca videntur propter vetustatem relinquam, quid iuris bonis viris Tiberi Gracchi tribunatus reliquit? Etsi quinquennio ante, Decimum Brutum et Publium Scipionem consules (quos et quantos viros!) homo omnium infimus et sordidissimus tribunus plebis C. Curiatius in vincla coniecit, quod ante factum non erat. Gai vero Gracchi tribunatus, eis sicis quas ipse se proiecisse in forum dixit quibus digladiarentur inter se cives, nonne omnem rei publicae statum

Bruder, was du über diese Machtbefugnis denkst; denn mir gewiss scheint sie pestbringend zu sein, da sie in einem Aufstand und für einen Aufstand zur Welt gekommen ist. Wenn wir uns an seinen ersten Ursprung erinnern wollen, sehen wir, dass [der Volkstribunat] unter Waffengewalt der Bürger und durch die Belagerung und Besetzung von Orten der Stadt [Rom] hervorgebracht wurde. Nachdem er dann schnell getötet worden war, gewissermaßen wie nach den Zwölf Tafeln ein Knabe von auffallender Missgestalt,[288] ist er in kurzer Zeit auf irgendeine Weise wiedererschaffen worden und bei Weitem hässlicher und abscheulicher zur Welt gekommen. Was hat jener denn nicht hervorgebracht? Zuerst entriss er, wie es jemandem ohne Pflichtgefühl würdig war, den Vätern ein jedes Ehrenamt,[289] stellte alles Niedrige dem Obersten gleich, verursachte Verwirrung und Unordnung; nachdem er das Gewicht der führenden Männer verletzt hatte, kam er dennoch niemals zur Ruhe.[290]

(20) Denn um Flaminius und das, was schon alt erscheint, wegen des langen Zeitabstands zu übergehen: Was ließ der Tribunat des Tiberius Gracchus den guten Männern an Recht übrig? Gleichwohl hatte fünf Jahre zuvor der von allen Menschen unterste und schmutzigste Volkstribun Gaius Curiatius den Decimus Brutus und Publius Scipio (was für Männer und wie bedeutend!) in Ketten gelegt – etwas, das vorher noch nicht geschehen war. Aber hat nicht der Tribunat des Gaius Gracchus mit den Dolchen, die er nach seinen eigenen Worten auf das Forum geworfen hatte, damit sich die Bürger mit ihnen untereinander auf den Tod bekämpften, den gesamten Zustand des politischen Gemeinwesens von Grund aus verwandelt? Was soll

permutavit? Quid iam de Saturnino, Sulpicio, reliquis dicam? quos ne depellere quidem a se sine ferro potuit res publica.

(21) Cur autem aut vetera aut aliena proferam potius quam et nostra et recentia? Quis umquam tam audax, tam nobis inimicus fuisset ut cogitaret umquam de statu nostro labefactando, nisi mucronem aliquem tribunicium exacuisset in nos? Quem cum homines scelerati ac perditi non modo ulla in domo sed nulla in gente reperirent, gentes sibi in tenebris rei publicae perturbandas putaverunt; quod nobis quidem egregium et ad immortalitatem memoriae gloriosum, neminem in nos mercede ulla tribunum potuisse reperiri, nisi cui ne esse quidem licuisset tribuno.

(22) Sed ille quas strages edidit! Eas videlicet quas sine ratione ac sine ulla spe bona furor edere potuit impurae beluae, multorum inflammatus furoribus. Quamobrem in ista quidem re vehementer Sullam probo, qui tribunis plebis sua lege iniuriae faciendae potestatem ademerit, auxili ferendi reliquerit; Pompeiumque nostrum ceteris rebus omnibus semper amplissimis summisque effero laudibus, de tribunicia potestate taceo; nec enim reprehendere libet, nec laudare possum.

ich gar über Saturninus, Sulpicius und die Übrigen sagen?[291] Diese konnte das politische Gemeinwesen ohne das Schwert nicht einmal von sich abwehren.

(21) Warum aber soll ich eher weit zurückliegende Dinge vorbringen, die uns nichts angehen, als das, was uns betrifft und jüngeren Datums ist? Wer wäre jemals so verwegen und uns so feindlich gewesen, dass er jemals daran gedacht hätte, unsere Stellung zum Einsturz zu bringen, wenn er nicht irgendeinen tribunizischen Dolch gegen uns hätte anschärfen können?[292] Da die verbrecherischen und verdorbenen Menschen so jemanden nicht nur in keinem einzigen Haushalt, sondern auch in keinem Clan finden konnten, glaubten sie, die Clans im Dunkeln des politischen Gemeinwesens in Unordnung bringen zu müssen; für uns ist das freilich herausragend und für ein unsterbliches Gedenken an uns ruhmvoll, dass sich keiner von den Tribunen für irgendeinen Lohn gegen uns finden ließ außer dem, der nicht einmal Tribun hätte sein dürfen.[293]

(22) Doch was für eine Verwüstung hat jener angerichtet! Eine solche offenkundig, die nur die Raserei eines wüsten Untiers hätte anrichten können, ohne Verstand und ohne jede gute Zielrichtung, entflammt durch das Toben vieler anderer. Daher heiße ich freilich in dieser Angelegenheit in aller Entschiedenheit Sulla für gut, der die Machtbefugnis der Volkstribune, Unrecht zu begehen, durch ein eigenes Gesetz aufgehoben, ihnen aber weiterhin gestattet hat, Hilfe zu leisten; und unseren Pompeius hebe ich in allen übrigen Dingen mit größtem und höchstem Lob in den Himmel, bezüglich der tribunizischen Machtbefugnis aber schweige ich; denn ich möchte ihn nicht tadeln, doch loben kann ich ihn in diesem Punkt nicht.[294]

(23) [M.] Vitia quidem tribunatus praeclare, Quinte, perspicis; sed est iniqua in omni re accusanda praetermissis bonis malorum enumeratio vitiorumque selectio; nam isto quidem modo vel consulatus vituperari potest, si consulum (quos enumerare nolo) peccata collegeris. Ego enim fateor in ista ipsa potestate inesse quiddam mali, sed bonum quod est quaesitum in ea sine isto malo non haberemus.

Nimia potestas est tribunorum plebis: quis negat? Sed vis populi multo saevior multoque vehementior; quae ducem quod habet interdum lenior est quam si nullum haberet. Dux enim suo se periculo progredi cogitat, populi impetus periculi rationem sui non habet.

›At aliquando incenditur.‹ (24) Et quidem saepe sedatur. Quod enim est tam desperatum collegium in quo nemo e decem sana mente sit? Quin ipsum Ti. Gracchum non solum neglectus sed etiam sublatus intercessor evertit; quid enim illum aliud perculit, nisi quod potestatem intercedenti collegae abrogavit? Sed tu sapientiam maiorum in illo vide: concessa plebi a patribus ista potestate, arma ceciderunt, restincta seditio est, inventum est temperamentum quo tenuiores cum principibus aequari se putarent, in

(23) *(Marcus:)* Die Fehler des Tribunats siehst du gewiss sehr deutlich, mein Quintus; doch ist in jeder Sache, die man anklagt, die Aufzählung der Übel und die Auswahl der Fehler ungerecht, wenn man die positiven Dinge außer Acht lässt; denn auf diese Weise kann gewiss sogar der Konsulat kritisiert werden, wenn du die Vergehen der Konsuln (die ich nicht aufzählen möchte) sammelst. Ich nämlich gebe offen zu, dass in eben dieser Machtbefugnis etwas Schlechtes enthalten ist, doch hätten wir das Positive, das man in ihr suchte, nicht ohne jenes Schlechte.

Zu groß ist die Machtbefugnis der Tribune: Wer leugnete das? Doch die Gewalt des Volkes ist bei Weitem schlimmer und bei Weitem heftiger; sie ist dadurch, dass sie einen Anführer hat, bisweilen friedlicher, als wenn sie keinen hätte. Der Anführer nämlich denkt daran, dass er auf seine eigene Gefahr vorrückt, das Volk dagegen hat in seinem Ansturm kein Verständnis für seine eigene Gefährdung.

»Doch bisweilen wird es von dem Anführer in Aufruhr gebracht.«[295] (24) Und gewiss wird es oft wieder beruhigt. Welches Kollegium ist nämlich so hoffnungslos, dass in ihm niemand von den Zehn gesunden Verstands wäre? Ja, sogar den Tiberius Gracchus brachte zu Fall, dass er den Einspruch Einlegenden nicht nur überging, sondern sogar aus dem Amt entfernte;[296] was zerstörte ihn denn anderes, als dass er die Machtbefugnis dem Amtsgenossen entzog, als der Einspruch gegen ihn einlegte? Sieh doch bitte die Weisheit der Vorfahren hierbei: Nachdem diese Machtbefugnis dem einfachen Volk von den Senatoren gegeben worden war, wurden die Waffen niedergelegt, der Aufstand wurde beendet und ein gemischter Zustand wurde gefunden, in dem die Schwächeren glauben konn-

quo uno fuit civitatis salus. ›At duo Gracchi fuerunt.‹ Et praeter eos quamvis enumeres multos licet. Cum deni creentur, nonnullos in omni memoria reperies perniciosos tribunos; leves etiam, non bonos, fortasse plures. Invidia quidem summus ordo caret, plebes de suo iure periculosas contentiones nullas facit.

(25) Quamobrem aut exigendi reges non fuerunt, aut plebi re, non verbo, danda libertas; quae tamen sic data est ut multis praeclaris ⟨institutis⟩ adduceretur ut auctoritati principum cederet.

Nostra autem causa, quae, optime et dulcissime frater, incidit in tribuniciam potestatem, nihil habuit contentionis cum tribunatu; non enim plebes incitata nostris rebus invidit, sed vincula soluta sunt et servitia incitata, adiuncto terrore etiam militari. Neque ⟨solum⟩ nobis cum illa tum peste certamen fuit, sed cum gravissimo rei publicae tempore, cui nisi cessissem, non diuturnum beneficii mei patria fructum tulisset. Atque haec rerum exitus indicavit. Quis enim non modo liber, sed etiam servus libertate dignus fuit, cui nostra salus cara non esset?

ten, mit den führenden Männern an gleicher Stelle zu stehen; darin allein lag das Wohlergehen der Bürgerschaft. »Doch es gab die zwei Gracchen.« Ja, und außer ihnen mag man beliebig viele andere aufzählen. Da regelmäßig zehn [Volkstribune] gewählt werden, dürftest du in der gesamten Geschichte einige schädliche Tribune finden; auch haltlose, nicht gute, vielleicht sogar der größere Teil. Doch von Missgunst ist der oberste Stand frei, und die Plebs macht für ihr eigenes Recht keine gefährlichen Anstrengungen mehr.

(25) Daher hätte man entweder die Könige nicht verjagen dürfen oder dem Volk tatsächlich, und nicht nur dem Wort nach, die Freiheit geben müssen; diese ist ihm dann doch so gegeben worden, dass es durch viele vortreffliche ⟨Einrichtungen⟩ dazu veranlasst wurde, der Autorität der führenden Männer zu gehorchen.

Unser eigener Fall aber, der, mein bester und liebster Bruder, mit der Machtbefugnis eines Tribuns aneinandergeriet,[297] enthielt in keiner Weise eine Auseinandersetzung mit dem Tribunat. Denn nicht die aufgehetzte Plebs ist unseren Angelegenheiten feindlich, vielmehr wurden Fesseln gelöst und die Sklavenschaft aufgehetzt; hinzu kam noch der Schrecken vor der Armee.[298] Und nicht ⟨nur⟩ hatte ich einen Streit mit dieser Pest, sondern mit einer extrem schweren Situation für das politische Gemeinwesen; wäre ich vor dieser nicht gewichen, hätte das Vaterland nicht diese langandauernde Frucht meiner Wohltat erhalten. Und der Ausgang der Geschichte hat das bestätigt. Denn welchen nicht nur freien Menschen, sondern auch Sklaven, welcher der Freiheit würdig war, gab es, dem mein eigenes Wohlergehen nicht teuer gewesen wäre?

(26) Quodsi is casus fuisset rerum quas pro salute rei publicae gessimus ut non omnibus gratus esset, et si nos multitudinis furentis inflammata invidia pepulisset, tribuniciaque vis in me populum, sicut Gracchus in Laenatem, Saturninus in Metellum incitasset, ferremus, o Quinte frater; consolarenturque nos non tam philosophi qui Athenis fuerunt, qui hoc facere debebant, quam clarissimi viri qui illa urbe pulsi carere ingrata civitate quam manere in improba maluerunt.

Pompeium vero quod una ista in re non ita valde probas, vix satis mihi illud videris attendere: non solum ei quid esset optimum videndum fuisse, sed etiam quid necessarium. Sensit enim deberi non posse huic civitati illam potestatem. Quippe, quam tantopere populus noster ignotam expetisset, qui posset carere cognita? Sapientis autem civis fuit causam nec perniciosam et ita popularem ut non posset obsisti, perniciose populari civi non relinquere.

Scis solere, frater, in huiusmodi sermone, ut transiri alio possit, dici ›Admodum‹, aut ›Prorsus ita est‹.

[Q.] Haud equidem assentior; tu tamen ad reliqua pergas velim.

(26) Wenn nun aber die Dinge, die wir für das Wohlergehen des politischen Gemeinwesens vollbracht haben, so eingetreten wären, dass sie nicht allen willkommen wären, und wenn uns die entflammte Missgunst einer wütenden Menge vertrieben sowie die tribunizische Gewalt das Volk gegen mich aufgestachelt hätte, wie dies [Gaius] Gracchus gegen [Publius] Laenas, Saturninus gegen Metellus getan hatte,[299] würden wir dies ertragen, mein Bruder Quintus; und es würden uns nicht so sehr die Philosophen trösten, die in Athen waren und dies hätten tun müssen, wie die hochberühmten Männer, die aus jener Stadt vertrieben wurden und lieber auf eine undankbare Bürgerschaft verzichten wollten, als in einer schlechten zu bleiben.[300]

Was den Umstand angeht, dass du Pompeius in dieser einen Sache nicht so sehr billigst, scheinst du mir folgenden Punkt wenig ausreichend zu beachten: nämlich, dass für ihn nicht nur darauf zu achten war, was am besten, sondern auch, was notwendig war. Er spürte nämlich, dass man dieser Bürgerschaft hier jene Machtbefugnis nicht schuldig bleiben könne. Ja, wie könnte unser Volk auf sie, nachdem sie ihm bekannt war, verzichten, da es diese so sehr eingefordert hatte, als es sie noch nicht kannte? Es war aber Aufgabe eines vorausschauenden Bürgers, eine Sache, die nicht schädlich war und so beliebt im Volk, dass man ihr nicht hätte Widerstand leisten können, nicht einem schädlichen popularen Mitbürger zu überlassen.[301]

Du weißt, dass es üblich ist, mein Bruder, dass man in einem Gespräch dieser Art sagt, damit man zum nächsten Punkt gehen kann: »In Ordnung« oder »Ja, so ist es«.

(Quintus:) Nein, ich stimme nicht zu; bitte gehe dennoch zum Übrigen weiter.

[M.] Perseveras tu quidem et in tua vetere sententia permanes?

[A.] Nec mehercule ego sane a Quinto nostro dissentio; sed ea quae restant audiamus.

(27) [M.] [10.1] Deinceps igitur omnibus magistratibus auspicia et iudicia dantur: iudicia ut ⟨ea⟩ esset populi potestas ad quam provocaretur, auspicia ut multos inutiles comitiatus probabiles impedirent morae; saepe enim populi impetum iniustum auspiciis di immortales represserunt.

[10.2] Ex eis autem qui magistratum ceperunt quod senatus efficitur, populare ⟨est⟩ sane neminem in summum locum nisi per populum venire, sublata cooptatione censoria; [10.3] sed praesto est huius viti temperatio, quod senatus lege nostra confirmatur auctoritas; (28) sequitur enim ›eius decreta rata sunto‹. Nam ita se res habet ut si senatus dominus sit publici consili, quodque is creverit defendant omnes, et si ordines reliqui principis ordinis consilio rem publicam gubernari velint, possit ex temperatione iuris, cum potestas in populo, auctoritas in senatu sit, teneri ille moderatus et concors civitatis status, praesertim si proximae legi

(Marcus:) Bleibst du also dabei und hältst an deinem alten Urteil fest?

(Atticus:) Auch ich, beim Herkules, bin nicht anderer Meinung als Quintus; doch lass uns hören, was noch übrig ist.

(27) *(Marcus:)* [10.1] Im Weiteren wird also allen Magistraten die Berechtigung erteilt, die Auspizien[302] einzuholen und Urteile zu sprechen: Urteile, damit die Machtbefugnis des Volkes ⟨von der Art⟩[303] wäre, bei der Berufung eingelegt werden kann; die Auspizien, damit akzeptabler Aufschub die vielen unnützen Volksversammlungen einschränkt; oft nämlich haben die unsterblichen Götter ein ungerechtfertigtes Drängen des Volkes durch die Auspizien niedergedrückt.[304]

[10.2] Was aber das betrifft, dass aus denen, die eine Magistratur übernommen haben, der Senat gebildet wird, ⟨ist es⟩ allerdings eine populare Maßnahme, dass in den obersten Stand niemand gelangt, es sei denn durch das Volk, wenn die Kooptation durch die Zensoren entfällt. [10.3] Doch eine Milderung dieses Fehlers ist zur Hand, weil die Autorität des Senats durch mein Gesetz gefestigt wird; (28) es folgt nämlich: »Seine Beschlüsse mögen gültig sein«. Denn die Sache verhält sich so, dass, wenn der Senat Herr über die Anweisung im Gemeinwesen ist und alle das verteidigen, was er entschieden hat, und wenn die übrigen Stände das politische Gemeinwesen nach der Anweisung des ersten Standes gesteuert sehen wollen, aus dieser Mischung des Rechts, da die Machtbefugnis beim Volk, die Autorität beim Senat liegt, jener ausgeglichene und harmonische Zustand der Bürgerschaft behauptet werden kann,[305] besonders wenn man dem folgenden Gesetz gehorchen wird;

parebitur; [104] nam proximum est ›Is ordo vitio careto, ceteris specimen esto‹.

[Q.] Praeclara vero, frater, ista lex; sed et late patet ut vitio careat ordo, et censorem quaerit interpretem.

(29) [A.] Ille vero, etsi tuus est totus ordo gratissimamque memoriam retinet consulatus tui, pace tua dixerim, non modo censores sed etiam iudices omnes potest defatigare.

[M.] Omitte ista, Attice: non enim de hoc senatu nec his de hominibus qui nunc sunt, sed de futuris, si qui forte his legibus parere voluerint, haec habetur oratio. Nam cum omni vitio carere lex iubeat, ne veniet quidem in eum ordinem quisquam viti particeps; id autem difficile factu est nisi educatione quadam et disciplina, de qua dicemus aliquid fortasse, si quid fuerit loci aut temporis.

(30) [A.] Locus certe non deerit, quoniam tenes ordinem legum; tempus vero largitur longitudo diei. Ego autem etiam si praeterieris, repetam a te istum de educatione et de disciplina locum.

[M.] Tu vero et istum, Attice, et si quem alium praeter-

[10.4] denn das folgende lautet: »Dieser Stand möge von Verfehlung frei sein; den übrigen [Ständen] möge er Vorbild sein.«

(Quintus:) Hervorragend, mein Bruder, ist dieses Gesetz; doch es bleibt weit offen, wie dieser Stand frei von Verfehlung sein soll, und es braucht einen Zensor zur Auslegung.

(29) *(Atticus:)* Jener Stand aber, auch wenn er in seiner Gesamtheit dir gewogen ist und eine sehr dankbare Erinnerung an dein Konsulat bewahrt – das darf ich wohl sagen, ohne dass du mir böse bist –, vermag nicht nur Zensoren, sondern alle Richter bis zur Erschöpfung zu beschäftigen.

(Marcus:) Ach, lass das beiseite, Atticus: Denn diese Rede wird nicht über den jetzigen Senat und über die Menschen gehalten, die es jetzt gibt, sondern über die zukünftigen, jedenfalls wenn sie diesen Gesetzen werden gehorchen wollen. Denn wenn das Gesetz verordnet, von aller Verfehlung frei zu sein, wird gewiss niemand, der eines Fehlers teilhaftig ist, in diesen Stand gelangen; das aber ist schwierig umzusetzen, außer durch eine gewisse Erziehung und Unterrichtung, über die wir vielleicht etwas sagen werden, wenn es dafür einen geeigneten Ort und eine rechte Zeit geben sollte.

(30) *(Atticus:)* Der geeignete Ort wird sicherlich nicht fehlen, da die Reihenfolge der Gesetze in deinen Händen liegt; die rechte Zeit aber schenkt die Länge des Tages[306]. Ich zumindest werde, wenn du dies überspringen solltest, von dir diesen Abschnitt da über die ›Erziehung‹ und über den ›Unterricht‹ einfordern.[307]

(Marcus:) Jawohl, fordere du ihn ein, Atticus, und auch wenn ich irgendeinen anderen Abschnitt übergehen

iero. ⟨* * *⟩ [10.5] ›Ceteris specimen esto‹: quod si tenemus, omnia ⟨tenemus⟩. Ut enim cupiditatibus principum et vitiis infici solet tota civitas, sic emendari et corrigi continentia. Vir magnus et nobis omnibus amicus L. Lucullus ferebatur quasi commodissime respondisset, cum esset obiecta magnificentia villae Tusculanae, duo se habere vicinos, superiorem equitem Romanum, inferiorem libertinum; quorum cum essent magnificae villae, concedi sibi oportere quod eis qui inferioris ordinis essent liceret. Non vides, Luculle, a te id ipsum natum, ut illi cuperent quibus id, si tu non faceres, non liceret?

(31) Quis enim ferret istos cum videret eorum villas signis et tabulis refertas, partim publicis, partim etiam sacris et religiosis? Quis non frangeret eorum libidines, nisi illi ipsi qui eas frangere deberent cupiditatibus eisdem tenerentur? Nec enim tantum mali est peccare principes, quamquam est magnum hoc per se ipsum malum, quantum illud quod permulti imitatores principum exsistunt. Nam licet videre, si velis replicare memoriam temporum: qualescumque summi civitatis viri fuerint, talem civitatem

werde! ⟨* * *⟩ [10.5] »Den Übrigen möge er Vorbild sein«: Wenn wir das erreichen, [erreichen wir] alles. Wie nämlich durch die Gier der führenden Männer und ihre Fehler gewöhnlich die gesamte Bürgerschaft angesteckt wird, so wird sie durch die Selbstbeherrschung gewöhnlich verbessert und korrigiert. Ein großer und uns allen sehr vertrauter Mann, Lucius Lucullus, habe, nachdem man ihm die prachtvolle Gestaltung seiner Villa in Tusculum[308] vorgeworfen hatte, wie man berichtet, sehr treffend geantwortet: Er habe zwei Nachbarn, oberhalb einen römischen Ritter, unterhalb einen Freigelassenen; da deren Villen prachtvoll waren, müsse ihm dies auch zugestanden werden, weil es denen, die von geringerem Stand seien, erlaubt sei. Siehst du nicht, Lucullus, dass dies genau von dir in die Welt gesetzt worden ist, nämlich dass jene das begehrten, was ihnen, hättest du dies nicht getan, nicht erlaubt wäre?

(31) Wer würde jene da ertragen, wenn er sähe, dass deren Villen mit Statuen und Bildern vollgestopft sind, teilweise mit solchen, die dem Gemeinwesen gehören, teilweise sogar mit solchen, die sakral und auch von religiöser Bedeutung sind? Wer würde die Begierden dieser Menschen nicht brechen, wenn nicht eben jene Leute, die sie brechen sollten, von denselben Begierden beherrscht würden? Es ist nämlich kein so großes Übel, dass die führenden Männer Laster haben, obwohl dies schon durch sich selbst ein großes Übel ist, wie jener Umstand, dass sehr viele Menschen als Nachahmer der führenden Männer auftreten. Denn man kann sehen, wenn du die Vergangenheit wieder aufrollen möchtest, dass immer so, wie die obersten Männer der Bürgerschaft waren, auch die Bürgerschaft ge-

fuisse; quaecumque mutatio morum in principibus exstiterit, eandem in populo secuturam.

(32) Idque haud paulo est verius quam quod Platoni nostro placet, qui musicorum cantibus ait mutatis mutari civitatum status; ego autem nobilium vita victuque mutato mores mutari civitatum puto; quo perniciosius de re publica merentur vitiosi principes, quod non solum vitia concipiunt ipsi sed ea infundunt in civitatem; neque solum obsunt quod ipsi corrumpuntur, sed etiam quod corrumpunt plusque exemplo quam peccato nocent. Atque haec lex, dilatata in ordinem cunctum, coangustari etiam potest. Pauci enim atque admodum pauci, honore et gloria amplificati, vel corrumpere mores civitatis vel corrigere possunt. Sed haec et nunc satis, et in illis libris tractata sunt diligentius; quare ad reliqua veniamus.

(33) [10.6] Proximum autem est de suffragiis, quae iubeo nota esse optimatibus, populo libera.

[A.] Ita mehercule attendi, nec satis intellexi quid sibi lex aut quid verba ista vellent.

[M.] Dicam, Tite, et versabor in re difficili ac multum et

wesen ist; und dass, was für ein Sittenwandel auch immer bei den Führenden auftrat, derselbe beim Volk kurz darauf folgte.

(32) Und das ist nicht nur ein bisschen wahrer als das, was unserem Platon gefällt, der sagte, dass der Zustand der Bürgerschaften sich verändere, nachdem die Musiker ihre Melodien verändert hätten;[309] ich aber glaube, dass, wenn die Lebensart und -weise der vornehmen Männer sich verändert hat, sich auch die Sitten der Bürgerschaften verändern; umso schädlichere Verdienste erwerben sich fehlerhafte Anführer im politischen Gemeinwesen, weil sie nicht nur selbst Fehler annehmen, sondern diese auch der Bürgerschaft einflößen; und nicht nur bringen sie Schaden, weil sie selbst verdorben sind, sondern auch weil sie andere verderben und mehr durch ihr Vorbild als durch ihr Vergehen schaden. Und dieses Gesetz, das auf den gesamten Stand ausgedehnt wurde, kann auch enger formuliert werden. Wenige nämlich – sogar sehr wenige –, die durch ihr Ehrenamt und ihren Ruhm bedeutend geworden sind, können entweder die Bürgerschaft verderben oder sie zum Besseren führen. Doch das reicht auch für jetzt, und überhaupt ist das in jenen Büchern[310] sorgfältiger behandelt worden; daher wollen wir zum Übrigen kommen.

(33) [10.6] Als nächstes geht es um die Abstimmungen, von denen ich verordne, dass sie »den besten Männern bekannt«, für das Volk »ohne Einschränkung« seien.[311]

(Atticus:) So sehr ich auch, beim Herkules, aufgepasst habe, habe ich gleichwohl nicht ausreichend verstanden, was dieses Gesetz und was diese Worte bedeuten.

(Marcus:) Ich will es dir sagen, Titus, und ich werde mich dabei in einem schwierigen und viel und oft untersuchten

saepe quaesita: suffragia in magistratu mandando ac de reo iudicando atque in legum rogatione clam an palam ferri melius esset.

[Q.] An etiam id dubium est? Vereor ne a te rursus dissentiam.

[M.] Non facies, Quinte; nam ego in ista sum sententia qua te fuisse semper scio, nihil ut fuerit in suffragiis voce melius. Sed obtineri an possit, videndum est.

(34) [Q.] Atqui frater, bona tua venia dixerim, ista sententia maxime et fallit imperitos et obest saepissime rei publicae, cum aliquid verum et rectum esse dicitur, sed obtineri, id est obsisti posse populo, negatur. Primum enim obsistitur cum agitur severe; deinde vi opprimi in bona causa est melius quam malae cedere. Quis autem non sentit omnem auctoritatem optimatium tabellariam legem abstulisse? quam populus liber numquam desideravit, idem oppressus dominatu ac potentia principum flagitavit. Itaque graviora iudicia de potentissimis hominibus exstant vocis quam tabellae. Quamobrem suffragandi nimia libido in non bonis causis eripienda fuit potentibus, non latebra

Gegenstand bewegen: ob es nämlich besser sei, die Abstimmungen beim Vergeben eines Amtes und beim Fällen eines Urteils über einen Angeklagten und bei einem Gesetzesvorschlag heimlich oder offen stattfinden zu lassen.

(Quintus:) Ist das auch zweifelhaft? Ich fürchte, dass ich erneut mit dir nicht einer Meinung bin.

(Marcus:) Nein, das wird nicht passieren, Quintus; denn ich bin dieser Meinung, in der du nach meinem Wissen immer warst, nämlich dass nichts bei Abstimmungen besser gewesen ist als mündlich [abzustimmen]. Doch ob dies durchgesetzt werden kann, muss man sehen.

(34) *(Quintus:)* Aber, mein lieber Bruder, ich möchte doch, mit deiner gütigen Erlaubnis, sagen, dass diese Meinung am meisten die Unerfahrenen täuscht und in sehr häufigen Fällen dem politischen Gemeinwesen schadet, wenn man sagt, es sei etwas wahr und richtig, aber gleichzeitig behauptet, es könne nicht durchgesetzt werden – das heißt, man könne sich dem Volk nicht widersetzen. Erstens widersetzt man sich nämlich, wenn man streng handelt; zweitens ist es bei einem guten Anliegen besser, gewaltsam unterdrückt zu werden als sich einem schlechten Anliegen zu fügen. Wer aber hat nicht das Gefühl, dass das Gesetz über die Stimmtäfelchen die gesamte Autorität der besten Männer beseitigt hat? Ein Gesetz, das das Volk, als es frei war, niemals ersehnt hat, forderte es dringend, als es durch die Herrschaft und die Macht der führenden Männer unterdrückt war. Und so gibt es strengere Urteile über sehr mächtige Menschen bei mündlichen Abstimmungen als mit dem Stimmtäfelchen.[312] Aus diesem Grund hätte man den Mächtigen die viel zu große Gier nach dem Abstimmen bei nicht guten Anliegen entreißen müssen, nicht aber dem

danda populo in qua, bonis ignorantibus quid quisque sentiret, tabella vitiosum occultaret suffragium. Itaque isti rationi neque lator quisquam est inventus nec auctor umquam bonus.

(35) Sunt enim quattuor leges tabellariae, quarum prima de magistratibus mandandis. Ea est Gabinia, lata ab homine ignoto et sordido. Secuta biennio post Cassia est de populi iudiciis, a nobili homine lata Lucio Cassio, sed (pace familiae dixerim) dissidente a bonis atque omnes rumusculos populari ratione aucupante. Carbonis est tertia de iubendis legibus ac vetandis, seditiosi atque improbi civis, cui ne reditus quidem ad bonos salutem a bonis potuit adferre.

(36) Uno in genere relinqui videbatur vocis suffragium, quod ipse Cassius exceperat, perduellionis; dedit huic quoque iudicio C. Coelius tabellam, doluitque quoad vixit se ut opprimeret Gaium Popillium nocuisse rei publicae.

Et avus quidem noster singulari virtute in hoc municipio quoad vixit restitit Marco Gratidio, cuius in matrimonio sororem, aviam nostram, habebat, ferenti legem tabellari-

Volk einen Schlupfwinkel geben dürfen, bei dem, ohne dass die Guten[313] wussten, was ein jeder meinte, das Stimmtäfelchen eine verfehlte Abstimmung verbergen konnte. Und so ist für diesen Plan weder ein Antragsteller noch ein Unterstützer jemals gefunden worden, der zu den Guten gehörte.

(35) Es gibt nämlich vier Stimmtäfelchengesetze, von denen das erste die Vergabe von Magistraturen betrifft. Dies ist das Gesetz des Gabinius,[314] eingebracht von einem unbekannten und dahergelaufenen Mann. Es folgte zwei Jahre später das Gesetz des Cassius[315] über die Gerichtshöfe des Volkes, eingebracht von Lucius Cassius, einem Mann aus der Nobilität; doch er tat dies (und das nehme mir seine Familie bitte nicht übel) in Konflikt mit den Guten und in popularer Manier auf der Lauer nach jedem noch so kleinen Beifall. Von Carbo stammt das dritte Gesetz[316], über die Annahme und die Ablehnung von Gesetzen, einem aufrührerischen und skrupellosen Bürger, dem nicht einmal die Rückkehr zu den Guten Wohlwollen durch die Guten erwirken konnte.

(36) In einem einzigen Fall schien die mündliche Abstimmung, wo sie selbst Cassius ausgenommen hatte, übrig zu bleiben, nämlich im Fall von Hochverrat. Auch für diesen Gerichtshof führte Gaius Coelius das Stimmtäfelchen ein, und es bereitete ihm Kummer, solange er lebte, dass er, nur um den Gaius Popillius zu stürzen, dem politischen Gemeinwesen einen Schaden zugefügt hatte.[317]

Auch unser Großvater[318] leistete mit einzigartiger Mannhaftigkeit in diesem Municipium[319] dem Marcus Gratidius Widerstand, solange er lebte, obgleich er mit dessen Schwester, unserer Großmutter, verheiratet war. Dieser

am. Excitabat enim fluctus in simpuio, ut dicitur, Gratidius, quos post filius eius Marius in Aegaeo excitavit mari. Ac nostro quidem ⟨avo *** M. Scaurus consul⟩ qui cum res esset ad se delata, {M. Scaurus consul} ›Utinam,‹ inquit, ›M. Cicero, isto animo atque virtute in summa re publica nobiscum versari quam in municipali maluisses.‹

(37) Quamobrem, quoniam non recognoscimus nunc leges populi Romani sed aut repetimus ereptas aut novas scribimus, non quid hoc populo obtineri possit sed quid optimum sit tibi dicendum puto. Nam Cassiae legis culpam Scipio tuus sustinet, quo auctore lata esse dicitur; tu si tabellariam tuleris, ipse praestabis. Nec enim mihi placet, nec Attico nostro, quantum e vultu eius intellego.

[A.] Mihi vero nihil umquam populare placuit, eamque optimam rem publicam esse dico quam hic consul constituerat, quae sit in potestate optimorum.

(38) [M.] Vos quidem ut video legem antiquastis sine tabella. Sed ego, etsi satis dixit pro se in illis libris Scipio, tamen ita libertatem istam largior populo ut auctoritate et valeant et utantur boni. Sic enim a me recitata lex est de suffragiis: ›optimatibus nota, plebi libera sunto‹; quae lex hanc

hatte ein Stimmtäfelchengesetz eingebracht.[320] Gratidius erregte damit, wie es heißt, einen Sturm in einem Schälchen,[321] wie ihn auch sein Sohn Marius später im ägäischen Meer entfesselte.[322] Und unserem ⟨Großvater ***⟩ sagte ⟨der Konsul Marcus Scaurus⟩, als die Angelegenheit ihm übertragen wurde: »Ach hättest du es doch vorgezogen, Marcus Cicero, mit dieser Gesinnung und Mannhaftigkeit in dem obersten politischen Gemeinwesen [d. h. Rom] mit uns zusammen tätig zu sein als nur in dem munizipalen!«

(37) Aus dem Grund, da wir nun nicht die Gesetze des römischen Volkes auf den Prüfstand stellen, sondern entrissene wieder in Kraft setzen oder neue schreiben, glaube ich, dass du nicht sagen musst, was in diesem Volk durchgesetzt werden kann, sondern was das Beste ist. Denn die Schuld am Gesetz des Cassius[323] trägt dein Scipio; man sagt, dass es mit seiner Unterstützung eingebracht worden ist. Wenn du ein Stimmtäfelchengesetz[324] einführst, wirst du selbst dafür einstehen müssen. Denn es gefällt weder mir noch unserem Atticus, soviel mir sein Gesichtsausdruck klarmacht.

(Atticus:) Mir hat tatsächlich niemals etwas Populares gefallen, und ich sage, dass dasjenige das beste politische Gemeinwesen ist, welches dieser hier als Konsul geschaffen hatte und das in der Machtbefugnis der Besten liegt.

(38) *(Marcus:)* Ihr aber habt, wie ich sehe, das Gesetz verworfen, ohne ein Stimmtäfelchen zu nutzen. Aber ich – auch wenn Scipio in den bekannten Büchern ausreichend für sich[325] gesprochen hat – schenke dennoch dem Volk diese Freiheit so, dass die Guten Autorität besitzen und von ihr auch Gebrauch machen. So ist nämlich das Gesetz über die Abstimmungen von mir vorgetragen worden: »Den besten

sententiam continet ut omnes leges tollat quae postea latae sunt, quae tegunt omni ratione suffragium: ›ne quis inspiciat tabellam‹, ›ne roget‹, ›ne appellet‹; pontes etiam lex Maria fecit angustos.

(39) Quae si opposita sunt ambitiosis, ut sunt fere, non reprehendo. Si non valuerint tamen leges ut ne sit ambitus, habeat sane populus tabellam quasi vindicem libertatis, dummodo haec optimo cuique et gravissimo civi ostendatur ultroque offeratur, ut in eo sit ipso libertas in quo populo potestas honeste bonis gratificandi datur. Eoque nunc fit illud quod a te modo, Quinte, dictum est, ut minus multos tabella condemnet quam solebat vox, quia populo licere satis est. Hoc retento, reliqua voluntas auctoritati aut gratiae traditur. Itaque, ut omittam largitione corrupta suffragia, non vides, si quando ambitus sileat, quaeri in suffragiis quid optimi viri sentiant? Quamobrem lege nostra libertatis species datur, auctoritas bonorum retinetur, contentionis causa tollitur. ⟨[10.7]⟩

Männern mögen sie bekannt, für die Plebs ohne Einschränkung sein.« Dieses Gesetz hat den Sinn, dass es alle Gesetze aufhebt, die später eingebracht wurden und welche die Abstimmung auf jede erdenkliche Weise verdecken:[326] »Dass niemand die Täfelchen anschaue«, »dass niemand frage«, »dass niemand anspreche«. Sogar die Brücken zu den Wahlurnen machte das Gesetz des Marius eng.[327]

(39) Wenn dies Maßnahmen gegen Leute sind, die Wählerwerbung betreiben, wie dies in der Regel der Fall ist, tadle ich sie nicht. Doch wenn die Gesetze nicht bewirken sollten, dass es keine Wählerwerbung gibt, möge das Volk das Stimmtäfelchen meinetwegen als Beschützer seiner Freiheit haben, solange dieses gerade den besten und gewichtigsten Bürgern gezeigt und freiwillig vor Augen gehalten wird, so dass die Freiheit gerade darin besteht, worin dem Volk die Machtbefugnis gegeben wird, sich den Guten auf ehrenhafte Weise gefällig zu zeigen. Und dadurch geschieht nun jenes, was von dir, Quintus, eben gesagt wurde, dass das Stimmtäfelchen weniger viele Leute verurteilt, als es die mündliche Stimme für gewöhnlich tat, weil es dem Volk genügt, dass es die Möglichkeit dazu hat. Wenn dies beibehalten wird, dann fügt sich sein restliches Wollen in den übrigen Dingen der Autorität oder der Beliebtheit. Siehst du daher nicht, um einmal von den Abstimmungen abzusehen, da diese durch Bestechung verfälscht sind, dass man, wenn einmal keine Wählerwerbung vorkommt, bei den Abstimmungen danach fragt, was die besten Männer meinen? Aus diesem Grund wird nach unserem Gesetz die äußere Form der Freiheit gegeben, die Autorität der Guten beibehalten, ein Grund für die Auseinandersetzung beseitigt. ⟨[10.7]⟩

(40) [10.8] Deinde sequitur, quibus ius sit cum populo agendi aut cum senatu. [10.9] Gravis et, ut arbitror, praeclara lex: ›quaeque in patribus agentur modica sunto‹, id est modesta atque sedata. Actor enim moderatur et fingit non modo mentes ac voluntates, sed paene vultus eorum apud quos agit. Quod si in senatu, non difficile. Est enim ipse senator is cuius non ab actore efferatur animus, sed qui per se ipse spectari velit.

[11.1] Huic iussa tria sunt: ut adsit, nam gravitatem res habet cum frequens ordo est; ut loco dicat, id est rogatus; ut modo, ne sit infinitus. Nam brevitas non modo senatoris sed etiam oratoris magna laus est in ⟨dicenda⟩ sententia, nec est umquam longa oratione utendum, ⟨quod fit ambitione saepissime⟩, nisi aut ⟨cum⟩ peccante senatu, nullo magistratu adiuvante, tolli diem utile est, aut cum tanta causa est ut opus sit oratoris copia vel ad hortandum vel ad docendum; quorum generum in utroque magnus noster Cato est.

(41) [11.2] Quodque addit ›causas populi teneto‹, est senatori necessarium nosse rem publicam, idque late patet: quid

(40) [10.8] Als nächstes ist an der Reihe, wer das Recht hat, mit dem Volk oder mit dem Senat eine Sache zu verhandeln. [10.9] Gewichtig und, wie ich glaube, herausragend ist das Gesetz: »Und was man bei den Vätern verhandeln wird, möge maßvoll sein«, das heißt besonnen und gesetzt. Denn derjenige, der eine Sache verhandelt, lenkt und gestaltet nicht nur die Haltungen und Absichten, sondern fast auch die Mienen von denen, bei denen er etwas verhandelt.[328] Wenn dies im Senat erfolgt, ist das nicht problematisch. Denn ein Senator selbst ist ein Mensch, der von dem, der eine Sache verhandelt, innerlich nicht beeinträchtigt wird, sondern der für sich selbst betrachtet werden möchte.[329]

[11.1] Für ihn gelten drei Gebote: dass er anwesend sei, denn eine Angelegenheit hat Gewicht, wenn der Senatorenstand zahlreich versammelt ist; dass er an der richtigen Stelle spricht, das heißt, wenn er gebeten wird; dass er mit Maß spreche, damit er nicht ohne Ende rede. Denn die Kürze ist nicht nur ein hohes Lob für einen Senator, sondern für einen Redner überhaupt ⟨beim Äußern⟩ einer Meinung, und niemals darf man sich einer langen Rede bedienen, ⟨was sehr häufig aus Ehrgeiz geschieht,⟩ außer ⟨wenn⟩ es entweder nützlich ist, den Tag aufzubrauchen, weil sich der Senat falsch verhält und kein Magistrat helfend einschreitet, oder wenn die Angelegenheit von so großer Bedeutung ist, dass die Ausführlichkeit des Redners entweder zur Ermutigung oder zur Erklärung nötig ist; in diesen beiden Arten ist unser Cato ein Großer.

(41) [11.2] Und was das betrifft, dass [das Gesetz] hinzufügt: »Er möge eine Vorstellung von den Anliegen des Volkes haben«, ist es für einen Senator notwendig, das politische Gemeinwesen zu kennen, und dies erstreckt sich weit: was

habeat militum, quid valeat aerario, quos socios res publica habeat, quos amicos, quos stipendiarios, qua quisque sit lege condicione foedere; tenere consuetudinem decernendi, nosse exempla maiorum. Videtis iam genus hoc omne scientiae diligentiae memoriae, sine quo paratus esse senator nullo pacto potest.

(42) [n.3] Deinceps sunt cum populo actiones, in quibus primum et maximum ›vis abesto‹. Nihil est enim exitiosius civitatibus, nihil tam contrarium iuri ac legibus, nihil minus civile et immanius, quam composita et constituta re publica quicquam agi per vim. [n.4] Parere iubet intercessori, quo nihil praestantius; impediri enim bonam rem melius quam concedi malae.

[n.5] Quod vero actoris iubeo esse fraudem, id totum dixi ex Crassi sapientissimi hominis sententia, quem est senatus secutus cum decrevisset, C. Claudio consule de Cn. Carbonis seditione referente, invito eo qui cum populo ageret seditionem non posse fieri, quippe cui liceat concilium, simul atque intercessum turbarique coeptum sit, di-

es an Soldaten besitzt, was es mithilfe des Aerarium ausrichten kann, welche Bundesgenossen es hat, welche Freunde,[330] welche Tributpflichtigen, und nach welchem Gesetz, welcher Übereinkunft oder welchem Vertrag sie dies jeweils sind; an den Entscheidungsverfahren festzuhalten und die Präzedenzfälle der Vorfahren zu kennen. Ihr habt sicher schon diesen ganzen Bereich des Wissens, der Gewissenhaftigkeit und der Kenntnis der Vergangenheit vor Augen, ohne die ein Senator auf keine Weise bereit sein kann.

(42) [11.3] Schließlich geht es um die Verhandlungen mit dem Volk, bei denen das Erste und Wichtigste ist: »Gewalt möge keinen Platz haben!« Nichts ist nämlich unheilvoller für Bürgerschaften, nichts ist so gegensätzlich zu Recht und Gesetzen, nichts ist weniger bürgergerecht und unmenschlicher, als in einem geordneten und verfassten politischen Gemeinwesen etwas mittels Gewalt zu verhandeln. [11.4] [Das Gesetz] befiehlt, dem Einspruch Einlegenden zu gehorchen. Nichts ist vortrefflicher als diese Regelung: Es ist nämlich besser, dass eine gute Sache verhindert wird, als dass man eine schlechte zulässt.

[11.5] Was aber meine Verordnung angeht, »dass es das Vergehen des Verhandlungsführers sein möge«,[331] habe ich dies ganz nach der Meinungsäußerung des Crassus, eines sehr weisen Mannes, gesagt. Diesem folgte der Senat, als er, nachdem der Konsul Claudius seinen Bericht über den Aufruhr des Gnaeus Carbo vorgelegt hatte,[332] zu dem Beschluss gekommen war, dass es gegen den Willen desjenigen, der mit dem Volk verhandele, keinen Aufruhr geben könne. Denn ihm sei es ja möglich, die Versammlung aufzulösen, sobald ein Einspruch eingelegt worden sei und ein Tumult

mittere. Quod ⟨si⟩ qui permanet cum agi nihil potest, vim quaerit, cuius impunitatem amittit hac lege.

[II.6] Sequitur illud: ›intercessor rei malae salutaris civis esto‹. (43) Quis non studiose rei publicae subvenerit, hac tam praeclara legis voce laudatus?

[II.7] Sunt deinde posita deinceps quae habemus etiam in publicis institutis atque legibus: ›auspicia servanto, auguri parento‹. Est autem boni auguris meminisse ⟨se⟩ maximis rei publicae temporibus praesto esse debere, Iovique Optimo Maximo se consiliarium atque administrum datum, ut sibi eos quos in auspicio esse iusserit; caelique partes sibi definitas esse traditas, e quibus saepe opem rei publicae ferre possit.

[II.8] Deinde de promulgatione, de singulis rebus agendis, de privatis magistratibusve audiendis.

(44) [II.9–10] Tum leges praeclarissimae de XII Tabulis tralatae duae, quarum altera privilegia tollit, altera de capite civis rogari nisi maximo comitiatu vetat. Et nondum inventis seditiosis tribunis plebis, ne cogitatis quidem, admirandum

begonnen habe. Aber ⟨wenn⟩ einer weitermacht, wenn nichts verhandelt werden kann, sucht er Gewalt, und er verliert dafür durch dieses Gesetz Straflosigkeit.

[11.6] Es folgt jenes: »Der gegen eine schlechte Sache Einspruch Einlegende möge ein um das öffentliche Wohl verdienter Bürger sein.« (43) Wer sollte nicht engagiert das politische Gemeinwesen unterstützen, der mit dieser so deutlichen Stimme des Gesetzes gelobt worden ist?

[11.7] Darauf ist in der Reihenfolge aufgestellt, was wir auch in den Einrichtungen und Gesetzen des Gemeinwesens haben: »Sie mögen die Auspizien beachten und dem Auguren gehorchen.« Es ist aber die Pflicht eines guten Augurs,[333] sich daran zu erinnern, dass ⟨er⟩ in den schwierigsten Zeiten des politischen Gemeinwesens zur Verfügung stehen muss, dass er dem Jupiter, dem Besten und Größten, als Ratgeber und Diener gegeben sei, so wie ihm diejenigen [gegeben sind], die auf sein Geheiß in der Durchführung der Auspizien tätig sind; und dass ihm bestimmte Teile des Himmels zugewiesen sind,[334] aus denen heraus er oft dem politischen Gemeinwesen Hilfe bringen kann.

[11.8] Im Anschluss geht es um die Promulgation, um die Beschränkung auf nur eine Sache zur Verhandlung und um die Anhörung von Privatleuten oder Magistraten.

(44) [11.9–10] Darauf wurden zwei exzellente Gesetze von den Zwölf Tafeln übernommen, von denen das eine die Ausnahmeregelungen aufhebt,[335] das andere die Todesstrafe für einen Bürger untersagt, wenn diese nicht in der größten Volksversammlung beantragt wird.[336] Und da man noch keine aufständischen Volkstribune vorfinden konnte, ja sie sich noch nicht einmal vorstellte, muss man darüber

tantum maiores in posterum providisse. In privatos homines leges ferri noluerunt: id est enim privilegium, quo quid est iniustius, cum legis haec vis sit, ⟨ut sit⟩ scitum et iussum in omnes? Ferri de singulis nisi centuriatis comitiis noluerunt: discriptus enim populus censu ordinibus aetatibus, plus adhibet ad suffragium consili quam fuse in tribus convocatus.

(45) Quo verius in causa nostra vir magni ingeni summaque prudentia Lucius Cotta dicebat, nihil omnino actum esse de nobis; praeter enim quam quod irrita illa essent ⟨cum essent⟩ armis gesta servilibus, praeterea neque tributa capitis comitia rata esse posse neque ulla privilegi. Quocirca nihil nobis opus esse lege, de quibus omnino nihil actum esset legibus. Sed visum est et vobis et clarissimis viris melius, de quo servi et latrones scivisse se aliquid dicerent, de hoc eodem cunctam Italiam quid sentiret ostendere.

(46) [11.11] Sequuntur de captis pecuniis et de ambitu leges; quae cum magis iudiciis quam verbis sanciendae sint, [11.12] adiungitur ›noxiae poena par esto‹, ut in suo vitio quis-

staunen, wie weit die Vorfahren für die Zukunft vorgesorgt haben. Sie wollten nicht, dass man Gesetze gegen Einzelpersonen einbringe: denn das bedeutet eine Ausnahmeregelung. Was gibt es Ungerechteres als diese, da die Bedeutung eines Gesetzes darin liegt, ⟨dass ⟩ es für alle beschlossen und befohlen ⟨ist⟩? Man wollte, dass nur in den Zenturiatskomitien über Einzelne Anträge eingebracht würden. Denn das nach Vermögensschätzung, nach Ständen und nach dem Lebensalter eingeteilte Volk verfügt bei einer Abstimmung über größere Urteilsfähigkeit als eine zwanglos und in die Tribus[337] zusammengerufene Bevölkerung.

(45) Umso wahrer sagte in meiner eigenen Angelegenheit Lucius Cotta, ein Mann von großer Begabung und größter Klugheit, dass überhaupt nichts über mich verhandelt worden sei. Denn davon abgesehen, dass jene Komitien ungültig seien, ⟨da⟩ sie mithilfe von bewaffneten Sklaven[338] durchgeführt ⟨wurden⟩, könnten darüber hinaus weder die Tributkomitien bezüglich des Lebens eines Menschen noch irgendwelche [Komitien] bezüglich der Ausnahmeregelung Rechtskräftigkeit haben. Daher sei bei mir keinesfalls ein Gesetz nötig, da über mich überhaupt nichts durch die Gesetze verhandelt worden sei. Doch schien es sowohl euch als auch hochbedeutenden Männern besser, dass ganz Italien zeige, was es von dem Mann hielt, über den Sklaven und Räuber etwas verordnet zu haben behaupteten.

(46) [11.11] Es folgen Gesetze über die Annahme von Geldgeschenken und Wählerwerbung; da diese mehr durch die Gerichtshöfe als durch Worte besiegelt werden müssen, [11.12] wird hinzugefügt: »Die Strafe möge gleich dem [ent-

que plectatur: vis capite, avaritia multa, honoris cupiditas ignominia sanciatur.

[11.13] Extremae leges sunt nobis non usitatae, rei publicae necessariae. Legum custodiam nullam habemus, itaque eae leges sunt quas apparitores nostri volunt. A librariis petimus, publicis litteris consignatam memoriam publicam nullam habemus; Graeci hoc diligentius, apud quos nomophylaces creantur. ⟨Hi olim⟩ non solum litteras (nam id quidem etiam apud maiores nostros erat), sed etiam facta hominum observabant ad legesque revocabant; (47) haec ⟨igitur⟩ detur cura censoribus, quandoquidem eos in re publica semper volumus esse.

[11.14] Apud eosdem, qui magistratu abierint, edant et exponant quid in magistratu gesserint, deque eis censores praeiudicent. Hoc in Graecia fit publice constitutis accusatoribus, qui quidem graves esse non possunt nisi sunt voluntarii; quocirca melius rationes referri causamque exponi censoribus, integram tamen legi accusatori iudicioque servari.

Sed satis iam disputatum est de magistratibus, nisi forte quid desideratis.

standenen] Schaden sein«, so dass jeder im Verhältnis zu seinem eigenen Fehler bestraft wird: Gewalt soll mit dem Tod, Habgier mit einer Geldbuße, Ruhmsucht mit Schande besiegelt werden.

[11.13] Die Gesetze ganz zum Schluss sind bei uns zwar nicht gebräuchlich, aber für das politische Gemeinwesen notwendig. Wir haben keine Aufsicht über die Gesetze, und so sind unsere Gesetze diejenigen, welche unsere Apparitoren[339] haben wollen. Wir erbitten sie von den Schreibern, denn eine durch öffentliche Archive beglaubigte offizielle Dokumentation haben wir nicht; die Griechen sind hier gewissenhafter, bei denen Nomophylakes[340] gewählt werden. ⟨Diese⟩ gaben ⟨einst⟩ nicht nur auf die Texte acht (denn dies war auch schon bei unseren Vorfahren so), sondern auch auf die Taten der Menschen und setzten sie in Bezug zu den Gesetzen; (47) diese Besorgung soll ⟨also⟩ den Zensoren übergeben werden, da wir ja wollen, dass sie immerwährend im politischen Gemeinwesen existieren.

[11.14] Vor denselben Zensoren sollen auch diejenigen, die aus dem Amt geschieden sind, veröffentlichen und darstellen, was sie in ihrer Magistratur getan haben. Und über sie sollen die Zensoren ein vorläufiges Urteil geben. Dies geschieht in Griechenland durch vom Gemeinwesen berufene Ankläger, die freilich nur Gewicht haben können, wenn sie Freiwillige sind; deshalb ist es besser, dass den Zensoren zwar die Rechenschaftsberichte vorgelegt werden und der Fall dargestellt wird, er aber dennoch zur Gänze dem Gesetz, dem Ankläger und dem Gerichtshof vorbehalten bleibt.

Doch ist bereits genug über die Magistrate erörtert worden, es sei denn, ihr vermisst etwas.

[A.] Quid si nos tacemus, locus ipse te non admonet quid tibi sit deinde dicendum?

[M.] Mihine? De iudiciis arbitror, Pomponi; id est enim iunctum magistratibus.

(48) [A.] Quid? De iure populi Romani, quemadmodum instituisti, dicendum nihil putas?

[M.] Quid tandem hoc loco est quod requiras?

[A.] Egone? Quod ignorari ab eis qui in re publica versantur turpissimum puto; nam ut modo a te dictum est, leges a librariis peti, sic animadverto plerosque in magistratibus, ignoratione iuris sui, tantum sapere quantum apparitores velint. Quamobrem si de sacrorum alienatione dicendum putasti cum de religione leges proposueras, faciendum tibi est ut magistratibus lege constitutis de potestatum iure disputes.

(49) [M.] Faciam breviter si consequi potuero; nam pluribus verbis scripsit ad patrem tuum M. Iunius eo de iure, perite meo quidem iudicio et diligenter. †Nos ac de iure nate cogitari per nos et que dicere debemus† de iure populi Romani quae relicta sunt et tradita.

[A.] Sic prorsum censeo, et id ipsum quod dicis exspecto.

(Atticus:) Wie? Wenn wir schweigen, erinnert dich nicht der Gegenstand selbst daran, was von dir als nächstes zu besprechen ist?

(Marcus:) Von mir? Die Gerichtshöfe, denke ich, Pomponius; das hängt nämlich mit den Magistraten zusammen.

(48) *(Atticus:)* Wie? Über das Recht des römischen Volkes, wie du begonnen hast, glaubst du, sei nichts zu sagen?

(Marcus:) Was gibt es noch bei diesem Thema, das du einforderst?

(Atticus:) Ich? Dies nicht zu kennen, halte ich bei denen, die im politischen Gemeinwesen tätig sind, für sehr schändlich; denn wie eben von dir gesagt wurde, dass man die Gesetze von den Schreibern holt, so merke ich an, dass die meisten unter den Magistraten durch die Unkenntnis ihres eigenen Rechts nur so viel wissen, wie die Apparitoren wollen. Wenn du aus dem Grund glaubtest, dass über die Veräußerung der Sakralhandlungen zu sprechen sei, als du die Gesetze über die Religion vorgelegt hattest, musst du jetzt, nachdem den Magistraten durch das Gesetz eine feste Einrichtung gegeben worden ist, über das Recht der Machtbefugnisse sprechen.

(49) *(Marcus:)* Ich will es kurz machen, wenn ich es erreichen kann; denn ausführlicher schrieb an deinen Vater bereits Marcus Iunius[341] über dieses Recht, nach meinem Urteil sicher kundig und gewissenhaft. † Wir aber müssen über das Recht [...] für uns selbst nachdenken [...] und sagen, † was uns über das Recht des römischen Volkes hinterlassen und überliefert ist.

(Atticus:) Das ist durchaus meine Meinung, und ich warte auf eben das, was du sagst.

Fragmenta librorum de legibus

1 (lib. III)

Qui poterit socios tueri, si dilectum rerum utilium et inutilium non habebit?

2 (lib. V)

Visne igitur, quoniam sol paululum a meridie iam devexus videtur, nequedum satis ab his novellis arboribus omnis hic locus opacatur, descendamus ad Lirem, eaque quae restant in illis alnorum umbraculis persequamur?

3 (incert. 1)

Sicut una eademque natura mundus omnibus partibus inter se congruentibus cohaeret ac nititur, sic omnes homines inter se natura coniuncti pravitate dissentiunt, neque se intellegunt esse consanguineos et subiectos omnes sub unam eandemque tutelam; quod si teneretur, deorum profecto vitam homines viverent.

Fragmente aus De legibus

Fr. 1 (= Ziegler/Görler 4)

Wer wird die Bundesgenossen schützen können, wenn er keinen Unterschied zwischen Nützlichem und Nicht-Nützlichem machen wird?

Fr. 2 (= Ziegler/Görler 5)

Willst du also, da ja die Sonne schon ein klein wenig den Mittagszenit überschritten zu haben scheint und dieser Ort noch nicht zur Gänze ausreichend von den jungen Bäumen hier beschattet wird, dass wir zum Liris hinabsteigen und dem, was noch fehlt, unter dem dortigen Schatten der Ulmen eifrig nachgehen?

Fr. 3 (= Ziegler/Görler 2)

Wie durch ein und dieselbe Natur die Welt in allen ihren zueinander passenden Teilen zusammenhängt und sich auf sie stützt, so sind alle Menschen, obgleich von Natur aus miteinander verbunden, durch die Verkehrtheit uneins, und sie merken nicht, dass sie blutsverwandt und alle ein und derselben Obhut unterworfen sind; wenn man das begriffe, würden die Menschen tatsächlich das Leben von Göttern leben.

4 (incert. 2)

Gratulemurque nobis, quoniam mors aut meliorem quam qui est in vita aut certe non deteriorem adlatura est statum. nam sine corpore animo vigente divina vita est, sensu carente nihil profecto est mali.

5 (dubium)

Magnum Cicero audaxque consilium suscepisse Graeciam dicit, quod Cupidinum et Amorum simulacra in gymnasiis consecrasset.

Fr. 4 (= Ziegler/Görler 1)

Wir wollen uns beglückwünschen, da ja der Tod entweder einen besseren Zustand als den, den wir im Leben haben, herbeiführen wird oder jedenfalls keinen schlechteren. Denn ohne Körper ist das Leben, wenn die Seele ihre Kraft behält, göttlich, und wenn diese keine Empfindung hat, gibt es in der Tat nichts Schlimmes.

Fr. 5 (= Ziegler/Görler 3)

Cicero sagte, Griechenland habe einen großen und kühnen Entschluss gefasst, weil es Cupido- und Amor-Statuen in den Gymnasien konsekriert habe.

Anhang

Zu dieser Ausgabe

Der lateinische Text folgt der Ausgabe von Powell 2006, mit teils abweichender Absatzeinteilung und veränderter Interpunktion sowie mit folgenden Abweichungen (vgl. dazu auch die entsprechenden Anmerkungen; zur Textgrundlage s. zudem S. 379):

	Powell	Sauer/Bendlin
1,2	quod Homericus Ulixes … dixit	quam Homericus Ulixes … dixit (Turnèbe)
1,6	ieiunius	iucundius
1,8	inter nos parva	inter nos ⟨non⟩ parva (Bendlin)
1,19	quae saeclis †communibus† ante nata est	quae saeclis omnibus ante nata est (Ascensius)
1,21	vi natura ratione	vi nutu ratione (Zelzer)
1,30	ducem nactus	duce natura (Bendlin)
2,7	ab eodem ⟨Iove⟩	ab eodem
2,11	laudabilem, quibusdam	laudabilem, ⟨qui ista subtilius quaerunt⟩ quibusdam (Powell im Apparat)
2,20	committi	ommitti (Zelzer)
2,21	{sacerdotesque}	sacerdotesque ⟨et⟩ (Bendlin)
2,22	commissum	ommissum
2,26	quaedam opinione	quaedam ⟨communi⟩ opinione (Watt)
2,37	committenis	ommittendis
2,39	⟨video⟩	⟨…⟩
2,45	de Manium iure	de ⟨deorum⟩ Manium iure (Bendlin)
2,50	deducta	deductio (Zelzer)
2,64	expressa verbis	expressa ⟨verba e⟩ verbis (Courtney)

Powell 2006 hat die Gesetzestexte in Buch 2 und 3 durch die Hinzufügung von Ziffern strukturiert, welche die Übersicht sehr erleichtern. Diese Ziffern sind in dieser Ausgabe in eckige Klammern gesetzt.

Erklärungen, die das Textverständnis erleichtern, wurden ebenfalls in eckigen Klammern direkt in die Übersetzung integriert. Zur Übersetzung sowie zum Übersetzen einzelner zentraler Begriffe wie *honestum, virtus, res publica* und *religio* im Speziellen s. S. 380–383 sowie Bendlin/Sauer 2026.

Auch die Anmerkungen (S. 250 ff.) sollen das Textverständnis unterstützen. Außerdem erklären sie nicht (mehr) leicht verständliche Sachaussagen, geben Literatur zu Fragen der Interpretation an und verweisen auf Parallelstellen in der antiken Literatur. Auf einzelne philosophische oder gar philologische Deutungskontroversen konnte nur sehr sparsam bzw. durch Verweise auf die entsprechende Literatur eingegangen werden.

Eigennamen werden im Erklärenden Namensverzeichnis (S. 296–329) aufgeführt und erläutert. Damit Personen gleichen Namens nicht verwechselt werden, ist jeweils in Klammern der Index angegeben, den der *Neue Pauly* (DNP) der jeweiligen Person zuweist: So bezeichnet die Abkürzung »DNP Scaevola I 8« Quintus Mucius Scaevola, den Rechtsgelehrten und Konsul des Jahres 117 v. Chr., die Abkürzung »DNP Scaevola I 9« den gleichnamigen Rechtsgelehrten und Konsul des Jahres 95 v. Chr. Bei Personen, die nicht im *Neuen Pauly* aufgeführt sind, wird auf die *Realencyclopädie der classischen Altertumswissenschaft* (RE) verwiesen.

DNP: Der Neue Pauly. Enzyklopädie der Antike. Hrsg. von Cancik, Hubert / Landfester, Manfred / Egger, Brigitte / Schneider, Helmuth. Stuttgart/Weimar 1996–2003.

RE: Paulys Realencyclopädie der classischen Altertumswissenschaft. Neubearbeitung, begonnen von Georg Wissowa, fortgeführt von Wilhelm Groll und Karl Mittelhaus. Stuttgart 1894–1963 (1. Reihe I–XXIX), 1914–72 (2. Reihe I–X) und 1912–78 (Supplementbände). Register von Hans Gärtner und Albert Wünsch, München 1980.

Bei der Zitation von Ciceros philosophischen Schriften bezeichnen die Ziffern stets Buch und Paragraphen; auf die (ältere) Kapitelzählung haben wir, wie mittlerweile in Studien üblich, ganz verzichtet.

Soweit bei einer Stellenangabe kein Werk angegeben wird, ist stets *De legibus* gemeint; wird kein Autor angegeben, ist Cicero gemeint.

Für wertvolle Unterstützung bei den Korrektur- und Formatierungsarbeiten möchten wir den studentischen Hilfskräften Teresa Huster, Jastine Konermann und Jenny Teichreb herzlich danken.

Anmerkungen

1 Ciceros *Marius* war ein episches Gedicht über den röm. Feldherrn und Politiker Gaius Marius (DNP Marius I 1), der wie Cicero aus Arpinum stammte. Es ist nur in wenigen Fragmenten überliefert (fr. 18–22 Blänsdorf), datiert vielleicht in das Jahr 59 v. Chr. (Benario 1957) und behandelte möglicherweise Marius' Exil und Rückkehr nach Italien. – Ein Hain und eine Eiche erinnern »Atticus« hier an entsprechende Beschreibungen in Ciceros Epos (die in div. 1,106 wörtlich zitiert sind): Marius habe einen Adler, den heiligen Vogel Jupiters, dabei gesehen, wie er sich von einer Eiche erhoben und nach einem Kampf mit einer Schlange diese als Beute in Richtung Sonnenaufgang davongetragen habe.

2 Quintus verfasste selbst Dichtung in unterschiedlichen Gattungen, darunter ein Lehrgedicht astronomischen Inhalts (p. 181–183 Blänsdorf) und ein Werk über Caesars Invasion Britanniens (Kruschwitz 2014).

3 Gemeint ist hier wohl Quintus Mucius Scaevola, Volkstribun 54 v. Chr. und Augur (DNP Mucius I 10), ein Bekannter von Quintus (ad Quint. fr. 1,2,13) und Marcus Cicero (ad fam. 3,5) und Autor von Gedichten (Plin. epist. 5,3,5). Das Gedicht über Ciceros *Marius*, aus dem hier ein Pentameter (fr. 1 Blänsdorf) zitiert wird, ist ansonsten verloren. Zu denken wäre, so Rudd/Powell 1998, S. 199, an ein Epigramm in der Art von Catull 95. Hollis 2007, S. 147 datiert das Gedicht nach 56 v. Chr. Die lange Lebensdauer von Dichtung war in der Antike ein häufiger Topos.

4 In der Sage lässt die Göttin Athene in ihrem Wettstreit mit Poseidon um ihren Status als Schutzpatronin der Stadt einen Olivenbaum auf der Akropolis wachsen, während Poseidon mit seinem Dreizack eine sprudelnde Salzwasserquelle entspringen lässt. Die Bürger entscheiden sich für das Geschenk der Athene und benennen die Stadt nach ihr. Ein nahe dem Erechtheion wachsender Olivenbaum wurde noch zu Ciceros Zeit verehrt.

5 Wir folgen hier der Konjektur von Adrien Turnèbe, der das überlieferte *quod* durch ein *quam* ersetzt. Vgl. dazu Ziegler 1953, S. 303; Zelzer 1981, S. 227. Ein (faktisches) *quod* (»mit dem Hin-

weis darauf, dass Odysseus bei Homer sagte«) würde den ansonsten ruhigen Textfluss wesentlich stören.

6 Odysseus vergleicht bei seiner Ankunft im Phäakenland die Königstochter Nausikaa mit einer hochgewachsenen jungen Palme, die er neben dem Altar des Apollon auf Delos gesehen habe (Hom. Od. 6,162 f.).

7 Die Gleichsetzung von Romulus mit dem röm. Gott Quirinus ist erstmals in *De re publica* und zeitgleich hier belegt. Wie die Dialogfigur »Scipio« in rep. 2,20 referiert, habe der Bauer Iulius Proculus nach Romulus' Verschwinden (auf Veranlassung des Senats, damit niemand glaube, Romulus sei getötet worden) berichtet, Romulus sei ihm an dem Hügel erschienen, der später Quirinal hieß. Romulus habe ihm aufgetragen, in der Volksversammlung zu berichten, er sei nun ein Gott und heiße Quirinus; er wünsche, dass man ihm ein Heiligtum errichte. Nach Classen 1962, S. 191–199 gehört diese Gleichsetzung in diese Jahre und geht auf die Initiative von Gaius Iulius Caesar zurück. Als Caesars Angleichung an Romulus-Quirinus in den Jahren 46/45 v. Chr. politisch forciert wird (vgl. ad Att. 12,45,2; 13,28,3; Cass. Dio 43,45,3), distanziert sich Cicero deutlich von ihr (nat. 2,62; off. 3,41).

8 In der Sage raubt der Nordwestwind, griech. Boreas, Orithyia, die Tochter des attischen Königs Erechtheus. Der Dialog verweist hier (wie auch später in Buch 2; vgl. Anm. 114) auf Platons *Phaidros* (229b–c): Auch dort wird auf der Basis der Sage von Boreas (lat. *Aquilo*) und Orithyia der Wahrheitsgehalt von Dichtung diskutiert.

9 Gemeint ist der Feldherr und Politiker Marius; s. Anm. 1 und das Namensverzeichnis.

10 In der Sage trifft sich Numa, der (mythische) zweite König Roms, mit der Nymphe Egeria, um ihren Rat zur bestmöglichen Einrichtung des Staates mit religiösen Bräuchen einzuholen (vgl. Liv. 1,15).

11 Bei seiner Ankunft in Rom soll dem (mythischen) fünften König Tarquinius Priscus von einem herabschwebenden Adler am Ianiculum eine Filzkappe (lat. *apex*), wie sie auch die Flamines tra-

gen, aufgesetzt worden sein (vgl. Liv. 1,34,8). Dieses Omen wurde als göttliches Zeichen für seine künftige Königsherrschaft gedeutet.

12 Gemeint ist Ciceros Niederschlagung der Catilinarischen Verschwörung im Jahr seines Konsulats 63 v. Chr.

13 Nach überwiegender Forschungsmeinung waren die *Annales Maximi* (hier: *Annales pontificum maximorum*) die anschließende Publikation einer vor der Regia, dem Amtssitz des Pontifex Maximus, aufgestellten geweißten Tafel (*album* oder *tabula dealbata*), auf der jährlich die wichtigen Ereignisse publiziert wurden. Diese ›Buchausgabe‹ wird in der Regel Publius Mucius Scaevola (DNP Mucius I 5), Konsul 133 v. Chr., Pontifex Maximus 130 v. Chr., zugeschrieben; zu ihm s. auch 2,46–51 mit Anm. 186. Vieles bleibt umstritten; vgl. überblicksartig Cornell 2013, Bd. 1, S. 141–159 (J. W. Rich).

14 Der vorgeblich rein chronikhafte Charakter der *Annales Maximi* schließt für Cicero auch in de orat. 2,52 einen literarischen Anspruch aus. Um diesen trockenen Chronikstil zu betonen, übernehmen viele Editoren (so auch Powell) an dieser Stelle Ursinus' Konjektur *nihil ieiunius* (»nichts Dürftigeres«). De Plinval 1969, S. 300 f. und Marincola 2015 verteidigen hingegen das handschriftlich überlieferte *nihil iucundius* (»nichts Angenehmeres«) mit Verweis auf Nep. Att. 18,4: Der Begriff müsse als Referenz an den Historiker Atticus (dazu Münzer 1905) gelesen werden, der als Autor des (in den 40er Jahren des 1. Jh.s v. Chr. veröffentlichten) *Liber annalis* (fr. 1–8 Beck/Walter) eben auch ästhetischen Genuss an der Gattung Jahreschronik fand.

15 Das im Folgenden vorgetragene, primär ganz stilkritisch geprägte Urteil des Dialogpartners »Atticus« wird in der modernen Forschung, zumindest was den Inhalt der republikanischen Geschichtsschreibung betrifft, nicht geteilt: Beck/Walter 2001/04, Bd. 2, S. 18 betonen ihren »innovations- und experimentierfreudig[en]« Charakter. Vgl. noch Fleck 1993 zu Ciceros Kenntnis und Beurteilung der röm. Geschichtsschreiber republikanischer Zeit, die allesamt ausführlich kommentiert vorliegen: vgl. nur Chassignet 1996–2004, Beck/Walter 2001/04 und Cornell 2013.

16 Die Namen der hier aufgezählten Geschichtsschreiber sind in den Handschriften verderbt überliefert und von den neuzeitlichen Herausgebern plausibel rekonstruiert worden. Auch der in Powells Edition gedruckte Name »Claudius« – gemeint ist der in der 1. Hälfte des 1. Jh.s v. Chr. schreibende Claudius Quadrigarius (DNP Claudius I 30) – ist eine einleuchtende Verbesserung der verderbten Überlieferung. Allerdings sind die Namen chronologisch angeordnet und Quadrigarius müsste eigentlich bei den nachfolgenden, im 1. Jh. v. Chr. schreibenden Historiographen, aber nicht in einer Gruppe mit Gnaeus Gellius (DNP Gellius 2) und Sempronius Asellio (DNP Sempronius I 1), zwei Autoren des 2. Jh.s v. Chr., stehen.

17 Hier könnte an einen Schriftsteller wie Caesar gedacht sein, dessen *Commentarii* in dieser Zeit erst publiziert werden: Cicero erwähnt dieses Werk einige Jahre später im *Brutus* (262).

18 Ob man ein annalistisches oder ein gegenwartsgeschichtliches Werk verfassen soll, ist keine kleine, sondern eine zentrale Frage. Die Lesart der Handschriften lässt sich zwar verteidigen, wenn man »Quintus« Ironie unterstellt. Aber anders als »Marcus« und »Atticus« zeichnet sich »Quintus« in *De legibus* ganz und gar nicht als ironischer Dialogpartner aus, weshalb Andreas Bendlin die Ergänzung *(non) parva* vorgeschlagen hat. Als Autor hat sich Quintus Cicero ernsthaft mit der Abfassung eines annalistischen Geschichtswerks befasst: ad Att. 2,14,6 (59 v. Chr.).

19 Cicero hielt sich seit seiner Rückkehr aus dem Exil in politischen Angelegenheiten in der Regel eng an Pompeius. Nach Ausbruch des Bürgerkriegs folgte er ihm in das Lager der Senatsmehrheit. Die Stelle ist eines der Indizien dafür, dass *De legibus* vor Pompeius' Tod 48 v. Chr. verfasst wurde.

20 Gemeint ist das Jahr von Ciceros Konsulat 63 v. Chr., in das die Aufdeckung und Niederschlagung der Catilinarischen Verschwörung fällt; vgl. 1,5.

21 Gemeint ist eine *libera legatio*. Ein Senator konnte mit einer solchen »Gesandtschaft ohne Aufgaben« auf öffentliche Kosten zur Erledigung eigener Vorhaben Reisen unternehmen und sich längere Zeit in röm. Provinzen aufhalten. Er hatte dort alle Privilegi-

en eines offiziellen Gesandten. In 3,9 und 3,18 sieht »Marcus« diese Institution kritisch.

22 Der Gedanke, im Rahmen einer Alterstätigkeit Rechtsauskünfte zu erteilen, findet sich bereits in Ciceros erstem Dialog *De oratore* (1,199).

23 In der röm. Komödie fanden sich formal drei Elemente, von denen die letzten beiden mit einer Flöte begleitet waren: Sprechverse, Rezitative und Gesangspartien. Quintus Roscius Gallus, ein Schauspieler, wurde von Cicero in einem Prozess vertreten; Ciceros Rede *Pro Sexto Roscio comoedo* ist erhalten.

24 Cicero beschreibt diesen Stil ausführlicher in orat. 64.

25 Gemeint ist Quintus Mucius Scaevola Augur (DNP Mucius I 8), in dessen Haus Cicero und Atticus als junge Männer von 90 bis zu dessen Tod 88 oder 87 v. Chr. verkehrten; vgl. Anm. 186. Dieser Kreis wird auch in Brut. 306 und Lael. 1–3 erwähnt.

26 Gemäß dieser Regelung durfte ein Bauherr sein Dach über die gemeinsame Wand zweier Häuser in den Luftraum des anderen bauen, musste aber dafür sorgen, dass das Wasser nicht auf das andere Grundstück floss.

27 Wird beim Abriss eines Hauses eine gemeinsame Wand mit einem anderen Haus beschädigt, muss dieser Schaden nach dieser Rechtsregel ersetzt werden.

28 Eine *stipulatio* war ein formal geschlossener mündlicher Vertrag (Verbalkontrakt), der durch eine feststehende Frage-Antwort-Formel besiegelt wurde, eingeleitet mit der Formulierung: »Versprichst du, dass …?«, auf die das Gegenüber antwortete: »Ich verspreche es« (*spondeo*); vgl. Babusiaux [u. a.] 2023, S. 564–624 (Th. Finkenauer).

29 Ein Gerichtsverfahren war in Rom ein aufwendiger formaler Akt, innerhalb dessen eine Nichtbeachtung der richtigen Klageformeln (*formulae*) in den jeweiligen Verfahrensschritten das Scheitern des Prozesses nach sich ziehen konnte. Die *formulae* waren in der Folge ein häufiger Gegenstand der Rechtschriftsteller. Vgl. Babusiaux [u. a.] 2023, S. 382–394 (J. Platschek).

30 Platon (427–347 v. Chr.) hatte nach seiner *Politeia* zwar ebenfalls eine Schrift *Nomoi* verfasst, allerdings stellen die beiden platoni-

schen Schriften nicht wie *De re publica* und *De legibus* Schwesterschriften dar; anders als in Ciceros *De legibus*, wo *De re publica* häufig erwähnt wird (1,15.20.27; 2,23; 3,4.12.13.32.38), finden sich in Platons *Nomoi* keine Verweise auf die *Politeia*.

31 Hier wird auf die Szenerie des platonischen Dialogs *Nomoi* angespielt. Ähnlich wie die Dialogfigur »Marcus« in *De legibus* von den Dialogpartnern nicht namentlich angesprochen wird, so ist in den *Nomoi* der Hauptgesprächspartner ein namenloser ›Athener‹ – Cicero identifiziert ihn an dieser Stelle mit Platon.

32 Überliefert ist in den Codices B, A, E, H, L *honesta*; Powell ändert in *honest⟨ior⟩a*. Gemeint ist offenbar, dass sich bei der Behandlung der Rechtsnatur des Menschen gerade auch der Bereich des moralisch-richtigen Handelns eröffnet. Andere Editionen, z. B. Ziegler/Görler (wo Ziegler *nullo ⟨alio⟩ in* ergänzt), setzen anstelle von *honesta* die Randbemerkung in H *magis* (»bei keinem Diskussionsthema wird stärker offengelegt, …«), die jedoch selbst als Konjektur zu werten ist. Das gut überlieferte *honesta* ganz zu streichen, erscheint ebenso wenig plausibel.

33 Wenn ein neuer Prätor sein Amt antrat, veröffentlichte er ein Edikt, in welchem er darlegte, wie er die Gesetze auszulegen beabsichtigte; vgl. Walter 2017, 37 f., 64, 71. Auf diese Weise entstand mit der Zeit eine Zusammenstellung von juristischem Material, das von Prätor zu Prätor weitergegeben wurde. Die Edikte des Prätors wurden so zu einer wichtigen Quelle röm. Rechtsprechung.

34 Im Jahr 451/450 v. Chr. soll eine dafür beauftragte Kommission das Zwölftafelgesetz erstellt haben, das die erste Kodifikation des röm. Rechts darstellte (vgl. Liv. 3,31 ff.). Vieles an dieser röm. Tradition (und ihrer von Cicero unterstellten Abhängigkeit von der athenischen Gesetzgebung des Solon) muss unklar bleiben: vgl. leg. 2,64 und Anm. 210.

35 Gemeint ist Ciceros Freund Servius Sulpicius Rufus (DNP Sulpicius I), den Cicero (neben Gaius Aquilius Gallus [DNP Aquilius I 12]) als den bedeutendsten Juristen seiner Zeit ansieht.

36 Ähnlich leg. 1,19.33.42; 2,8–10. Ganz ähnlich lautet bereits die von den späteren Autoren oft – und hier auch von Cicero – adaptierte Formulierung des Stoikers Chrysipp von Soloi in seiner Schrift

Περὶ νόμου, »Über das Gesetz«: SVF 3,314 = Marcian. inst. fr. 2 (Dursi) = dig. 1,3,2.

37 Die Herleitung des griech. Wortes νόμος/*nómos* von νέμειν/*némein*, »auf-/zuteilen«, und des lat. Wortes *lex* von *legere*, »auswählen«, findet sich auch sonst. Vgl. z. B. Varro ling. 6,66.

38 In Ausdrücken dieser Art (»wie es mir in den meisten Fällen zu sein scheint«), die sich in *De legibus* häufiger finden, sieht die Forschung eine Haltung des Skeptizismus, die gut zu Ciceros Zugehörigkeit zur akademischen Skepsis, der zeitgenössischen Ausprägung der Schule Platons, passt; vgl. Görler 1995; Atkins 2013, S. 176–179.

39 Das überlieferte, von Powell 2006 in Cruces gesetzte *communibus* verbessert bereits die von Josse Bade (Jodocus Badius Ascensius) 1521 in Paris gedruckte Ausgabe zu *omnibus*; Zelzer 1981, S. 228 erklärt die Verderbnis mit einem Kopistenfehler. Die Lesart *omnibus* erscheint uns inhaltlich tragfähig, denn das höchste Gesetz ist zu Beginn aller Zeit, also »all die Jahrhunderte früher … als jegliches geschriebene Gesetz« entstanden; so auch leg. 2,9.

40 Gemeint sind erneut die sechs Bücher *De re publica*, die Cicero unmittelbar vor *De legibus* abfasste und im Mai 51 v. Chr. in Umlauf brachte.

41 Das überlieferte *natura* erscheint als logisches Subjekt zu *naturam omnem regi* (»dass durch die Natur … der unsterblichen Götter … die gesamte Natur gelenkt wird«) unpassend. Wir folgen Zelzers (1981, S. 229) Vermutung eines Dittographiefehlers und lesen *nutu* für *natura* (vgl. nat. deor. 2,4: ⟨*Iovem*⟩ *omnia nutu regentem*). Anders Watt 1986, S. 265 und dagegen wieder Zelzer/Zelzer 2001, S. 200, Anm. 200.

42 Atticus galt als Anhänger der Schule Epikurs. Insofern müsste er eigentlich von dem Grundsatz Epikurs (341–270 v. Chr.) ausgehen, dass es die Götter zwar gibt, diese aber nicht auf das Leben der Menschen Einfluss nehmen, sondern in sog. Intermundien glückselig für sich leben. Atticus wird von Cicero in *De legibus* (vgl. 3,1) und anderorts nicht als dogmatischer, sondern als großzügig-toleranter Epikureer gezeichnet.

43 Gemeint ist Epikur (*Kyriai Doxai* 1 = Diog. Laert. 10,39; ausführlicher in nat. deor. 1,45 übersetzt); vgl. 3,1.

44 Die Vernunft (*ratio*) ist nach der Lehre der Stoa die zentrale Eigenschaft des Menschen wie des Weltganzen.

45 Mit *recta ratio* gibt Cicero den stoischen Terminus ὀρθὸς λόγος wieder: die rechte, das Richtige treffende Vernunft; vgl. rep. 3,27 und SVF 1,43 und die folgende Anmerkung.

46 Cicero orientiert sich hier, wie bereits in rep. 1,27 (*communi lege naturae*), an der Idee eines κοινὸς νόμος, welche sich bereits in Platons *Nomoi* (645a; vgl. 715b für die Idee des ὀρθὸς νόμος) sowie dann, in Auseinandersetzung mit jenem, bei den Stoikern findet: in der *Politeia* (SVF 1,262 = Plut. mor. 329a–b) des Zenon von Kition, im Zeushymnus (SVF 1,537 = Stob. 1,25,3–27,4) des Kleanthes von Assos (DNP Kleanthes 2) und bei Chrysipp von Soloi, der den κοινὸς νόμος als ὀρθὸς λόγος identifiziert (SVF 3,4 = Diog. Laert. 7,88 f.; vgl. SVF 3,308).

47 Powell tilgt *inter eos communi* als Dublette zum vorhergehenden Satz (*inter eos communio*), die den ursprünglichen Text verdrängt habe; zu erwarten ist sinngemäß vielleicht: »die dies alles miteinander gemeinsam haben« o. ä.

48 Hinter diesen »Vorstellungen« (*intellegentiae*, κοιναὶ ἔννοιαι) steht das stoische Konzept der Prolepsis (πρόληψις), des angeborenen Bewusstseins von bestimmten (insbesondere moralischen) Grundbegriffen bzw. Vorstellungen, die der Entwicklung und Ausprägung bedürfen. Zu den *intellegentiae* (hier zuerst als lat. Begriff zur Vermittlung des griech. stoischen Terminus eingeführt) vgl. 1,30.44.59.

49 Gemeint ist, dass der Mensch sich erinnert, dass die Seele von Gott stammt. Offenbar nicht gemeint ist der Gedanke der Wiedergeburt der Seele.

50 Im Lateinischen wird zwischen *vultus* (»Gesichtsausdruck«) und *facies* (»Antlitz«) unterschieden. Der griech. Begriff πρόσωπον kommt dem lat. *vultus* zumindest nahe. Zur Bedeutung des Antlitzes vgl. auch de orat. 3,221.

51 Dass *ratio* (»Vernunft«) und *oratio* (»Redefähigkeit«) die Basis für die menschliche Gemeinschaft darstellen, ist ein wiederkehrender Gedanke Ciceros; vgl. etwa off. 1,150.

52 Diese Überlegungen über die herausragende Position des Men-

schen hat Cicero auch in der Schwesterschrift *De re publica* (durch die Dialogfigur »Scipio«) entwickeln lassen, und zwar im vierten Buch, wie wir aus dem Referat von Laktanz (opif. 1,11–13) wissen. Sie finden sich später auch im zweiten Buch von Ciceros religionsphilosophischem Werk *De natura deorum* in der Rede des die stoische Position vertretenden Dialogpartners »Balbus«.

53 Das Wort *ita* (»so«) ist nicht überliefert, sondern von Reitzenstein 1893 ergänzt und von Powell 2006 übernommen worden. Diese Hinzufügung ist nicht unumstritten. Gegen sie spricht sich u. a. Büchner 1969, S. 116 aus: »Cicero legt den Ton [...] auf die verpflichtende Tatsache, dass Gott der Erzeuger und Ausstatter ist« und begründet dies darin, dass der »Satzton auf *deus*« liegt und die Zusammenfassung des Gedankens in 1,35 lautet: *primum quasi muneribus deorum nos esse instructos et ornatos.*

54 Cicero beschreibt, wie die Vollendung der Vernunft (vgl. 1,18) erfolgt: Die Verstandesanlagen (*inchoata intellegentia*) sind die Basis dafür, um die Dinge in der Welt zu klassifizieren. Diese Entwicklung von Vorstellungen (vgl. SVF 2,29.9) ist ein natürlicher Prozess, der ohne äußeres Zutun voranschreitet.

55 Die Handschriften P, F^{rec} und H^{rec} ergänzen *ducem nactus* zu *naturam ducem nactus*. Während Powell 2006 und Dyck 2004, S. 149 in *naturam* eine unnötige Ergänzung sehen, erscheint uns der wiederkehrende Gedanke, dass die Natur für den Menschen anleite (1,26), eine irgendwie geartete Ergänzung nahezulegen. Wir lesen daher Bendlins paläographisch naheliegenden Verbesserungsvorschlag *duce natura*.

56 Gemeint sind die Ägypter, die mit Anubis eine Gottheit in Hundegestalt verehrten, mit Bastet eine in Katzengestalt. Hund und Katze galten somit als heilige Tiere. Vgl. auch nat. deor. 1,101.

57 Es handelt sich um ein Zitat von Terenz (Heautont. 77): *Homo sum; humani nil a me alienum puto.*

58 Nach Klemens von Alexandrien (strom. 2,131) habe Kleanthes von Assos (DNP Kleanthes 2) im zweiten Buch seines Werkes *Peri hedones* den zitierten Ausspruch des Sokrates bezeugt.

59 Möglicherweise ist mit dem »Ausspruch des Pythagoras« (*Pythagorea vox*) der von Porphyrius dem Pythagoras zugerechnete Ge-

danke gemeint, »unter Freunden sei der Besitz gemeinsam« (zu finden in Plat. leg. 5,10 739c bzw. in Cic. off. 1,51). Denkbar wäre auch das in off. 3,11 zitierte *ut unus fiat e pluribus* (»dass aus mehreren einer wird«). – Es folgt eine Lücke im Text. Das überlieferte Wort *locus* könnte von Cicero stammen (so etwa Büchner 1969, S. 118) und Zeugnis eines unfertigen Zustands der Schrift sein: Hier habe Cicero weiterarbeiten wollen.

60 Cicero nimmt im Folgenden die hellenistischen Philosophenschulen chronologisch in den Blick: Die ersten drei, nämlich die Alte Akademie, der Peripatos und die Stoa, werden dabei als untereinander in ihrer Lehre ähnlich aufgefasst – wohl in Anlehnung an Antiochos von Askalon (vgl. Anm. 87), der in 1,54 erwähnt wird (vgl. auch nat. deor. 1,16 und fin. 4,3.60–61). In allen drei Schulen sieht Cicero eine Übereinstimmung in der Akzeptanz seiner hier entfalteten Grundlagen des Rechts. Die folgenden zwei Philosophenschulen, der Epikureismus und die Neue Akademie, werden im Folgenden dagegen ausgeschlossen.

61 Aufgezählt werden die drei Scholarchen der Alten Akademie, welche die unmittelbare Nachfolge Platons antraten: Speusipp (Scholarch seit dem Tod Platons, 347–339 v. Chr.), Xenokrates (Scholarch 339–314 v. Chr.) und Polemon (Scholarch 314 – um 275 v. Chr.).

62 Mit Aristoteles (384–322 v. Chr.) und seinem Schüler Theophrast (Scholarch 322–288/286 v. Chr.) ist die Schule des Peripatos vertreten, deren Lehre sich nach Ciceros Ansicht nur wenig von der Alten Akademie unterschied.

63 Mit dem Schulgründer der Stoa, Zenon von Kition (332–261 v. Chr.), und dessen Schüler Ariston von Chios werden zwei Vertreter der Stoa genannt. Die These, dass beide in ihrer Lehre mit der Alten Akademie und dem Peripatos übereinstimmten, wird in 1,55 näher ausgeführt.

64 Gemeint sind die Epikureer, die das in dieser Schule zentrale Ziel der Gemütsruhe (ἀταραξία) mittels der Lust (ἡδονή) bzw. der Freiheit von Schmerz verfolgen.

65 Es handelt sich um eine Spitze gegen die Epikureer, die sich regelmäßig im Garten Epikurs trafen. Ihr Grundsatz »Lebe im Verborgenen« (λάθε βιώσας) lässt sie für Ciceros Projekt, in *De legi-*

bus das Wesen von Gesetz und Recht sowie ihre Realisierung in politischen Gemeinschaften zu diskutieren, ungeeignet erscheinen.

66 Mit Arkesilaos (Scholarch der Akademie Platons 268/264–240 v. Chr.) und Karneades (Scholarch vor 155–136 v. Chr.) werden die zwei zentralen Vertreter der sog. Neuen (oder Skeptischen) Akademie genannt, die, obwohl Cicero sich wiederholt zu ihr bekennt, für den Verlauf der Argumentation von der Berücksichtigung ausgeschlossen wird. Vgl. Anm. 38.

67 Hier ist in der Überlieferung offensichtlich Text ausgefallen. Unmittelbar vor dem Wiedereinsetzen des Textes dürften Delikte genannt worden sein, von denen eine rituelle Sühnung für möglich gehalten wurde. Büchner 1969, S. 119 u. a. vermuten, es könnte sich um Vergehen gegen die übrigen Lebewesen handeln, für welche die Pythagoreer Sühnungen vorschrieben; andere Möglichkeiten sind bei Dyck 2004, S. 175 f. notiert. Der Text setzt mit dem Gedanken wieder ein, für Verbrechen gegenüber Göttern und Menschen gebe es keine Entsühnung.

68 Das Entzünden von Räucherwerk war Teil einer rituellen Entsühnung. Auf was sich »dessen« (*illius*) bezieht oder ob das Wort vielleicht verderbt überliefert ist, lässt sich aufgrund des Textausfalls nicht klären.

69 Die Furien (griech. Ἐρίνυες) sind Rachegöttinnen, die diejenigen verfolgen, deren Vergehen nicht gesühnt werden können. Zu ihren Attributen gehören brennende Fackeln. Furien spielten etwa in den *Eumeniden* oder der *Orestie* des Aischylos eine wichtige Rolle. Zu »Marcus«' Argumentation vgl. 2,43–44 und Pis. 46.

70 Die Oligarchie der »Dreißig Tyrannen« war von den Spartanern im Jahr 404 v. Chr. in Athen eingesetzt worden. Sie führten eine blutige Gewaltherrschaft, bis sie 403 v. Chr. durch Thrasybulos gestürzt wurden. In rep. 1,44 wird die Herrschaft der »Dreißig« als Beispiel für eine entartete Form der aristokratischen Herrschaft angeführt.

71 Lucius Valerius Flaccus (DNP Valerius I 22) wurde im Jahr 82 v. Chr. nach Lucius Cornelius Sullas Sieg gegen Gaius Marius zum *interrex* ernannt. Die von ihm eingebrachte Lex Valeria (Elster

2020, S. 397–402, Nr. 131) machte Sulla zum Diktator mit unbegrenzter Vollmacht. Cicero bezieht sich hier auf eine der Folgen dieser Vollmacht, die sullanischen Proskriptionen röm. Bürger ohne hinreichenden Rechtsschutz; vgl. Elster 2020, S. 407–410. Vgl. hierzu auch leg. agr. 3,5 und Verr. 3,82.

72 Mit dem *einen* Gesetz (*una lex*) ist das Gesetz nach der Definition in 1,18–19 gemeint.

73 Gemeint ist, dass, wer aufgrund eines Nutzkalküls gerecht ist, diese Gerechtigkeit aufgeben dürfte, wenn sich das Nutzkalkül verändert.

74 Hier sind wieder wenige Wörter ausgefallen. Die Konjektur von Johannes Vahlen ([2]1883): *tollantur omnes virtutes necesse est* (»dürften notwendigerweise alle Tugenden aufgehoben werden«) geht in die richtige Richtung, da im Folgenden Einzeltugenden aufgezählt werden; andere Lösungen bei Dyck 2004, S. 187 f. In fin. 4,35 und 5,38 finden sich ähnliche Definitionen.

75 Die *communes intellegentiae* (»gemeinsame Vorstellungen«) gehören zu dem in 1,26 erklärten (stoischen) Konzept von sich in jedem Menschen in gleicher Weise entwickelnden Verstandesanlagen; vgl. die stoische Lehre von der Zueignung (οἰκείωσις): SVF 3,146.

76 Anders als *virtus* kann der entsprechende Begriff im Griechischen (ἀρετή) durchaus auf einen Baum oder ein Pferd angewandt werden. Die ἀρετή könnte beim Pferd z. B. in Schnelligkeit, Stärke oder Ausdauer bestehen.

77 Powell markiert hier eine Lücke durch Textausfall, die Madvig 1842, S. 142 f. wie folgt ergänzt hat: ⟨... *An arboris aut eculei ingenium natura⟩ probabimus, ingenia iuvenum non item?*, »... Oder werden wir die Charakterzüge eines Baums oder Pferds aufgrund der Natur gutheißen, die Charakterzüge junger Männer aber nicht genauso?«

78 Ähnlich Tusc. 4,23.

79 Die Stoa sah die Sinneswahrnehmungen positiv; vgl. SVF 2,33 ff.

80 Chrysipp von Soloi betonte v. a. die negative Rolle der Ammen in der Erziehung; vgl. SVF 3,184,1 (= Quint. inst. 1,1,4).

81 Dass hinsichtlich der Sinneswahrnehmungen den Dichtern keine

Schuld zu geben ist, könnte als eine implizite Kritik an Platons Dichterkritik (Plat. rep. 337d ff.) aufgefasst werden.

82 Hier gibt Cicero die Kardinaltugend σωφροσύνη mit drei Begriffen wieder: *modestia, temperantia, continentia.*

83 Die Stelle ist verderbt; wir folgen Powell, der den überlieferten Text zwischen *cruces* setzt. »Marcus« kritisiert hier möglicherweise die (mit der Schule der Epikureer assoziierten) Philosophen, welche die Sicht vertreten, das Befolgen der Tugenden sollte sich an äußeren Vorteilen orientieren und es gelte, um jeden Preis und mit allen Mitteln etwa einen juristischen Schaden zu vermeiden.

84 Cicero widmet sich der Frage nach dem höchsten Gut in dem Dialog *De finibus*, den er im Sommer 45 v. Chr. abfasst. In ihr wird die Frage nach dem Ziel (τέλος) des Menschen aus der Sicht dreier hellenistischer Philosophenschulen (Epikureismus, Stoa, Peripatos) dargelegt, die jeweils einer kritischen Prüfung unterzogen werden.

85 Lucius Gellius (DNP Gellius 4) hatte 94 v. Chr. die Prätur bekleidet und ging unmittelbar danach als Statthalter in eine röm. Provinz im griech. Osten. Auf seinem Rückweg durch Athen soll er den dort in Auseinandersetzung befindlichen Philosophenschulen seine Vermittlung angeboten und sich damit lächerlich gemacht haben.

86 Gemeint sind die Vertreter der Alten Akademie Platons, die soeben erwähnte »Alte Akademie«.

87 Im fünften Buch von *De finibus* lässt Cicero seine Dialogfigur Piso die Lehre des Antiochos von Askalon entfalten, wobei er ihr, ähnlich wie hier, zwar nicht explizit und sogleich zustimmt, aber später doch folgt. Antiochos' Lehrer Philon von Larissa soll Cicero, der in Rom zu seinen Zuhörern gehörte, für die skeptische Akademie gewonnen haben.

88 Mit »Gärtchen« (*hortuli*) sind die Orte gemeint, an denen sich die Epikureer trafen und philosophierten – in Anlehnung an den »Garten« (κῆπος) der Athener Schule Epikurs.

89 Wir folgen Powells Ergänzung und ihrer Platzierung im Text. Bei der Position des stoischen Philosophen Ariston von Chios han-

delt es sich um eine Ansicht, die auch sein Vorgänger Zenon vertreten hat. Die Ergänzung »wenn … ⟨Zenon auch noch gesagt hätte⟩« impliziert, dass die tatsächliche Meinung Zenons, anders als der hier im Irrealis formulierte Satz, sich in der Sache nicht von den Positionen des Xenokrates, Aristoteles und der Schule Platons unterschied.

90 Zwar waren die Stoiker Gütermonisten und bezeichneten die Tugend als das einzige Gut, doch differenzierten sie innerhalb der »gleichgültigen Dinge« (*indifferentia*, ἀδιάφορα) zwischen »bevorzugten« (*res commodae*, προηγμένα) und »nicht bevorzugten Dingen« (*res incommodae*, ἀποπροηγμένα). Durch diese Differenzierung sei die Stoa Zenons, so Ciceros Argumentation, im Prinzip dem Peripatos gleich, da auch dort die Tugenden in der Güterhierarchie ganz oben stünden und sich unterhalb dieses ›höchsten Gutes‹ weitere Güter anschlössen.

91 Bei der *usucapio*, »Ersitzung«, handelte es sich um den Erwerb des Eigentums an einer Sache, nachdem man diese eine Zeitlang bereits rechtmäßig besessen hat; vgl. Babusiaux [u. a.] 2023, S. 1121–44 (F. Klinck). Zwischen den Zäunen zweier Weiden musste nach röm. Rechtsregelung ein Zwischenraum von fünf Fuß eingehalten werden, der auch nach dem Gewohnheitsrecht nicht in den Besitz eines der beiden Nachbarn gelangen durfte: Solches soll schon im Zwölftafelgesetz, Tafel 7,4 (Düll), gestanden haben.

92 Die *lex Mamilia de limitibus* (Elster 2020, S. 197–200, Nr. 66) brachte der Volkstribun Gaius Mamilius Limetanus (DNP Mamilius 4) im Jahr 109 v. Chr. ein; sie besagte, dass bei Streitigkeiten, die einen fünf Fuß breiten Grenzstreifen betrafen, nur ein einziger Schiedsrichter zu berufen war.

93 Wortspiel: *finis bonorum* heißt »das höchste Gut«, *finis* allein meint dagegen »Grenze«.

94 Zusammenfassend stellt »Quintus« die Ähnlichkeiten zwischen Peripatos und Stoa einander gegenüber, deren Opposition sich in den Formulierungen *vita modica … frui* (»ein maßvolles Leben … führen«) und *naturam sequi et eius quasi lege vivere* (»der Natur folgen und gewissermaßen nach ihrem Gesetz leben«) erkennen lässt.

95 Die Manuskripte überliefern »Marcus« als Sprecher, während Poggio Bracciolini »Atticus« als Sprecher setzt; ihm folgten die Editoren seit der frühen Neuzeit, da es sich offenbar um einen Kommentar zu Marcus' Exkurs zu der Frage nach dem höchsten Gut (1,52–56) handelt. Diese Zuschreibung ist allerdings nicht zwingend und von Schmidt 1974, S. 285 und Ziegler/Görler 1979 infrage gestellt worden, zumal der Text einen Sprecherwechsel nicht explizit anzeigt.

96 Gemeint ist »Marcus«' Exkurs über das höchste Gut (1,52–56). Eine systematische Darstellung der verschiedenen Lehren zum höchsten Gut stellt Cicero später ausführlicher in fin. 5,15–28 zusammen.

97 In dieser Textlücke ist zumindest das Verb des konsekutiven Nebensatzes verloren gegangen.

98 Gemeint ist der griech. Begriff φιλοσοφία (»Weisheitsliebe«).

99 Der bekannte Spruch γνῶθι σαυτόν wurde auf den Gott Apollon in Delphi zurückgeführt.

100 Das Substantiv *prudentia* (»Klugheit, Voraussicht«) wird hier von dem Verb *providere* (»vorausschauen«) abgeleitet.

101 Die Unterscheidung der zwei Rede- und Argumentationsstile findet sich schon in *De oratore* (3,177); dort wird das *genus tenue* oder *subtile* u. a. dem Diskursverhalten bestimmter Philosophen zugeordnet (etwa dem Sokrates oder der Stoa: de orat. 3,60.66).

102 Gemeint ist die Weisheit (*sapientia*), mit der Beschäftigung mit der Weisheit (*studium sapientiae,* äquivalent zu *amor sapientiae*) wiederum die Philosophie; vgl. Dyck 2004, S. 236.

103 Einen künstlichen Kanal mit Namen Euripus hatte Lucius Licinius Lucullus (DNP Licinius I 26) bei seiner Villa außerhalb Neapels kostspielig anlegen lassen, um sie mit dem Meer zu verbinden (Plin. nat. 9,170; vgl. Plut. Luc. 38,2–41,6; zuletzt Scholz 2024, S. 216–220); einen (weniger aufwendigen) Kanal in einem der bei Arpinum gelegenen Anwesen seines Bruders nennt Cicero Nilus: ad Quint. fratr. 3,7,7 (54 v. Chr.).

104 »Atticus« scheint hier zum einen auf Ciceros 54 v. Chr. gehaltene Rede für Gnaeus Plancius (DNP Plancius 2) aus Atina (bei

Arpinum) Bezug zu nehmen (vgl. bes. Planc. 20–22), zum anderen mag eine Anspielung auf Ciceros epische Dichtung *De consulatu suo* aus dem Jahr 60 v. Chr. vorliegen: Ein Brief an Atticus (ad Att. 2,15,3; 59 v. Chr.) zitiert aus einem Vers (fr. 13 Blänsdorf; vgl. Courtney 2003, S. 511) die Worte *montes patrios*.

105 Cicero besaß zahlreiche weitere Landgüter in Italien, auf denen er sich häufiger als in Arpinum aufhielt.

106 Die sabinische Villa des Mucius Curius Dentatus (Sieger über die Sabiner 290 und Zensor 272 v. Chr.; DNP Curius 4) wurde schon von Cato d. Ä. als ein Beispiel altröm. Frugalität gepriesen; so noch Cic. Cato 55.

107 Odysseus wurde von Kalypso die Unsterblichkeit versprochen, aber er zog es vor, nach Hause nach Ithaka zurückzukehren; so schon de orat. 1,196.

108 Möglicherweise ein (weiteres) Selbstzitat: In dem in Anm. 104 genannten Vers (fr. 13 Blänsdorf), vermutlich aus Ciceros *De consulatu suo*, steht *incunabula nostra*.

109 Gemeint ist Marcus Porcius Cato Censorius (DNP Porcius Cato 1), der Konsul von 195 v. Chr., dessen Geburtsort Tusculum war; vgl. die folgende Anmerkung.

110 Spätestens mit dem Ende des Bundesgenossenkrieges und der Verleihung des röm. Bürgerrechts an die männlichen freien Bewohner Italiens waren italische Landstädte als *municipia* nach röm. Vorbild organisiert, und ihre Bürger wurden als Munizipalen (*municipes*) bezeichnet. Diese Entwicklung hatte sich bereits lange vorher angebahnt: Die Bürgerschaft von Tusculum, der Heimatstadt des Cato Censorius, erhielt als erstes italisches Municipium angeblich bereits 381 v. Chr. das volle röm. Bürgerrecht (Planc. 19). Die politische, rechtliche und kulturelle Homogenisierung Italiens v. a. im 1. Jh. v. Chr. beschleunigte dann die Standardisierung zuvor autonomer lokaler Verwaltungsstrukturen, auch wenn die von Rom für die Munizipien erlassenen *leges* bis in augusteische Zeit (vgl. etwa die *lex Iulia municipalis*, CIL I² 593) lokale Besonderheiten aufweisen konnten. Zum *municipium* Arpinum s. leg. 3,36. Zum Hintergrund vgl. Thomas 1996; Gasser 1999.

111 Die Aussage ist zwar allgemeingültig formuliert, wird aber hier am Beispiel des röm. Italiens exemplifiziert: Für Marcus Cicero und seinen Bruder Quintus ist das politische Gemeinwesen, welches Vorrang hat, die *res publica* Roms und die entsprechende Bürgerschaft diejenige aller röm. Vollbürger.

112 Die (nicht erhaltene) Verteidigungsrede, die Cicero und Gnaeus Pompeius Magnus (»der Große«: DNP Pompeius I 3) für Titus Ampius Balbus (DNP Ampius 2; zur Rede vgl. Crawford 1984, Nr. 59) hielten, datiert Gruen 1995, S. 313 f. in das Jahr 55 v. Chr., Dyck 2004, S. 261 in das Jahr 56 v. Chr. – also kurze Zeit vor der Abfassung des Dialogs. Mit den beiden »Rettern« sind Cicero selbst und Gaius Marius (vgl. Anm. 1) gemeint.

113 Wer in Rom von einer anderen Familie adoptiert wurde, nahm in der Regel das Gentiliz der adoptierenden Familie an.

114 Vgl. Plat. Phaidr. 229a–230b, wo Sokrates den Fuß ins Wasser taucht, um dessen Temperatur abzuschätzen und sich zu erfrischen (das Motiv wird bereits in de orat. 1,28 aufgegriffen). Wie schon die Einleitung zu Buch 1 (vgl. Anm. 8 und 31) evoziert auch diejenige zu Buch 2 zahlreiche Motive und Themen der platonischen Dialoge.

115 Ein weiteres Selbstzitat Ciceros, dieses Mal aus dem Jugendwerk *Aratea* (= fr. 1 Soubiran).

116 Powells Ergänzung von ⟨*Iove*⟩ im lat. Text, »bei demselben ⟨Jupiter⟩«, scheint uns unnötig.

117 Cicero zitiert hier den Anfang des ersten ›Gesetzes‹ der ersten Gesetzestafel (Tafel 1,1, Düll) aus dem Zwölftafelgesetz. Vgl. Anm. 210.

118 Dieses und das folgende (mythologische) Beispiel – das eine positiv, das andere negativ – entnimmt Cicero der röm. *exempla*-Tradition: Horatius Cocles (DNP Horatius 1) soll allein eine etruskische Armee aufgehalten und sich dann schwimmend, da man die Brücke über den Tiber hinter ihm zum Einsturz gebracht hatte, auf das röm. besiedelte Tiberufer gerettet haben.

119 Die Vergewaltigung Lucretias durch Sextus Tarquinius, den Sohn des letzten röm. Königs Lucius Tarquinius Superbus, führ-

te der historiographischen Tradition zufolge zum Aufstand gegen die Königsherrschaft und zu ihrem Ende.

120 Die Ergänzung *⟨aeternum quoque⟩* stammt von John Davies (1727).

121 Das Subjekt des Satzes scheint in der Überlieferung ausgefallen zu sein; unsere Übersetzung lehnt sich an den Ergänzungsvorschlag an, den Powell im Apparat zu seiner Ausgabe *exempli gratia* vorschlägt, aber nicht in den Text übernimmt.

122 Diese etymologische Herleitung wurde in 1,19 eingeführt.

123 Die Landverteilungsgesetze des Lucius Appuleius Saturninus (Volkstribun 100 v. Chr.; DNP Appuleius I 11) und des Sextus Titius (Volkstribun 99 v. Chr.; DNP Titius I 6) sowie die mehreren von Marcus Livius Drusus (DNP Livius I 7) als Volkstribun 91 v. Chr. eingebrachten Gesetze stießen auf heftigen innenpolitischen Widerstand; 2,31 erklärt, dass ihre Annullierung aufgrund (vorgeblicher) religiöser Fehler, und zwar der Missachtung der Auspizien während der gesetzgebenden Versammlung (dazu 2,21.32; 3,11), erfolgte. Die entsprechenden Gesetze sind bei Elster 2020 (S. 254–260, Nr. 84; S. 274–276, Nr. 88; S. 297–319, Nr. 96–101; et passim) gesammelt und kommentiert.

124 Das Klientelverhältnis der Lokrer zu den Tullii Cicerones dürfte auf die Zeit der Anklagereden Ciceros gegen Gaius Verres (DNP Verres, Gaius), den korrupten Statthalter Siziliens, aus dem Jahr 70 v. Chr. zurückgehen. Zur antiken Kontroverse um die Existenz des lokrischen Gesetzgebers Zaleukos s. schon Timaios, FGrHist 566 F 130a (Jacoby) und Theophrast fr. 598C (Fortenbaugh).

125 Die Ergänzungen entstammen der von Aldo Manuzio 1523 in Venedig gedruckten Ausgabe der Werke Ciceros.

126 Die nötige Ergänzung *⟨tum⟩* hat bereits Alexander Minutianus in der Mailänder Ausgabe der Werke Ciceros von 1498 vorgenommen.

127 Die Furcht vor göttlicher Bestrafung wurde bereits in 1,40 thematisiert. Bei Eiden und Verträgen in allen Lebensbereichen wurden die Götter als ›Zeugen‹ angerufen, auf die sich eine Partei bei Nicht-Einhaltung später berufen konnte. Die Anbindung

sozialer Interaktionen aller Art an den religiösen Bereich stärkt die Idee des Sozialvertrags, an den Cicero hier denken mag.

128 Bei den *leges sacratae* handelt es sich um »Gebot[e] oder Verbot[e]« – nicht: ›Gesetze‹ im technischen Sinn – »normativer Art, [die] durch Weihung« – will heißen: Sakration/Konsekration – »des Übeltäters an die Gottheit abgesichert« wurden und die in spätrepublikanischer Vorstellung ursprünglich dem »Schutz plebejischer Einrichtungen gegen patricische Übergriffe« galten (Bleicken 1975, S. 62, 88–90; vgl. Ducos 1984, S. 179–181). Die Junktur von Zwölftafelgesetzen und *leges sacratae* findet sich auch in Cic. dom. 43 (57 v. Chr.) und Sest. 65 (56 v. Chr.); vgl. Anm. 335.

129 Die Sprache der ciceronischen ›Gesetze‹ besprechen u. a. Jordan 1879, S. 225–250, Wilhelms 1942 (knappe Zusammenfassung in Wilhelms 1943), Powell 2005 sowie der Kommentar von Dyck 2004.

130 Cicero verwendet im Folgenden abwechselnd die Begriffe *divi*, »die Göttlichen«, und *dei*, »die Götter«, intendiert aber keine kategorische Unterscheidung zwischen beiden Begriffen. Er scheint *divus* als den ursprünglichen (und dem Duktus seiner Gesetzessprache angemesseneren) Begriff zu erachten; ähnlich z. B. der Zeitgenosse Varro (überliefert bei Serv. ad Aen. 12,139). Vgl. Wardle 2002, S. 182–186. Später wurde der Begriff *divus* oft (aber nicht ausschließlich) für die zu Göttern erklärten Kaiser und andere ›divinisierte‹ Mitglieder des Kaiserhauses verwendet.

131 In den Großstädten der hellenist.-röm. Antike war der Zuzug von Neuankömmlingen mitsamt den Göttern ihrer Heimatstädte die Norm; ihrer Akzeptanz durch die politische Öffentlichkeit setzt Cicero hier enge Grenzen; vgl. 2,37 mit Anm. 170.

132 Die verschiedenen Ergänzungen und Umstellungen in dieser Passage gehen auf Robert Estienne im 16. Jh., auf Madvig 1842, S. 135 f. und auf Feldhügel 1852/53, Bd. 2, S. 152 zurück.

133 Die röm. *familia* entspricht nicht dem modernen Konzept der ›Familie‹, sondern war die agnatische Organisationsform eines Haushalts, der neben den leiblichen Kindern des *pater familias*

weitere von ihm abhängige Mitglieder, Freie ebenso wie Sklaven, umfasste, die rechtlich, finanziell und sozial von ihm abhingen.

134 *Feriae* (»Feiertage«) waren Eigentum der Götter; an ihnen ruhten für gewöhnlich die Arbeit, der Rechtsverkehr und politische Aktivitäten; die Kalender (*fasti*) markierten den Termin vieler fester *feriae*; bewegliche Feiertage mussten mündlich verkündet werden. Vgl. hierzu ausführlicher Rüpke 1995, bes. S. 487–522.

135 Wollte man an dem überlieferten und auch von Powell gedruckten *committi* festhalten, müsste man hier, wie in 2,22 und 2,37, die ganz unbefriedigende Bedeutung »fehlerhaft begehen« annehmen. Zelzer 1981, S. 227 vermutet hier einen Kopistenfehler und korrigiert sehr plausibel zu *ommitti*.

136 Bei den *sacerdotes publici* denkt Cicero hier, wie auch sonst, besonders an die Pontifices, trotz der weiteren Unterteilung im nächsten Satz; vgl. auch die folgende Anmerkung.

137 Die hier adoptierte handschriftliche Lesart *duo*, »zwei«, anstelle von *tria*, »drei«, impliziert, dass Cicero lediglich zwei ›Gattungen‹ von für die *sacra* zuständigen Funktionsträgern (*sacer-dotes*) unterscheidet – die Pontifices (mit umfassenden Zuständigkeiten) und die *quindecimviri sacris faciundis* (deren Bereich sogleich eingeschränkt wird). Die Auguren, die anschließend diskutiert werden, subsumiert er nicht unter die Versorgung der *sacra*, sondern trennt ihren Funktionsbereich vom Vorhergehenden. Vgl. v. a. Cohee 2001, bes. S. 96–99.

138 Wir sehen keinen guten Grund, mit Powell und Dyck (2004, S. 305) das überlieferte *sacerdotesque* der Handschriften zu tilgen, ergänzen aber verknüpfendes ⟨*et*⟩.

139 Zur Beobachtung der Zeichen grenzten die Auguren einen (dreidimensionalen) Beobachtungsraum (*templum*) in Regionen ab, innerhalb derer sie die Zeichen deuteten. S. ausführlich Linderski 1986.

140 Das Verb *procurare*, das wir hier wörtlich übersetzen, setzt Cicero für den technischen Begriff *procuratio*, die rituelle »Erledigung« eines außergewöhnlichen, als widernatürlich wahrgenommenen Vorzeichens in der Natur (*prodigium*); vgl. 2,34.

141 Analog zu 2,20 und 2,37 (Anm. 135 und 171) bevorzugen wir auch hier die einfache Korrektur *ommissum*, nicht das überlieferte *commissum*.

142 Die Galli, Verehrer der griech. Meter Megale / Kybele, die als Mater Magna 204 v. Chr. nach Rom eingeführt worden war, zogen während der zu Ehren der Göttin im April jedes Jahres veranstalteten Ludi Megalenses durch die Straßen Roms und gingen die Einwohner um Geldgeschenke an; vgl. Dion. Hal. 2,19,5. Das Thema ›Bettelpriester‹ behandelt auch Platon (rep. 364b–c, leg. 909b).

143 Die naheliegende Ergänzung stammt von Powell.

144 Die Gesetze Numas, den die röm. historiographische Tradition zum ersten Gesetzesgeber macht, stehen stellvertretend für die sog. *leges regiae*, Normen und ›Gesetze‹, oft religiösen Inhalts, die man der Königszeit Roms im Allgemeinen und v. a. Numa zuschrieb, die aber zu großen Teilen wohl mittelrepublikanischen Ursprungs sind; ausführlich Bell / du Plessis 2020.

145 Cicero verweist hier erneut auf *De re publica*, die Schwesterschrift von *De legibus*, in der Scipio Africanus der Hauptunterredner ist.

146 Die Ergänzungen im lateinischen Text sind von Powell eingefügt worden.

147 In der gesetzgebenden Versammlung schlug der Antragsteller das Gesetz vor (*rogatio*) und empfahl seine Annahme (*suasio*), ehe man mithilfe von zwei Stimmtäfelchen (*tabellae*), welche die Aufschriften *U(ti) R(ogas)*, »Wie du vorschlägst«, und *A(ntiquo)*, »nach altem Brauch«, trugen, für oder gegen den Gesetzesantrag stimmte.

148 Cicero hat hier, wie auch in der sprachlich ähnlichen Passage rep. 3,9, die Zerstörung Athens durch die persischen Invasoren im Jahr 480 v. Chr. vor Augen. Bei den Magoi (lat. *magi*) handelt es sich um eine spezielle Klasse persischer religiöser Spezialisten, nicht um ›Magier‹ im landläufigen Sinne. S. auch die folgende Anmerkung.

149 Vgl. Plat. leg. 778b–d, wo der athenische Dialogpartner Tempel in der Stadt befürwortet; anders der Stoiker Zenon von Kition,

der in seiner *Politeia* die Errichtung von Tempeln in der Stadt ablehnt (SVF 1,264 = Plut. mor. 1034b; vgl. Diog. Laert. 7,32 f.).

150 Vgl. Thales fr. 11 A 23 (Diels/Kranz).

151 Wir folgen Watt 1986, S. 267, der den Ausfall eines Wortes wie *hominum* oder *communi* vor *opinione* vermutet.

152 Nach dem Scheitern ihres Versuchs, um 630 v. Chr. die Macht in Athen an sich zu reißen, flüchteten sich Kylon und seine Anhänger an den Altar der Athena Polias, wo sie von ihren Gegnern umgebracht worden sein sollen. Die Sühnung dieses ›Frevels‹ durch das Erbauen von Tempeln und Altären für Hybris und Anaideia findet sich häufiger in der historiographischen Tradition: vgl. FGrHist 457 T4e (Jacoby) und Theophrast fr. 646 (Fortenbaugh) – die mögliche Quelle Ciceros. Die Historizität von Heiligtümern für diese Gottheiten ist aber fraglich: FGrHist IIIb 334 2,512–513 (Jacoby).

153 Es folgt eine Liste mit Gottheiten, die alle in Rom einen oder mehrere Tempel besaßen.

154 Ein Tempel der Göttin Spes wurde von Aulus Atinius Caiatinus (DNP Atilius I 14) während des Ersten Punischen Krieges (264–241 v. Chr.) gelobt und darauf in Rom errichtet.

155 Nach einem weiteren Wort (von den Handschriften als *comestum* oder ähnlich überliefert) ist hier Text ausgefallen. In der Lücke muss auch der Abschnitt 19,8 (»Zu den alljährlichen religiösen Handlungen möge man sich einfinden«) behandelt worden sein.

156 Eine Ergänzung von Powell auf Vorschlag von Andrew Dyck (vgl. Dyck 2004, S. 339, der aber griech. ⟨Ἑστία⟩ druckt).

157 Cicero führt zuerst hier den Begriff *optimates* ein. Er ist inhaltlich bedeutungsgleich mit den Begriffen *optimi* oder *boni* und bezeichnet, wie schon in rep. 2,41, die lokale Aristokratie bzw. die Mitglieder des röm. Senats; doch schwingt bisweilen auch die – von Cicero immer wieder forcierte – Unterteilung der aristokratischen politischen Akteure in der Späten Republik in ›Optimaten‹ und ›Popularen‹ mit (*popularis:* 3,26.35.37). Vgl. Walter 2017, S. 220 f., 79: »Als *boni* oder *optimates* wurden von Cicero gelegentlich die Anhänger einer traditionellen Herrschaft des Senats, oft aber auch nur seine eigenen Helfer bezeichnet.«

158 Cicero wurde in das stadtröm. Kollegium der Auguren kooptiert, nachdem dort durch den Tod des Marcus Licinius Crassus (DNP Licinius I 11) im Jahr 53 v. Chr. ein Platz vakant geworden war.

159 Das gesamte Volk (*populus*) stimmte in den Komitien (»Zusammenkünften«, *comitia*) ab (Cicero wählt hier wie in 3,9.11 die Variante *comitiatus*: vgl. Anm. 270), während die röm. Plebs sich unter Ausschluss der Patrizier in der »Versammlung der Plebs« (*concilium plebis*) traf. Die vom *concilium plebis* erlassenen Beschlüsse hießen *plebiscita*, nicht *leges*, hatten zu Ciceros Zeit aber die bindende Kraft von Gesetzen. Die Komitien der Zenturien (*comitia centuriata*) scheinen hautsächlich als Wahlzusammenkünfte fungiert zu haben, während die Komitien der Tribus (*comitia tributa*) legislative Funktion hatten. In der Späten Republik wurde die überwiegende Zahl der gesetzgebenden Versammlungen von *tribuni plebis* einberufen. Bisweilen wird vermutet, dass es sich bei den *comitia tributa* und dem *concilium plebis* um ein und dieselbe Versammlung handelt. Einen guten Überblick bietet Walter 2017, S. 58–68.

160 S. Anm. 123.

161 Zuerst hier, dann in 3,6–8, unterscheidet der Text mit den Begriffen *domi* (»zu Hause«) und *militiae* (»beim Dienst als Soldat«) zwischen den Aktivitäten der Bürger in Rom und denen außerhalb der Stadt, zwischen dem zivilen und dem militärischen Bereich, zwischen Frieden und Krieg, zwischen dem ›innenpolitischen‹ Bereich und dem, was im Feld/Krieg geschieht.

162 Sowohl Gaius Claudius Marcellus (DNP Claudius I 7) als auch Appius Claudius Pulcher (DNP Claudius I 24), Kollegen Ciceros im Augurenkollegium, publizierten Schriften zur Auguraldisziplin. Die Schrift des Appius Claudius Pulcher war Cicero gewidmet; wenige Fragmente seines Werkes *De disciplina augurali*, »Über die Lehre der Auguren«, sind bei Festus (p. 214,14–20; 382,10–13; 386,13–20 [Lindsay]) überliefert.

163 Die Liste enthält, in dieser Reihenfolge, zwei mythische Seher, zwei mythische Gründer griech. Orakelstätten (des Apollonorakels in Klaros und des Amphiareion bei Oropos) sowie zwei Seher des von Homer erzählten Trojanischen Krieges.

164 Zur Einholung der Auspizien durch Romulus für die Gründung der Stadt Rom s. Enn. ann. 72–91 (Skutsch), zitiert in div. 1,107–108, aber bereits in rep. 2,16 angesprochen.

165 Powell nimmt plausibel an, dass *in hac religione versari*, »diese religiöse Aufgabe zum Thema haben«, sich auf die *religio* der Haruspices im unmittelbar vorausgehenden Satz zurückbezieht; er vermutet daher, dass Text ausgefallen ist. Bei der hier angesprochenen Rede (*oratio*), deren Identität der Text in der Lücke geklärt hätte, handelt es sich laut Powell um die Rede *De haruspicum responsis*, die Cicero im Jahr 56 v. Chr. vortrug; vgl. den Kommentar von Dyck zur Stelle (2004, S. 351). Cancik 1995 diskutiert die formalen wie inhaltlichen Gemeinsamkeiten der Rede und *De legibus*.

166 Lat. *initia* bedeutet sowohl »Anfänge« und »Anfangsgründe« als auch »Einweihung(sfeier)«, Letzteres als lat. Entsprechung zu dem griech. Wort μυστήρια, »Mysterien«.

167 Publius Clodius Pulcher (DNP Clodius I 4) soll Anfang Dezember 62 v. Chr. nachts in Frauenkleidern in die religiöse Feier für Bona Dea in Rom eingedrungen sein, obwohl diese den röm. Matronen vorbehalten war. Bei dem sich anschließenden Prozess sagte Cicero gegen Clodius aus und widerlegte dessen Alibi.

168 Das Verbot der Bacchanalien, bei denen Bacchus/Dionysos gefeiert wurde, durch einen Senatsbeschluss (*senatus auctoritas* meint hier *senatus consultum*) im Jahr 186 v. Chr. ist auch inschriftlich belegt: CIL I^2 581 = ILLRP 511. Die spätere Darstellung bei Livius (39,8–19) schmückt den ›Skandal‹ aus.

169 Ein Diagondas von Theben ist nicht anderweitig bekannt. Möglicherweise ist der Name verderbt überliefert.

170 So in der nur fragmentarisch überlieferten Komödie *Hōrai* (vgl. Aristoph. test. II und fr. 578 Kassel-Austin), wo der Gott Sabazios erwähnt wird.

171 Auch hier (vgl. schon Anm. 135 und 141) lesen wir gegen die gängigen Ausgaben eine Form des Verbs *omittere*.

172 Auch diese Wörter sind verderbt überliefert. Wir übersetzen die von Powell und Dyck vorgeschlagenen Ergänzungen und Korrekturen; vgl. Dyck 2004, S. 356.

173 Wir folgen Powells Text, der hier *et pugillatu et luctatione* (»im Faustkampf und im Ringen«) liest, aber Zelzer/Zelzer 2001, S. 209 f. möchten für den Archetyp aus den Handschriften *et pugillatione vel lucta(tione)* rekonstruieren, wobei *vel lucta(tione)* eine Variante/Glosse sei.

174 Plat. leg. 653d.

175 Plat. rep. 424c; vgl. noch Plat. leg. 700a–701d.

176 Die Passage ist mit Sicherheit verderbt, und auch Powells Text, der u. a. Johannes Vahlens (hier nicht übersetzte) Ergänzung ⟨*video*⟩ übernimmt, vermag die Überlieferung nicht zufriedenstellend zu heilen. Die intendierte Aussage lässt sich gleichwohl rekonstruieren: Das implizierte Subjekt des Gliedsatzes, von uns *exempli gratia* eingefügt, ist das Publikum von Tragödien-Aufführungen im Theater.

177 Als Alexander 333 v. Chr. die Stadt Soloi in Kilikien eroberte, belegte er die Einwohner aufgrund ihrer perserfreundlichen Haltung mit einer Geldzahlung; dass er in einem dortigen Tempel einen Schatz zur Aufbewahrung hinterlegt habe, wie Cicero hier berichtet, ist nirgendwo anders überliefert.

178 Schmidt 1959, S. 77 vermutet, dass die Diskussion dieser Punkte hier noch nicht abgeschlossen ist, sondern auf Buch 4, das nicht erhalten ist, verschoben wurde.

179 Plat. leg. 716e, 905d; vgl. 910a–b.

180 Cicero verließ Rom fluchtartig im März 58 v. Chr., um seiner vom Volkstribun Clodius betriebenen Verbannung zuvorzukommen, nicht ohne vorher eine Statuette der Minerva, die er in seinem Haus auf dem Palatin verehrte, zu ihrem Schutz in den Tempel der kapitolinischen Trias zu transferieren. Sein Anwesen wurde demoliert und enteignet; in einem Teil davon ließ Clodius einen Schrein für die Göttin Libertas (»Freiheit«) erbauen, um so die von ihm propagierte Befreiung von dem ›Tyrannen‹ Cicero zu untermauern: Dieser habe bei der Niederschlagung der sog. Catilinarischen Verschwörung röm. Bürger entgegen dem notwendigen Rechtsverfahren exekutieren lassen. Ciceros ironische Bezeichnung derselben Gottheit als »Freizügigkeit« spielt u. a. auch auf den Bona-Dea-Skandal an (vgl.

Anm. 167). Clodius und mehrere seiner Anhänger kamen am 18. Januar 52 v. Chr. außerhalb Roms gewaltsam zu Tode.

181 Powell übernimmt hier Ergänzungen, die Karl Felix Halm (in von Orelli / Baiter / Halm ²1861) vorgeschlagen hat.

182 Plat. leg. 955e.

183 *Sacrum* bezeichnet dasjenige, was einer Gottheit kon*sekr*iert wurde und damit in ihren Besitz übergegangen ist: etwa der Tempel, der Altar, das Götterbild, der sakrale Ort, Geld usw. (vgl. z. B. Gaius Aelius Gallus [DNP Aelius I 3] bei Festus p. 424,13–30 [Lindsay]).

184 Andreas Bendlin schlägt vor, im lat. Text an dieser Stelle *de ⟨deorum⟩ Manium* zu lesen; die auch sonst gängige Verbindung der Wörter *di* und *Manes* findet sich in 2,22.62; *deorum* ist hier nach *de* ausgefallen (Haplographiefehler).

185 Das *ius civile*, also das »bürgerliche« oder »Zivilrecht«, hier im Gegensatz zum Pontifikalrecht.

186 Hier und im Folgenden setzt sich Cicero kritisch mit Publius Mucius Scaevola (DNP Mucius I 5), dem Konsul des Jahres 133 v. Chr. und Pontifex Maximus seit ca. 130 v. Chr., sowie mit dessen Sohn, Quintus Mucius Scaevola (DNP Mucius I 9), der 95 v. Chr. Konsul war und um 89 v. Chr. ebenfalls Pontifex Maximus wurde, auseinander. Hintergrund ist das Verhältnis von Pontifikal- und bürgerlichem Recht, das Cicero als Konflikte unterschiedlicher Interessenlagen wahrnimmt; vgl. Johnson 2015. Beide Scaevolae waren bedeutende Juristen, erteilten Rechtsbescheide (*responsa*) und behandelten in ihren Schriften extensiv Fragen des röm. Zivilrechts. Die wenigen Fragmente der juristischen Schriften des Vaters finden sich bei Bremer 1896, S. 32–34 (zu seiner angeblichen ›Buchausgabe‹ der *Annales Maximi* vgl. Anm. 13), diejenigen des Sohnes sind von Ferrary/Schiavone/Stolfi 2018 ediert und kommentiert worden; vgl. schon Bremer 1896, S. 48–104 und unsere Anm. 189. Der Sohn ist nicht zu verwechseln mit Quintus Mucius Scaevola (DNP I 8), Konsul 117 v. Chr. und Augur, dessen juristische Betätigung auf dem Gebiet des Zivilrechts Cicero ebenfalls bezeugt (Brut. 102), der auch Rechtsbescheide erteilte, aber, anders als die beiden anderen

Scaevolae, offenbar keine juristischen Schriften hinterlassen hat (vgl. Bremer 1896, S. 36 f.). Der junge Cicero trat zuerst in Verbindung zu dem Augur Scaevola (1,13 mit Anm. 25) und schloss sich nach dessen Tod im Jahr 88 oder 87 v. Chr. dessen Cousin, dem Pontifex Maximus Scaevola, an (vgl. auch Lael. 1); das offenbar ambivalente Verhältnis zu diesem Lehrer und Mentor, das bis zu dessen gewaltsamem Tod im Jahr 82 v. Chr. anhielt, bildet den biographischen und intellektuellen Hintergrund von 2,46–53. Vgl. Bruck 1954, S. 24–45; Fontanella 2012, S. 71–78; Benferhat 2016, S. 72–75 und (kritisch abwägend) Tuori 2004.

187 Vgl. bereits 1,14; dort ist es »das Recht der Dachtraufen und Hauswände«.

188 Der Abschnitt 2,48–53 behandelt die Frage, wer die vom männlichen Familienoberhaupt (*pater familias*) durchgeführten Sakralhandlungen – die Feiertage und die Rituale für die Verstorbenen der Familie (Sirks 1994, S. 280–287) – nach dessen Tod fortführen muss. Diese Verpflichtung knüpften sowohl die *antiqui* (2,49; s. Anm. 190) als auch die Scaevolae (2,48–50; s. Anm. 189) nicht mehr ausschließlich an ein agnatisches Prinzip, sondern, den demographisch-sozialen Realitäten geschuldet, an die Höhe des Vermögens, das einer anderen Person aus dem Tod des *pater familias* zuwuchs. Trotz Ciceros Kritik an den Scaevolae scheint sich deren Meinung nicht grundsätzlich von den traditionellen Lösungen der Pontifices zu unterscheiden; offenbar kam es aber durch die Scaevolae (vgl. 2,51 f.) zu einer Angleichung an zivilrechtliche Positionen: Bruck 1954; Sirks 1994, S. 288–296. Diskussion und weiterführende rechtshistorische Einordnung z. B. bei Mayer-Maly 1962, S. 90–96; Babusiaux 2015; Babusiaux [u. a.] 2023, S. 1130 f. (F. Klinck).

189 Anders als bei der traditionellen Rangfolge (2,49: Anm. 190) wird von Quintus Mucius Scaevola Pontifex die Verantwortung für die Fortführung der *sacra* also in absteigender Reihenfolge an den Vermögensnehmer geknüpft: 1) der Erbe, 2) derjenige, der das Vermögen mehrheitlich durch Tod oder Testament erhält, 3) derjenige, der das Vermögen durch Nießnutz »ersitzt« (*usucapio*: Anm. 221), 4) der Mehrheitsgläubiger sowie 5) der

Mehrheitsschuldner. – Quintus Mucius Scaevola Pontifex verfasste *Libri iuris civilis* (oder *De iure civili*) in 18 Büchern; laut Bremer 1896, S. 81 f., 103 und anderen stützt sich Cicero für die Abschnitte 2,47–53 auf dieses Werk; fam. 7,22 (44 v. Chr.?) könnte nahelegen, dass Cicero Scaevolas Werk in seiner Bibliothek hatte. Ferrary/Schiavone/Stolfi 2018, S. 174, 389–397 (= fr. 95) stellen diese Stelle aber zu den anderen Fragmenten Scaevolas. Die Ansicht von Dyck 2004, S. 385, Cicero stütze sich hier und im Folgenden auf Rechtsbescheide Scaevolas, scheint uns weniger wahrscheinlich.

190 Cicero spricht hier von der traditionellen (*antiqui*) Dreiteilung der Verantwortung für die *sacra* auf der Grundlage des Erbschaftserwerbs in dieser Reihenfolge: 1) durch Testament, 2) ohne Testament (Intestaterbfolge) sowie 3) vermittels von Vermächtnissen (lat. *legata*).

191 Ein Eingriff in den erneut verderbten Text ist erforderlich; wir übersetzen die Ergänzung, die Powell *exempli gratia* vorschlägt.

192 Mit den Scaevolae sind die beiden Pontifices Maximi gemeint: s. Anm. 186.

193 Statt *deducta*, der Lesart der Handschriften und der modernen Ausgaben, lesen wir mit Zelzer 1981, S. 228 f. *deductio*, den Terminus technicus für »Abzug«.

194 Hier handelt es sich um eine spezielle Form der Teilung im Erbschaftsrecht: das Teilungsvermächtnis (*partitio legata*), bei dem der Vermächtnis- oder Legatsempfänger, der hier als Subjekt des Satzes zu verstehen ist, sein Legat aus der Erbmasse erhält (also die Erbschaft mit dem oder den Erben teilt), aber nicht selbst zum Erben wird, wenn sein Legat einen bestimmten Anteil nicht überschreitet; vgl. dazu Babusiaux 2015, S. 285 f.

195 »Durch Kupfer und Waage« bezeichnet einen formalen Rechtsakt – unter Hinzuziehung von fünf Zeugen und einer Person, die die Waage hält –, bei dem ein Käufer manzipierbares Eigentum vom Verkäufer erwirbt. In unserem Fall erwirbt der eigentliche Legatsempfänger das Vermögen nicht als Legat, sondern durch Kauf, nachdem die Erben von ihrer testamentarischen Verpflichtung entbunden wurden.

196 Für die hier referierte Meinung des älteren Scaevola s. Bremer 1896, S. 33. Bei der hier vorgestellten Meinung des Tiberius Coruncanius (DNP Coruncanius) mag es sich um ein später literarisch tradiertes (und dann von Scaevola zitiertes?) juristisches *responsum* handeln. Zu seiner Tätigkeit als Rechtsgelehrter vgl. Bremer 1896, S. 7 f. Zum hier diskutierten Problem s. Mayer-Maly 1962, S. 95 f.

197 S. Anm. 195: Der testamentarische Vorgang wird gleichsam in einen einfachen Vermögenstransfer umgewandelt, bei dem der eigentliche Legatsempfänger das Vermögen nun als Stipulation – d. h. als ausgelobten Kaufvertrag zwischen zwei Parteien, sich selbst und den Erben (vgl. Anm. 28) – erwirbt.

198 Hier bricht der Text erneut ab, um erst mitten in der Diskussion der röm. Totenverehrung wieder einzusetzen; das Ende der Besprechung der röm. Erbfolge ist ebenso ausgefallen wie eine abschließende Bemerkung zum (vorgeblichen) Konflikt zwischen dem Pontifikalrecht und der Position der Scaevolae.

199 Am Anfang des nun folgenden Abschnitts sprach Cicero vielleicht über den religiösen Status der Verstorbenen, das Wesen der Di Manes sowie die Organisation des Totenkults im Allgemeinen. Unter Verweis u. a. auf Plut. qu. R. 34 (»wie Cicero erzählt«) nimmt man plausibel an, dass der Text hier mit dem Fall des Decimus Iunius Brutus Callaicus, Konsul des Jahres 138 v. Chr., Augur und literarisch interessiert (DNP Iunius I 14), wiedereinsetzt, der die Totenfeiertage für seine verstorbenen Angehörigen im Dezember statt, wie vorgesehen, im Februar beging; der Februar nämlich war rituell als Jahresendmonat markiert, und erst ab 153 v. Chr. galt der 1. Januar als der Beginn des Amtsjahres der Konsuln (vgl. Rüpke 1995, S. 193–197).

200 Die röm. *gens* (»Clan« oder »Geschlecht«) war eine verwandtschaftlich konzipierte, aber gleichwohl familien- bzw. hausverbandsübergreifende, akephale Organisationsform der italischen aristokratischen Familien, mit gemeinsamen religiösen Ritualen, sozialen Netzwerken und erbrechtlichen Verpflichtungen.

201 Wahrscheinlicher als Ciceros Ableitung der *feriae denicales* von *nex* (»[gewaltsamer] Tod«) ist diejenige von *deni*, »je zehn«, da

die Familie nach dem Tod des Familienmitglieds einen Trauerzeitraum von neun bzw. (nach inklusiver Zählweise) zehn Tagen verbrachte; zur Sache vgl. Rüpke 1995, S. 511 f.

202 Die Trauerperiode für die Familie (s. die vorige Anmerkung) endete mit einem Hammelopfer an den Lar familiaris, das den Übergang zurück ins Alltagsleben kennzeichnete.

203 Immerhin werden ein paar Details in 2,57 vertieft.

204 Xen. cyr. 8,7,25.

205 Dieser Abschnitt ist z. T. sehr fehlerhaft überliefert: Der sehr technische Inhalt hat den Kopisten offenbar erhebliche Schwierigkeiten bereitet. Wir folgen auch hier dem Text in der Ausgabe von Powell; über alternative Verbesserungsvorschläge informiert Dyck 2004, S. 397 f.

206 Ein erster vermuteter Grund für dieses Verbot ist im Text ausgefallen.

207 Cicero zitiert hier erneut aus dem Zwölftafelgesetz, und zwar Tafel x,1 (Düll).

208 Gaius Fabricius Luscinus (DNP Fabricius I 3), Konsul 282 und 278 v. Chr., war nicht nur ein erfolgreicher Militär, sondern galt Cicero auch als ein Exempel ›altröm.‹ Tugenden (vgl. Tusc. 3,23).

209 Der Tempel des Honos (»Ehre«) wurde wohl im 3. Jh. v. Chr. errichtet. Bei den außerhalb des Stadttors gefundenen *sepulcra* handelte es sich um Armen- und Massengräber; ihr religiöser Charakter wurde von den Pontifices offensichtlich als geringer empfunden als derjenige des späteren Tempels, dessen Konsekration durch das Gemeinwesen ihn zu einer *aedes sacra* und mitsamt Grund und Boden zum Eigentum der Gottheit (vgl. Anm. 183) machte.

210 Zwölftafelgesetz, Tafel x,2 (Düll); Solon fr. 72b (Ruschenbusch) = 89b (Schmitz). Die hier postulierte Abhängigkeit der (von der Forschung traditionell um 450 v. Chr. datierten) Zwölftafelgesetze von den Gesetzen, die Solon zu Beginn des 6. Jh.s v. Chr. für Athen erließ, findet sich zuerst bei Cicero; vgl. Anm. 225. Die Frage, ob er sie als Erster formuliert hat (vgl. Siewert 1978) oder die Aussage auf einer früheren Kommentartradition fußt (Diskussion: Ducos 1978, S. 37–41), darf hier offenbleiben.

211 Anstelle von *tunicula*, »kleines Unterkleid« – einer schönen Konjektur von Turnèbe, die Powell in den Text übernimmt – für überliefertes *vincla* möchte Flach 2004, S. 147, 220 *vinclo*, »Stirnband«, lesen.

212 Der Begriff *lessus* war zu Ciceros Zeit offenbar nicht mehr unstrittig erklärbar; er stellt daher im Folgenden eine Vermutung zu seiner Bedeutung an, die er einem jüngeren Strang der röm. Kommentartradition entnimmt (vgl. Anm. 214). Daher lassen wir den Begriff hier unübersetzt.

213 Zwölftafelgesetz, Tafel X,3–4 (Düll), von den Herausgebern der Solon-Fragmente im Anschluss an das Vorhergehende abgedruckt als Solon fr. 72b (Ruschenbusch) = 89b (Schmitz). Bei dem von Düll als Tafel X,3 übernommenen Text (*Extenuato … lamentationem*, »Nachdem … die Klage auf«) handelt es sich freilich um eine Paraphrase Ciceros, nicht um einen rekonstruierbaren Originaltext aus den Zwölftafelgesetzen.

214 Für uns fassbar beginnt die röm. Kommentartradition zu den Zwölftafelgesetzen mit Sextus Aelius Paetus Catus (DNP Aelius I 11), der im Jahr 198 v. Chr. Konsul war und dessen juristisches Werk *Tripertita* den Gesetzestext mit Kommentierung enthielt (Bremer 1896, S. 13–16, hier S. 16). Lucius Acilius Sapiens aus der Mitte des 2. Jh.s v. Chr. galt ebenfalls als Experte für zivilrechtliche Fragen, der die Zwölftafelgesetze auslegte (Bremer 1896, S. 18). Im Gegensatz zu diesen beiden war der 75 v. Chr. verstorbene Lucius Aelius Stilo Praeconinus (vgl. Suerbaum 2002, S. 552–557) nicht Jurist, sondern Philologe, Kommentator und Lehrer Ciceros und Varros. Für 2,58 ff. dürfte er die inhaltliche wie doxographische Hauptquelle Ciceros gewesen sein.

215 Dies wird in 2,64 ausgeführt.

216 Zwölftafelgesetz, Tafel X,5a (Düll).

217 Dieser Satz ist in den Handschriften nach … *lex impositam iubet*, »… das Gesetz … befiehlt, (ein Kranz sei) … gelegt worden«, weiter unten im Text überliefert, wurde aber bereits von Schömann 1858 hierher verschoben.

218 Zwölftafelgesetz, Tafel X,6a (Düll); obwohl die folgenden Vorschriften in den Ausgaben oft durch Anführungszeichen als

wörtliche Zitate aus den Zwölf Tafeln gekennzeichnet sind, paraphrasiert Cicero einen ursprünglichen Text lediglich; wir haben deshalb keine Anführungszeichen gesetzt.

219 Aus dem Zwölftafelgesetz, Tafel X,7 (Düll) = Plin. nat. 21,7 geht hervor, dass ein zu Lebzeiten (z. B. für militärische Leistungen) verliehener Ehrenkranz dem Toten, aber auch seinem Vater ins Grab beigegeben werden durfte.

220 Zwölftafelgesetz, Tafel X,8 (Düll). Der lateinische Text ist hier besonders vorklassisch.

221 Zwölftafelgesetz, Tafel X,9–10 (Düll); wie im Abschnitt zuvor (s. Anm. 213 und 218) liegt auch hier wahrscheinlich kein wörtliches Zitat aus den Zwölf Tafeln vor. – Zum Rechtsbegriff der *usucapio*, »Ersitzung«, einer besonderen Form des Eigentumserwerbs im röm. Recht, vgl. Babusiaux [u. a.] 2023, S. 1121–44 [F. Klinck], bes. S. 1122, 1140).

222 Gaius Marcius Figulus (Thermus?) (DNP Marcius I 12) war Konsul im Jahr 64 v. Chr.; zum Zeitpunkt der Abfassung von *De legibus* können sein Tod und die Errichtung seines aufwendigen Grabmals nicht lange zurückgelegen haben. Der Ort seines Grabmals ist nicht bekannt.

223 Demetrios von Phaleron fr. 135 (Wehrli) = 53 (Fortenbaugh/Schütrumpf); der Autor dürfte die Hauptquelle Ciceros für diesen Abschnitt sein.

224 Um im lat. Text den Sinn »wörtliche Übersetzung« herzustellen, ergänzt Edward Courtney (zitiert im Apparat von Powells Ausgabe [2006, S. 233]) plausibel das überlieferte *expressa verbis*, das »mit Worten ausdrücken / anschaulich machen« o. ä. bedeuten muss, zu *expressa ⟨verba e⟩ verbis*, »Wort für Wort ausdrücken/übertragen«; Powell hält hingegen am überlieferten Text fest. Schon John Davies (1727) tilgt das erneute Zitat von Tafel X,4 (Düll) als Dublette zu 2,59.

225 Zwölftafelgesetz, Tafel X,3–4 (Düll): bereits in 2,59 zitiert. Die entsprechenden Parallelstellen in den Solon zugeschriebenen Gesetzen: Solon fr. 72a–b (Ruschenbusch) = 89b–c (Schmitz). Nach Plut. Sol. 21,5–7 (Solon fr. 72c [Ruschenbusch] = 89f [Schmitz]) untersagte Solon das Zerkratzen der Wangen und

Wehklagen beim Leichenbegängnis. Ob das röm. Zehn-Männer-Gremium, das die Zwölftafelgesetze verfasst haben soll, diese aber nach den solonischen Gesetzen formulierte, ist sehr fraglich. Vgl. Anm. 210.

226 Auch diese Anordnungen sind als fr. 72a (Ruschenbusch) = 89c (Schmitz) unter die Solon-Fragmente aufgenommen worden.

227 Diese Regelungen sind den athenischen Politikern Kleisthenes oder Themistokles zugewiesen und damit in das späte 6. oder frühe 5. Jh. v. Chr. datiert worden.

228 Seine Kenntnis dieser angeblichen Regelung des Pittakos von Mytilene, der zu den legendären ›Sieben Weisen‹ gezählt wurde, entnimmt Cicero wohl Demetrios aus Phaleron; s. die nächste Anmerkung.

229 Demetrios von Phaleron fr. 135 (Wehrli) = 53 (Fortenbaugh/Schütrumpf).

230 S. Twele 1975 für einen archäologischen Kommentar; er interpretiert *mensa* als »Basis«.

231 Plat. leg. 958d 6 – e 10.

232 Die Ergänzung *⟨quinque homines⟩* erschließt bereits Adrien Turnèbe aus Plat. leg. 958d.

233 Plat. leg. 959d 3–6.

234 Bereits in den dialogischen Einleitungen der Bücher 1 und 2 war die Nachfolge Platons von der Dialogfigur »Marcus« proklamiert worden (1,15; 2.6.14.16–17).

235 »Atticus« meint mit *nostri illi* die Gruppe der Epikureer, zu der er sich selbst zählte. Ähnlich wie in 1,21 lässt Cicero hier seine Dialogfigur »Atticus« die Engstirnigkeit der eigenen Schule augenzwinkernd kritisieren. Vgl. Anm. 42.

236 Mit *suum* (»den Ihren«) ist der Schulgründer Epikur gemeint. Die Schule der Epikureer ist dafür bekannt, dass manche ihrer Anhänger den Schulgründer Epikur als Gott priesen und ihm gottähnliche Verehrung erwiesen.

237 Der Ablativ *elegantia* wird hier als Ablativus comparationis aufgefasst, ließe sich aber auch als Ablativ-Objekt zu *dignius* wiedergeben: »Was ist nämlich würdiger für deinen guten Geschmack?«

238 Der Begriff *humanitas* spielte im Selbstverständnis des historischen Atticus offenbar eine zentrale Rolle, wie dies auch die Atticus-Vita des Cornelius Nepos spiegelt. Gemeint ist eine ausgleichsorientierte, friedfertige Haltung gegenüber Personen unterschiedlicher Gruppierungen, gepaart mit einem gebildeten Auftreten (vgl. Nep. Att. 4,1; 16.1; Shackleton Bailey 1965, S. 6–9; Perlwitz 1992); dieses soll Atticus mit würdevoller Strenge (*gravitas*) verbunden haben: Nep. Att. 15,1.

239 Vielleicht an ein Simonides-Zitat angelehnt, der nach Plutarch (mor. 346f) sagte, Malerei sei schweigende Dichtung und Dichtung sprechende Malerei.

240 Hier ist auf die Definition des »Gesetzes« (*lex*) in 1,18–19 zu rekurrieren.

241 Gemeint sind erneut die sechs Bücher *De re publica*, auf die »Marcus« bereits in 1,20 verweist.

242 Der Gedanke, dass die Einzelgesetze an das Idealbild des politischen Gemeinwesens anzupassen sind, wie es bei den *maiores* in Rom existiert habe und in *De re publica* begründet wird, wird bereits in 1,20 formuliert.

243 Hierzu ausführlicher Stob. 4,44,2 (= Bd. 4, S. 152,1–2 Wachsmuth/Hense).

244 Plat. leg. 3,701b–c.

245 Cicero hat hier offenbar die früheren *iudicia populi* im Sinn und nicht die Gerichtshöfe (*iudicia publica*), die ab dem 2. Jh. v. Chr. eingeführt wurden: Verfahren, bei denen es um das Leben oder das Bürgerrecht ging, seien vor den Zenturiatskomitien verhandelt worden, die nicht-kapitalen Fälle vor der Tribusversammlung. Dies muss nicht bedeuten, dass Cicero die Gerichtshöfe seiner Zeit, insbesondere die Geschworenengerichte, die für kriminalrechtliche Fragen zuständig waren, zugunsten einer Rückkehr zu den *iudicia populi* auflösen wollte: Bauman 2000; anders Feig Vishnia 2008, S. 340–343.

246 Zur Unterscheidung zwischen *domi* und *militiae* vgl. Anm. 161.

247 Dies war die Aufgabe des Quästors.

248 Cicero bezieht sich hier auf die *tresviri capitales* (Dreimännerkollegium für Kapitalverbrechen).

249 Gemeint sind die *tresviri monetales* (Dreimännerkollegium für die Münzprägung).

250 Gemeint sind die *decemviri stlitibus iudicandis* (Zehnmännerkollegium zur Schlichtung von Streitfällen), in deren Händen die Entscheidung lag, ob eine Person frei oder unfrei sein würde.

251 Vermutlich will Cicero die Erlangung der Ädilität hier nicht als Zugangsvoraussetzung für den Senat ansehen.

252 Im Aerarium im Tempel des Gottes Saturn am Fuße des Kapitols in Rom waren ungemünztes Edelmetall und Münzgeld sowie finanzielle Aufzeichnungen des politischen Gemeinwesens (weshalb lat. *aerarium* hier und in 3,41 auch dessen Vermögen bzw. Finanzen bezeichnen konnte), Abschriften von Gesetzen und Senatsbeschlüssen (3,11), Verträge und weitere das politische Leben betreffende Dokumente hinterlegt. Nach Autorisierung durch den Senat wurden den aus Rom aufbrechenden Promagistraten Gelder für die Deckung ihrer Kosten zugeteilt; ihre Abrechnungen wurden nach der Rückkehr im Aerarium hinterlegt.

253 Cicero vergrößert hier den Zuständigkeitsbereich und den Einfluss der Zensoren, der einige Jahre zuvor von Sulla eingeschränkt worden war, auf die Aufsicht über die Tempel, Straßen, Finanzen, Wasserversorgung etc. Ihre Amtszeit soll von tatsächlichen anderthalb auf wieder fünf Jahre erhöht werden (vgl. Anm. 254). Die Aufgabe, Ehelosigkeit zu verhindern, mag auf eine aktuelle politische Debatte innerhalb der politischen Elite rekurrieren, die Augustus später mit seinen Ehegesetzen wieder aufgreift.

254 Eine (vermutlich unhistorische) Lex Aemilia des Jahres 434 v. Chr. soll die Amtszeit der Zensoren von ursprünglich fünf auf anderthalb Jahre beschränkt haben. Zur Abfassungszeit von *De legibus* erledigten die Zensoren ihre Aufgaben innerhalb dieses begrenzten Zeitraums.

255 Gemeint sind die Konsuln; ob es in früherer Zeit aber bereits diese Form der Kollegialität gab und welchen Namen das oberste Amt damals hatte, muss unklar bleiben; vgl. Walter 2017, S. 31–33, 160–163 und Anm. 257.

256 Die 180 v. Chr. erlassene *lex Villia Annalis* (Elster 2003, S. 344–347, Nr. 164) benannte das frühestmögliche Alter für die Bekleidung eines Amtes, nachdem bereits unmittelbar davor eine *rogatio Pinaria Annalis* eingebracht worden sein könnte (de orat. 2,261; Elster 2003, S. 342 f., Nr. 163). Die Modifizierung der Lex Villia erfolgte 82 v. Chr. durch eine sullanische *lex Cornelia de magistratibus* (Elster 2020, S. 416–419, Nr. 134); seit Sulla betrug das frühestmögliche Alter für die Bekleidung der Quästur 30, für die Prätur 39 und für den Konsulat 42 Jahre. Das Intervall von zehn Jahren entnimmt Cicero ebenfalls dem sullanischen Gesetz.

257 Cicero nennt den Diktator *magister populi*, eine Bezeichnung, die auf den militärischen Ursprung dieses Amts (*populus* – ursprünglich: das in Waffen stehende Volk der wehrtüchtigen Bürger) zurückgehen mag. Bereits die röm. Autoren spekulierten über den Namen und die Funktionen des frühesten röm. Oberamtes (*magister populi, praetor maximus,* usw.), das zu Ciceros Zeiten nicht mehr existierte; vgl. Walter 2017, S. 160 f. und Anm. 255.

258 Gemeint ist der *magister equitum*.

259 Hierbei handelt es sich um das Amt des Prätors: Das Verhältnis von Diktator und *magister equitum* und ihre Macht sollen also denen von Konsul und Prätor entsprechen.

260 Gemeint sind mit dem Begriff *comitiatus* die Zenturiatskomitien; vgl. 2,31 mit Anm. 159 sowie 3,11 mit Anm. 270.

261 Hier sind die sog. *liberae legationes* (1,10 mit Anm. 21 und 3,18 mit Anm. 285) gemeint.

262 Gemeint sind die Volkstribune (*tribuni plebis*), deren Veto Gesetzeskraft besaß.

263 Die Volkstribune wurden durch einen Eid geschützt, in dem sich das Volk verpflichtete, einen Angriff auf einen Volkstribun zu ahnden.

264 Zur inhaltlichen Bedeutungsspanne des Begriffs *optimates* s. Anm. 157.

265 Wir übersetzen hier, in 3,40 und bereits in 2,31 den Begriff *cum populo* bzw. *cum senatu agere* recht wörtlich. In der politischen

Praxis umfasste der Begriff das nur ausgewählten Magistraten zustehende Privileg, die wahl- oder gesetzesgebenden Versammlungen röm. Bürger oder aber den Senat einzuberufen, die Versammlungen zu leiten und Gesetzesvorhaben bzw. Anträge zur Beschlussnahme vorzulegen. Zur Sache vgl. Walter 2017, S. 31, 52 f.

266 Zur Bedeutung des Begriffs *actor* s. Anm. 328.

267 Das Adjektiv *salutaris* ist hier auf das öffentliche Wohl bezogen, wie aus 3,43 ersichtlich wird; daher übersetzen wir es hier mit »um das öffentliche Wohl verdient«.

268 Powells Ergänzungen im verderbten Text treffen inhaltlich sicher das Richtige. – Wer ein Gesetz vorschlagen wollte, musste es der Öffentlichkeit bekannt machen (*promulgare*). Der Inhalt des Gesetzesvorschlags (*rogatio*) wurde vom Zeitpunkt seiner Promulgation über drei Markttage öffentlich ausgestellt (*proponere*) und in Versammlungen (*contiones*) vorgetragen: *(rogo) velitis iubeatis* …, »(ich frage, ob) es euer Wille und Befehl ist, dass …«. Vor der Abstimmung in den gesetzgebenden Versammlungen (*comitia* oder *concilium plebis*) wurde die *rogatio* erneut vorgelesen, und nach erfolgter Annahme wurde das Gesetz als *lex rogata* im Aerarium (s. Anm. 252) aktenkundig gemacht. Insofern wäre »Marcus«' Gesetzesvorhaben, bereits den Text einer zwar promulgierten, aber noch nicht ratifizierten *rogatio* im Aerarium zu hinterlegen, eine Neuerung.

269 Bei einem *privilegium* handelte es sich um eine Ausnahmeregelung bzw. ein Sondergesetz »für einen Einzelnen«, d. h. gegen ihn bzw. zu seinen Lasten. Der Ausdruck *privilegium inrogare* bezeichnet sowohl die Beantragung eines solchen Sondergesetzes in der Volksversammlung als auch seine Verhängung. Nach seiner Rückkehr aus der Verbannung argumentiert Cicero (dom. 26.43 [dort auch schon in Verbindung mit der Klausel 3,11,10 »Über das Leben eines Bürgers«].110; Sest. 65), dass die von Clodius als Volkstribun 58 v. Chr. gegen ihn eingebrachten *leges* lediglich (unrechtmäßige) *privilegia* darstellten; Cicero hätte also nicht gewollt, dass wir »Sonder*gesetz*« übersetzen. Vgl. Anm. 335.

270 Gemeint sind erneut die Zenturiatskomitien, in denen über das Leben oder das Bürgerrecht eines Bürgers abgestimmt werden konnte; so auch Cic. Sest. 65.73 und die vorige Anmerkung. Zum Begriff *maximus comitiatus* (eigentlich: »die Zusammenkunft der größt[möglich]en Zahl an Personen«) vgl. Anm. 159.

271 Die Zensoren werden hier nach dem Vorbild griechischer νομοφύλακες (3,46) dafür verantwortlich gemacht, dass der Wortlaut eines Gesetzes nicht willentlich oder versehentlich verändert werde.

272 Diese Formel wurde vom Magistrat beim »Auseinandertreten« (*discedere*) der Volksversammlung zur Abstimmung in der jeweils eigenen Tribus gesprochen; vgl. Anm. 159. Hier fordert der ›Gesetzgeber‹ »Marcus«, die Worte des »Atticus« in 2,24 aufgreifend und die dialogische Fiktion einer realen Abstimmungssituation aufrechterhaltend, seine beiden Gesprächspartner auf, im weiteren Gespräch ihre Position zu den von ihm formulierten Gesetzen darzulegen.

273 Wie in 1,20, 2,23 und 3,4 ist die sechs Bücher umfassende Schwesterschrift *De re publica* gemeint.

274 Mit *temperatio rei publicae* (»›[gleichmäßige] Mischung‹ des politischen Gemeinwesens«) wird auf die von »Scipio« im ersten Buch von *De re publica* beschriebene ›Mischverfassung‹ rekurriert. Vgl. Anm. 283.

275 Erneut ist die Schwesterschrift *De re publica* gemeint. Die Hinzufügung ⟨*sex*⟩ stammt von Powell.

276 Vgl. Theophrast fr. 591 Fortenbaugh. Politische Ämter und Magistrate thematisiert Theophrast häufiger, u. a. in seinen *Nomoi*: fr. 632 Fortenbaugh.

277 Gemeint ist die von Platon gegründete Schule der Akademie.

278 Cicero betont in rep. 1,13 ebenso in prominenter Weise die Kombination aus Staatsmann und Philosoph. Dies lässt ihn in der Nachfolge des Demetrios von Phaleron (vgl. bereits 2,64.66) erscheinen.

279 »Atticus« spielt offensichtlich auf Cicero an.

280 Gemeint ist die Absetzung des legendären siebten röm. Königs Tarquinius Superbus (DNP Tarquinius 12).

281 Der spartanische König Theopomp soll im 8. Jh. v. Chr. die königliche Macht durch fünf Ephoren haben beschränken lassen.

282 Das Wort »Vollmacht« ist ergänzt, bei Cicero heißt es: »exakt jenes, was im Recht liegt« (*illud quidem ipsum, quod in ius positum est*). Gemeint ist, dass das Recht das richtige Handeln befiehlt und das falsche verbietet (vgl. 1,18–19 mit der Ausführung, dass das Gesetz, Quelle des Rechts, unmittelbar das richtige Handeln befiehlt und vom falschen abhält). Der Konsul ist, so hier der Gedanke, der Träger dieses Rechts.

283 *Temperatio*, »Mischung«, ist ein erneuter Verweis auf die in *De re publica* vorgestellte beste, weil gemischte (rep. 1,69; 2,65), Verfasstheit des politischen Gemeinwesens. Vgl. auch 3,24: *temperamentum*.

284 Der Text endet hier abrupt, der Kommentar zu den Gesetzen 3,6[,1]–9[,4] ist nicht überliefert. Johannes Vahlen fügte fr. 1 (aus Macrobius) hier ein, da dieses offenbar zu Ciceros Gesetz 3,9 passt.

285 Wenn ein röm. Senator Italien verlassen wollte, bedurfte dies eines Antrags an den Senat. Wurde dieser genehmigt, erhielt er eine *libera legatio*, durch die ihm alle auf der Reise anfallenden Kosten erstattet wurden bzw. die Gemeinden, durch die er reiste, sie ihm erstatten mussten. Vgl. Anm. 21.

286 Dyck 2004, S. 491 vermutet, dass die Zustimmung des Senats nur vor dem Hintergrund erfolgt sein könnte, dass man wusste, dass ein Volkstribun interzedieren würde.

287 Cicero spricht hier die von ihm als Konsul eingebrachte und verabschiedete *lex Tullia de liberis legationibus* während des Konsulats 63 v. Chr. an.

288 Cicero ist hier unser Zeuge dafür, dass nach dem Zwölftafelgesetz (Tafel 4,1 [Düll]) ein körperlich behindertes Kind getötet werden durfte: *Cito necatus insignis ad deformitatem puer esto* (»Ein offensichtlich missgestaltetes Kind möge getötet werden [können].«).

289 Angespielt wird auf die Öffnung der röm. Ämterhierarchie für Plebejer, die in der Folge den Zugriff der Patrizier – die ursprünglich den Senat allein innehatten (»Väter« meint hier die

»Senatoren«) – auf alle Ämter verringerte und den Zugang zum Tribunat nur Plebejern eröffnete.

290 Ciceros Diskussion der Vorzüge und Nachteile des Volkstribunats hat Thommen 1988 untersucht.

291 Lucius Appuleius Saturninus brachte als Volkstribun ein Landverteilungsgesetz ein, das trotz ungünstiger Vorzeichen verabschiedet wurde. Nachdem er die populare Politik der Gracchen gewaltsam verteidigt hatte, wurde er getötet; vgl. 2,14 mit Anm. 123 und 3,26. – Publius Sulpicius Rufus (DNP Sulpicius I 19) war Volkstribun 88 v. Chr. und geriet in Opposition zu Sulla. Nach dessen Marsch auf Rom wurde er bei seiner Flucht gefangen genommen und getötet.

292 Gemeint ist auch hier Ciceros Erzfeind Clodius, der Ende April 58 v. Chr. das Gesetz *de exilio Ciceronis* einbrachte; Cicero hatte bereits im März in Antizipation dieser Entwicklungen Rom verlassen; vgl. 2,42 mit Anm. 180.

293 Gemeint ist erneut Clodius, der als Mitglied der patrizischen gens Claudia das Amt des Volkstribuns nicht hätte ausüben können, wäre er nicht mit der Unterstützung Caesars, des amtierenden Konsuls und Pontifex Maximus, von einem etwa 20-jährigen Plebejer namens Publius Fonteius adoptiert worden. Im Dezember 59 v. Chr. konnte er sich so zum Volkstribun wählen lassen und im April des folgenden Jahres Ciceros Verbannung erwirken. Darauf spielt auch das In-Unordnung-Bringen der Gentes an. Vgl. dazu auch 2,42.

294 Im Jahr 82 v. Chr. erließ Sulla als Diktator ein Gesetz, die *lex Cornelia de tribunicia potestate*, die den Volkstribunen das Recht nahm, in der Volksversammlung Gesetzesvorlagen einzubringen, und außerdem nur noch Senatoren für das Amt des Volkstribuns zuließ. Auch durften Volkstribune nicht mehr in höhere Ämter aufsteigen. Allerdings behielten sie ihr Veto, um Bürgern helfen zu können, die mit dem Gesetz in Schwierigkeiten kamen; vgl. Elster 2020, S. 410–416, Nr. 133. Im Jahr 70 v. Chr. stellte Pompeius als Konsul die alte Regelung, die vor Sulla galt, mithilfe eines weiteren Gesetzes, der *lex Pompeia de tribunicia potestate*, wieder her, nachdem bereits in den 70er

Jahren v. Chr. Versuche zur Modifizierung oder Rücknahme des sullanischen Gesetzes unternommen worden waren.

295 »Marcus« nimmt einen möglichen Einwand des »Quintus« vorweg, daher ist der Satz hier in einfachen Anführungszeichen gesetzt.

296 133 v. Chr. legte der Volkstribun Marcus Octavius (DNP Octavius I 10) sein Veto gegen das von Tiberius Sempronius Gracchus eingebrachte Landverteilungsgesetz ein. Auf dessen Antrag wurde er durch eine Entscheidung der Komitien abgesetzt. Vgl. Brut. 95.

297 Gemeint ist erneut die Verbannung Ciceros im Jahr 58 v. Chr., die durch den Volkstribun Clodius veranlasst wurde; vgl. Anm. 292.

298 Clodius bedrohte nicht zuletzt mit lose organisierten bewaffneten Gruppen von eigenen Sklaven und Anhängern aus der röm. Plebs seine Gegner – freilich taten diese dasselbe, wie Annius Milo, mit dem sich Clodius bis zu seinem eigenen gewaltsamen Tod im Jahr 52 v. Chr. Straßenkämpfe lieferte. Die von Clodius inszenierte Drohkulisse beinhaltete die Drohung, Caesar könnte mit seinen Truppen militärisch intervenieren (vgl. har. resp. 47).

299 Publius Popillius Laenas (DNP Popillius I 8) wurde 123 v. Chr. durch ein von Gaius Gracchus eingebrachtes Gesetz, die *lex Sempronia de Marco Popillio Laenate* (Elster 2020, S. 58–61, Nr. 21), in die Verbannung gezwungen. – Quintus Caecilius Metellus Numidicus, Konsul 109 v. Chr. (DNP Caecilius I 30), verließ Rom, um seiner Verbannung auf einen Gesetzesantrag des Appuleius Saturninus hin zuvorzukommen, nachdem er sich geweigert hatte, im Jahr 100 v. Chr. auf Saturninus' Landverteilungsgesetz (2,14 mit Anm. 123) zu schwören. – Sowohl Popillius Laenas als auch Metellus gelten Cicero als exemplarische Vorläufer seiner eigenen Vertreibung aus Rom durch den Volkstribun Clodius: dom. 82, rep. 1,6.

300 Hier wäre z. B. an Aristides, Themistokles oder Kimon zu denken, die Cicero in Sest. 141–142 nennt.

301 Auch hier spielt Cicero mit dem (konstruierten) Gegensatz von

Optimaten und Popularen; die Maßnahmen so mancher Volkstribune galten als ›popular‹; s. Anm. 157. Mit dem »schädlichen popularen Mitbürger« ist natürlich Clodius gemeint.

302 Die Auspizien waren die vornehmliche Aufgabe der Auguren (vgl. 2,31–33), aber auch die Magistrate hatten die Autorität, vor politischen Entscheidungen die Zeichen einzuholen.

303 Die Ergänzung *⟨ea⟩* stammt von du Mesnil 1879.

304 Wenn ein Magistrat schlechte Vogelzeichen meldete, musste die Volksversammlung abgebrochen werden. Cicero stellt die Auspizien als einen Obstruktionsmechanismus dar, den die Senatsaristokratie (gewissermaßen ähnlich wie die Volkstribune ein Veto) legitimerweise im Bedarfsfall einsetzen darf.

305 Der röm. Senat hatte keine alleinige Entscheidungsbefugnis; zwar waren die vom Senat erlassenen Beschlüsse (*senatus consulta*) bindend, aber Gesetze (*leges*) wurden von den Magistraten, v. a. den Volkstribunen (vgl. Anm. 159), dem Volk in den gesetzgebenden Versammlungen vorgelegt. Ciceros Gesetz stärkt, u. a. durch die Verbindlichkeit von Senatsbeschlüssen, die Autorität (*auctoritas*) des Senats, der v. a. durch seine beratende Funktion (*consilia*) Einfluss auf das Volk nimmt; doch die *potestas* kommt, so Ciceros Mischlösung, weiterhin der Volksversammlung zu.

306 Vgl. 2,69.

307 Tatsächlich finden sich in Ciceros erhaltenen Schriften keine Ausführungen über Erziehung und Unterricht; möglicherweise wurden diese Themen bereits in einer verlorenen Passage in *De re publica* behandelt und sollten im verlorenen Teil von *De legibus* wieder aufgenommen werden.

308 Der Reichtum des Lucius Licinius Lucullus (DNP Licinius I 26) war sprichwörtlich; vgl. 2,2 mit Anm. 103 und Scholz 2024. Auf seiner Tusculaner Villa treffen in Buch 3 von *De finibus* der Sohn des Lucullus und Cicero aufeinander.

309 Plat. rep. 424c. Vgl. auch Cic. leg. 2,39.

310 Gemeint sind die sechs Bücher *De re publica*.

311 An dieser Stelle wird der Wortlaut des in 3,10 formulierten Gesetzes fast wörtlich aufgenommen.

312 Hinter diesen Ausführungen steht ein Dekadenzgedanke: In alter Zeit sei es noch möglich gewesen, dass das Volk in würdevollem Ernst Kritik offen und ins Gesicht aussprechen konnte. Das Volk hatte damit größere Freiheiten und konnte daher härtere Urteile fällen.

313 Zur Bezeichnung der Anhänger einer traditionellen Senatsherrschaft und Gegner der »Popularen« (s. bereits Anm. 157) changiert Ciceros Wortwahl zwischen »Optimaten« und *boni* (»die Guten«).

314 Das Stimmtäfelchengesetz des Volkstribuns Aulus Gabinius datiert in das Jahr 139 v. Chr. und betraf die Versammlungen zur Wahl der Magistrate: Elster 2003, S. 440 f., Nr. 212. – Zu den *leges tabellariae* und der politischen Kontroverse um den Modus von Abstimmungen in Rom – durch Erheben der Stimme oder Abgabe eines Stimmtäfelchens – s. Buchstein 2007, Lundgreen 2009 sowie, mit abweichender Meinung, Feig Vishnia 2008.

315 Das von Lucius Cassius Longinus Ravilla (DNP Cassius I 17) als Volkstribun eingebrachte Gesetz wird auf 137 v. Chr. datiert: Elster 2003, S. 443–445, Nr. 214. Es galt für Abstimmungen in den *iudicia populi*. Erneut spielt Cicero mit dem Gegensatz zwischen Optimaten und Popularen.

316 Nachdem die Abstimmung mit Stimmtäfelchen zuvor für die Wahlversammlungen und die Gerichtshöfe eingeführt worden war (Anm. 314 und 315), wurde diese nun auch auf die gesetzesgebenden Komitien übertragen. Dieses Gesetz wurde von Gaius Papirius Carbo (DNP Papirius I 5), einem der Volkstribune des Jahres 131 v. Chr., eingebracht: Elster 2020, S. 28–31, Nr. 9.

317 Gaius Popillius Laenas (DNP Popillius I 3) wurde 106 v. Chr. von dem Volkstribun Gaius Coelius Caldus (Konsul 94 v. Chr.; DNP Coelius I 3) wegen des Vertrages angeklagt, den er 107 v. Chr. als Legat mit den Tigurinern geschlossen hatte, nachdem der Konsul Lucius Cassius Longinus (DNP Cassius I 11) gegen diese eine vernichtende Niederlage erlitten hatte und gefallen war. Es gelang Coelius, die *lex tabellaria* für Hochverratsprozesse durchzubringen (Elster 2020, S. 203 f., Nr. 68), um seine Klage *de perduellione* zum Erfolg zu führen.

318 Die Familie der Tullier stellte im Gemeinwesen von Arpinum zahlreiche führende Magistrate, so auch Ciceros Großvater, Marcus Tullius Cicero (DNP Tullius I 7). Dieser ist in *De oratore* recht schroff gezeichnet; so lässt ihn Cicero sagen: »Unsere Landsleute sind wie syrische Sklaven; je besser einer Griechisch versteht, umso nichtsnutziger wird er« (de orat. 2,265).

319 Gemeint ist die Stadt Arpinum, in deren Nähe der Dialog seinen Ort hat. Sie wurde als röm. Municipium nach eigenen Gesetzen von eigenen Magistraten verwaltet. Ausführlicher spricht Cicero hierüber in 2,5–6 (vgl. Anm. 110).

320 Die Auseinandersetzung zwischen Ciceros Großvater und dessen Schwager Marcus Gratidius (DNP Gratidius 2) fand im Jahr 115 v. Chr., dem Konsulatsjahr des Marcus Aemilius Scaurus, oder kurz zuvor statt.

321 Wohl sprichwörtlicher Ausdruck, der dem dt. ›Sturm im Wasserglas‹ weitgehend entspricht. Der Ausdruck ist anderweitig nicht belegt. Die Auseinandersetzung zwischen Ciceros Großvater und Gratidius verhält sich im Vergleich mit der politischen Situation in Rom wie Wellen in einem Schälchen und Wellen im ägäischen Meer.

322 Marcus Marius (DNP Marius I 5) verlor eine Seeschlacht gegen Lucius Licinius Lucullus und wurde auf dessen Befehl 72 v. Chr. hingerichtet.

323 Zur *lex Cassia* vgl. Anm. 315.

324 Gemeint ist das von »Marcus« vorgeschlagene Stimmtäfelchengesetz.

325 Gemeint ist »Scipios« Verteidigung seines eigenen Konzepts in Ciceros Dialog *De re publica*.

326 Während das Abstimmungsverhalten bei den anderen Stimmtäfelchengesetzen weder bekannt gemacht noch gerechtfertigt werden musste, darf das Volk bei dem von »Marcus« vorgeschlagenen Gesetz ungehindert abstimmen, sein Abstimmungsverhalten aber wird Männern aus der röm. Führungselite bekannt gemacht (*nota*).

327 Im Jahr 119 v. Chr. beantragte Gaius Marius als Volkstribun ein Gesetz über die Änderung der Stimmabgabe, die *lex Maria de*

suffragiis ferendis (Elster 2020, S. 157–159, Nr. 31), mit der er zu verhindern suchte, dass an der ›Brücke‹ zu den Wahlurnen *custodes* stehen konnten, welche die Täfelchen hätten kontrollieren und das Stimmergebnis verfälschen können. – Die »Brücken zu den Wahlurnen« waren Stege, die zu einem Wahlraum, *ovile* genannt, führten. Nachdem man die ›Brücke‹ überschritten hatte, gab man (ursprünglich mündlich) dem dort stehenden *rogator* sein Votum. In späterer Zeit stand dort ein geflochtener Korb, in den man die Stimmtäfelchen (*tabellae*) legte; an der ›Brücke‹ standen zur Beobachtung der Wahl *custodes*.

328 Mit dem *actor* – das Wort wurde bereits im frühen 16. Jh. aus im Text überliefertem *auctor* verbessert (zur Bedeutung s. Courtney 2008, S. 255 f.) – ist der Magistrat gemeint, der das Recht hat, die Bürger zu Wahlen oder Abstimmungen bzw. den Senat zu einer Sitzung einzuberufen, und der die Versammlungen leitet und ihnen Anliegen zur Verhandlung und Beschlussnahme vorlegt.

329 Gemeint ist, dass ein Senator, anders als das Volk als Teilnehmer an der Volksversammlung, eine solche innerliche Stärke und Beständigkeit besitze, dass er sich nicht durch den die Versammlung oder Sitzung leitenden Magistraten ungebührlich beeinflussen lasse.

330 Der Senat konnte Könige (*reges*) oder Machthaber anderer Völker, die ihm wohlgesonnen waren, zu *amici populi Romani* erklären. Das Wort *amici*, »Freunde«, hat hier also die staatsrechtliche Konnotation »enge Verbündete«.

331 Gemeint ist die Situation, dass es zu einem Tumult in einer Versammlung kommt.

332 Gnaeus Papirius Carbo (DNP Papirius I 9) leitete als Volkstribun 92 v. Chr. die erwähnte Versammlung, die mit Tumulten einherging und über die der Konsul Gaius Claudius Pulcher (DNP Claudius I 28) dem Senat Bericht erstattete.

333 Zum Augur, der den Götterwillen durch den Vogelflug und andere Zeichen zu ergründen suchte, um abzuschätzen, ob ein geplantes Handeln mit dem Willen der Götter in Übereinstimmung stehe oder nicht, s. bereits 2,31–33.

334 Die Handlungen der Auguren waren mit der Beobachtung des Himmels verbunden; s. 2,20 f.31–33 mit Anm. 139. Bereits die Etrusker teilten den Himmels in Regionen ein (div. 2,42); zum röm. System s. Linderski 1986.

335 Eine Zuordnung dieses Gesetzes zum Zwölftafelgesetz ist nicht möglich, in der Forschung wird seine Existenz oft bestritten; vgl. Dyck 2004, S. 532 (mit weiterer Literatur). Die Tatsache, dass Cicero die gegen ihn gerichteten Gesetze des Clodius als *privilegia* diffamiert (s. Anm. 269) und ihre fehlende Rechtmäßigkeit mit dem Gegenbeweis aus dem vorgeblichen Inhalt der Zwölftafelgesetze sowie der *leges sacratae* (Anm. 128) beweisen will, spricht nicht unbedingt für die Authentizität. Die sprachlich und inhaltlich verwandten Vergleichsstellen dom. 43 und Sest. 65.73, deren Ton eindeutig der Argumentationsstruktur des Genres der Prozessrede geschuldet ist, verstärken diesen Eindruck.

336 Unter den Zwölftafelgesetzen wird unsere Passage von Düll 1971 als Tafel IX,2 gelistet, allerdings ohne den Versuch einer Rekonstruktion des Originaltexts, der unklar bleiben muss und dessen Wiederherstellung allein mithilfe der Cicero-Stelle unstatthaft wäre.

337 Eine Tribus war eine Organisationseinheit der Bürgerschaft, die für die Abstimmung in den Komitien der Tribus (bzw. der Versammlung der Plebs) maßgeblich war; vgl. 2,31 mit Anm. 159. Es gab zu Ciceros Zeit vier städtische Tribus (*tribus urbanae*) und 31 ländliche (*tribus rusticae*).

338 Wörtlich: »mit Sklavenwaffen« (*armis servilibus*).

339 Die Apparitoren, die den Magistraten als besoldete Dienstkräfte zuarbeiteten, bildeten einen eigenen Stand (*ordo apparitorum*); die *scribae librarii* gehörten als Schreiber bzw. Sekretäre zu ihnen.

340 Nomophylakes gab es in verschiedenen Städten; in Athen wurde diese Institution nach Demetrios von Phaleron aufgelöst.

341 Wahrscheinlich ist Marcus Iunius Congus Gracchanus gemeint (DNP Iunius I 20); s. das Namensverzeichnis.

Erklärendes Namensverzeichnis

Römer sind alphabetisch unter ihrem Gentilnamen zu finden. Gewählt wurden die lat. Namensformen – für Eigennamen, die im Deutschen mit dem Buchstaben »K« beginnen, s. somit unter »C«.

ACADEMIA, 1,38.39.53.54.55; 3,14 (griech. Akademeia), ursprünglich Bezeichnung eines dem attischen Helden Akademos (oder Hekademos) geweihten Hains nahe Athen, später auch der philosophischen Schule Platons. Vor 461 v. Chr. Erweiterung des Hains durch einen Park mit Bewässerungssystem. Um 388 v. Chr. kaufte Platon dort einen Garten mit Haus und errichtete wohl am westlichen Rand des Geländes ein Museion; an beiden Orten sowie im öffentlichen Gymnasion unterrichtete er. Auf der Basis eines beträchtlichen Stiftungsvermögens konnte der philosophische Betrieb nach Platons Tod fortgesetzt werden, die Ortsbezeichnung Akademie wurde so zur Bezeichnung der philosophischen Schule Platons; nach Platons Tod folgten als Schuloberhäupter (sog. Scholarchen) zunächst Speusippos, Xenokrates, Polemon und Krates. Eine neue Lehrrichtung etablierten die Scholarchen Arkesilaos und Karneades auf der Basis einer grundlegenden erkenntnistheoretischen Skepsis, von Cicero »neue Akademie« genannt (1,39). Cicero selbst stellt sich in *De legibus* in die Nähe seiner eigenen Lehrer, der Scholarchen Philon von Larissa, Vertreter einer gemilderten Skepsis, und Antiochos von Askalon (1,54), der die Alte Akademie Platons, den Peripatos des Aristoteles und die Stoa in Übereinstimmung zu bringen suchte.

Lucius ACCIUS, 2,54, um 170 – um 85 v. Chr., geb. in Pisaurum (Umbrien), einer der bedeutendsten Tragödiendichter Roms, aber auch Fachschriftsteller über literarhistorische und grammatische Themen. Überliefert sind Fragmente von über 40 Tragödien.

Lucius ACILIUS, 2,59 (DNP Acilius I 4), bedeutender Rechtsgelehrter in der ersten Hälfte des 2. Jh.s v. Chr. (Zeitgenosse von Cato d. Ä.), Kommentator des Zwölftafelgesetzes.

ACROPOLIS (ARX), 1,2, der Burgberg Athens.

Sextus AELIUS PAETUS CATUS, 2,59 (DNP Aelius I 11), Konsul 198

v. Chr.; Zensor 194 v. Chr.; bedeutender Rechtsgelehrter, Verfasser des juristischen Werkes *Tripertita* (vgl. ad fam. 7,22), das 1.) den Text des Zwölftafelgesetzes, 2.) einen zugehörigen Kommentar einschließlich aller bis dahin geschaffenen neuen Rechtsinstitutionen sowie 3.) eine Zusammenstellung der Klageformeln (*legis actiones*) enthielt; nach dem Vorbild des *Ius Flavianum* wurde sein Buch *Ius Aelianum* genannt. Ennius pries ihn in seinen Annalen (*egregie cordatus homo Catus Aelius Sextus*, Enn. ann. fr. 331 Vahlen²).

Lucius AELIUS STILO PRAECONIUS, 2,59 (DNP Aelius II 20), um 150 – um 75 v. Chr., bedeutender Grammatiker und Redenschreiber aus Lanuvium (Latium), Anhänger der Stoa, Lehrer Varros und Ciceros; Charakterisierung in Brut. 205–207.

Marcus AEMILIUS SCAURUS, 3,36 (DNP Aemilius I 37), 163/162–88 v. Chr., Konsul 115 v. Chr.; im gleichen Jahr zum *princeps senatus* ernannt (in dieser Funktion mehrfach entsandt, um Streitigkeiten zwischen externen Königen zu schlichten, z. B. 111 v. Chr. zwischen Adherbal und Iugurtha); Zensor 109 v. Chr.; setzte sich energisch für die Sache der Optimaten ein (vgl. Sest. 101); gemeinsam mit Marcus Livius Drusus Erbauer der Via Aemilia Scauri von Placentia über Genua nach Luna (oder Pisae).

AESCULAPIUS, 2,19 (griech. Asklepios), Gott der Heilkunst, der 293 v. Chr. zur Behebung einer schweren Seuche nach Rom eingeführt wurde. 289 v. Chr. wurde ihm auf der Tiberinsel ein Tempel geweiht.

AFRICANUS, s. CORNELIUS.

ALEXANDER III. (MAGNUS) von Makedonien, 2,41, 356–323 v. Chr., Nachfolger Philipps II. als König von Makedonien, erzogen von Aristoteles; eroberte zwischen 334 und 323 v. Chr. das Perserreich bis nach Indien.

AMALTHEION, 2,7, Landgut des Atticus in Epirus bei Buthrotum (heute Butrint in Albanien) nahe dem Fluss Thyamis, benannt nach einem dortigen Heiligtum der Nymphe Amaltheia (Amme des Zeus) in einem Hain.

AMPHIARAUS, 2,33, Vater von Herakles' Mutter Alkmene, Seher des Zeus; prophezeit im Mythos den Zug der Sieben gegen Theben und nimmt gezwungenermaßen als Feldherr auf der Seite von Ar-

gos an ihm teil; ebenso Teilnehmer der Jagd auf den kaledonischen Eber und einer der Argonauten unter Iason; später als Gott mit eigenen Heiligtümern verehrt, u. a. in Oropos, wo Gott und Stadt 74/73 v. Chr. in eine Auseinandersetzung mit den röm. Publicani verwickelt wurden, an deren Schlichtung durch den Senat auch Cicero beteiligt war (nat. deor. 3,49).

Titus AMPIUS BALBUS, 2,6, Volkstribun 63 v. Chr.; wurde in einer Gerichtsverhandlung von Cicero und Pompeius verteidigt; stand während des Bürgerkriegs aufseiten des Pompeius; wurde später unter Vermittlung Ciceros von Caesar begnadigt.

ANIO, 2,56, kleiner Fluss, der in den Sabinerbergen entspringt und an Tibur vorbei in Richtung Rom fließt; mündet am nördlichen Stadtrand Roms in den Tiber.

ANTIOCHUS von Askalon, 1,54, Schüler des Akademikers Philon von Larissa und sein Nachfolger als Scholarch der Akademie Platons; versuchte, die Lehren der Akademie, des aristotelischen Peripatos und der Stoa miteinander in Übereinstimmung zu bringen. Laut Plut. Cic. 4,1–4 habe Cicero ihn nach seiner Ankunft in Athen (79/78 v. Chr.) gehört; im fünften Buch von *De finibus* lässt er seine Dialogfigur Piso die Lehre des Antiochos entfalten.

ANTIPATER, s. COELIUS.

APOLLO (PYTHIUS), 1,61; 2,40, der wahrsagende Gott von Delphi. Der Beiname Pythius leitet sich in der griech. Mythologie von seinem Sieg über einen Drachen Python ab (wiederum nach Hom. h. 3,373 auf griech. πύθεσθαι, »verwesen«, zurückzuführen). Pytho ist gleichzeitig der Sitz des Gottes (Delphi).

APPIUS, s. CLAUDIUS.

Lucius APPULEIUS SATURNINUS, 2,14; 3,20.26 (DNP Appuleius I 11), Volkstribun 103 und 100 v. Chr.; einer der mächtigsten popularen Politiker der Zeit nach den Gracchen; brachte ein Landverteilungsgesetz ein, das trotz ungünstiger Vorzeichen verabschiedet wurde; verteidigte die populare Politik der Gracchen gewaltsam und wurde daraufhin getötet.

AQUILO, 1,3 (griech. Boreas), Windgott (Nordwind), wohnhaft in Thrakien; entführt im Mythos nahe dem Fluss Ilissos bei Athen Oreithyia, die Tochter des attischen Königs Erechtheus.

ARATUS, 2,7, um 310 – um 245 v. Chr., geb. in Soloi; verfasste ein astronomisches Lehrgedicht namens *Phainomena*, das Himmelserscheinungen mit sagenhaften Erzählungen verband. Dieses wurde von Varro Atacinus, Cicero, Germanicus und Avienus ins Lateinische übersetzt.

ARCESILAUS, 1,39 (griech. Arkesilaos), um 315 – 240 v. Chr., Akademiker, Schüler der Scholarchen Polemon und Krates; seit kurz nach 270 v. Chr. Leitung der Akademie Platons; Begründer der erkenntnistheoretischen Skepsis, die Teil der Lehre der Akademie wurde und deren Kern das systematische Hinterfragen vermeintlicher Wissensbestände und die Enthaltung von einem sicheren Urteil (ἐποχή) war.

ARISTON von Chios, 1,38.55, Mitte des 3. Jh.s v. Chr., Schüler Zenons, des Gründers der Philosophenschule der Stoa; etablierte eine eigene Schulrichtung, die eine härtere Ethik vertrat.

ARISTOPHANES, 2,37, um 445 – um 386 v. Chr., der bedeutendste Dichter der sog. Alten attischen Komödie. Elf Stücke sind überliefert.

ARISTOTELES, 1,38.55; 3,14, 384–322 v. Chr., geb. in Stageiros (Makedonien), Schüler Platons und Begründer der Schule des Peripatos i. J. 325 v. Chr.; einer der bedeutendsten Philosophen der Antike.

ARPINUM, 1,1.4; 2,5, Stadt in Mittelitalien, Geburtsort des Gaius Marius (155 v. Chr.) und der Brüder Marcus und Quintus Tullius Cicero (106 bzw. wohl 102 v. Chr.); ursprünglich eine Gründung der Volsker, gehörte die befestigte Stadt seit 305 v. Chr. zu Rom und wurde 188 v. Chr. mit der Lex Cornelia zur *civitas cum suffragio* (Liv. 38,36,7) ernannt. Die Stadt erstreckte sich auf dem Gipfel einer steilen Anhöhe, während das Haus der Cicero-Brüder, erbaut durch deren Vater, in der Ebene zwischen Sora und Arpinum am kleinen Fluss Fibrenus lag, nicht weit von dessen Einmündung in den Liris.

ARX, s. ACROPOLIS.

ASELLIO, s. SEMPRONIUS.

ASKLEPIOS, s. AESCULAPIUS.

ATHENAE/ATHENIENSES, 1,2.3.42.53; 2,4.28.36.40.41.63.67; 3,26, Stadt in Griechenland, Hauptstadt Attikas; im Mythos nach der

Göttin Athene benannt, die im Wettstreit um die Schutzherrschaft der Stadt einen Ölbaum gestiftet haben soll; entwickelte sich seit dem 8. Jh. v. Chr. zu einem politischen und kulturellen Zentrum Griechenlands und der griech. Welt. Unter Solon wurde Anfang des 6. Jh.s v. Chr. ein umfangreiches (Reform-)Gesetzwerk erstmals schriftlich fixiert, das maßgeblich für die weitere Entwicklung war; nach Abschaffung der Tyrannis 510 v. Chr. etablierte sich allmählich eine Demokratie, insbesondere infolge der Kleisthenischen Reformen (508/507 v. Chr.). Die Stadt erlebte zu Beginn des 5. Jh.s v. Chr. nach den siegreichen Perserkriegen einen großen politischen und kulturellen Aufstieg zur Hegemonie über Griechenland; im 5. Jh. v. Chr. Wirkungsort des Sokrates; Ort der wichtigsten griech.-hellenist. Philosophenschulen: der platonischen Akademie, des aristotelischen Lykeion, der Stoa und des epikureischen Kepos; nach der Zerstörung durch Sulla 86 v. Chr. rascher Wiederaufstieg; 86–65 v. Chr. Wohnort des Atticus (mit Unterbrechungen), 79/78 v. Chr. Studienort der Cicero-Brüder.

Aulus ATILIUS CAIATINUS, 2,28, Konsul 258 und 254 v. Chr.; Diktator 249 v. Chr.; bedeutender Feldherr im Ersten Punischen Krieg (264–241 v. Chr.).

ATTICUS, s. POMPONIUS.

ATTUS NAVIUS, s. NAVIUS.

Lucius AURELIUS COTTA, 3,45 (DNP Aurelius I 9), Konsul 65 v. Chr.; Zensor 64 v. Chr.; erließ als Praetor 70 v. Chr. ein Gesetz, nach dem Strafgerichte drittelparitätisch aus Senatoren, Rittern und den sogenannten *tribuni aerarii* zusammengesetzt sein sollten; jüngster Bruder des Gaius Aurelius Cotta (DNP Aurelius I 5), den Cicero als Dialogfigur in *De natura deorum* auftreten lässt.

BRUTUS, s. IUNIUS.

Quintus CAECILIUS METELLUS NUMIDICUS, 3,26 (DNP Caecilius I 30), Konsul 109 v. Chr.; Zensor 102 v. Chr.; führte während seines Konsulats erfolgreich Krieg gegen Iugurtha, wurde darin von Marius 108 v. Chr. abgelöst; rügte als Zensor den Lucius Appuleius

Saturninus und versuchte vergeblich, ihn aus dem Senat auszuschließen. Als 100 v. Chr. Marius als Konsul und Saturninus als Volkstribun gemeinsam mit dem Praetor Servilius Glaucia ein Ackergesetz mit der Klausel, dass jeder Senator dieses unter Androhung von Verbannung beschwören müsse, erließen, weigerte sich Metellus und ging ins Exil; im folgenden Jahr wurde er jedoch mittels einer Rogation des Volkstribuns Quintus Calidius und mit Unterstützung der Familie der Meteller zurückgeholt.

CAIATINUS, s. ATILIUS.

CALCHAS, 2,33, mythischer griech. Seher im Trojanischen Krieg.

Lucius CALPURNIUS PISO FRUGI, 1,6 (DNP Calpurnius III 1), Volkstribun 149 v. Chr.; Konsul 133 v. Chr.; Gegenspieler der Gracchen; Verfasser eines Geschichtswerks mit dem Titel *Annales*, in dem die röm. Geschichte von den Anfängen (Aeneas-Sage, fr. 2) bis zu dessen eigener Zeit (bis mind. 146 v. Chr., fr. 39) in vermutlich sieben Büchern behandelt wurde. Sein Stil war offenbar nüchtern und schlicht (vgl. Brut. 106: *sane exiliter scriptos*), bisweilen wurden Ereignisse und Anekdoten ausführlicher und mit großer Ausschmückung erzählt (fr. 8 und 27).

CARBO, s. PAPIRIUS.

CARNEADES, 1,39, 214–129 v. Chr.; wurde einige Jahre vor 155 v. Chr. Scholarch der Akademie Platons als Nachfolger des Arkesilaos, der dieser eine skeptizistische Richtung gegeben hatte. Karneades führte diese Richtung weiter; von ihm stammen zahlreiche Grundlagen der skeptischen Erkenntniskritik.

Lucius CASSIUS LONGINUS RAVILLA, 3,35.36.37 (DNP Cassius I 17), 137 v. Chr. Volkstribun; 127 v. Chr. Konsul; 125 v. Chr. Zensor; gab als Volkstribun ein sehr populäres Abstimmungsgesetz (Tabellargesetz; *lex tabellaria*) heraus, das die Abstimmung mit Stimmtäfelchen auch auf Gerichtsverfahren ausdehnte (Ausnahme: Hochverratsprozesse).

CASTOR (und POLLUX), 2,19 (griech. Kastor [und Polydeukes]), Zwillingssöhne der Leda mit Zeus, daher auch Dioskuren genannt; in Rom besonders verehrt, da sie bei der Schlacht am Lacus Regillus gegen die Latiner 499 v. Chr. aufseiten der Römer interveniert und diesen zum Sieg verholfen haben sollen. Der Bau des angeblich

während der Schlacht gelobten Castortempels am Forum Romanum datiert in das 5. Jh. v. Chr.

CATO, s. PORCIUS.

CECROPS, 2,63, sagenhafter Gründer und erster König Athens; zur einen Hälfte Schlangen-, zur anderen Menschengestalt; soll die Form der Athener Begräbnisse festgelegt und die Kunst zu schreiben erfunden haben; verehrt in einem Heiligtum an der Akropolis unterhalb des Erechtheions.

CERAMICUS, 2,64 (griech. Kerameikos), Athener Stadtviertel mit zahlreichen Töpferwerkstätten, teilweise innerhalb, teilweise außerhalb der Stadtmauern gelegen; gleichzeitig Ort des bedeutendsten Friedhofs der antiken Stadt.

CERES, 2,21.37 (griech. Demeter), Göttin der Fruchtbarkeit mit Tempel beim Aventin. Das röm. Fest der Cerialia fand am 19. April statt. An den hiervon verschiedenen stadtröm. Mysterien der Ceres nahmen offenbar die röm. Matronen teil.

CHARONDAS, 1,57; 2,14; 3,5, 7. oder 6. Jh. v. Chr., Gesetzgeber und Philosoph aus Katane (heute Catania) auf Sizilien, dessen Gesetze auch von anderen Städten Unteritaliens und Siziliens übernommen wurden.

CICERO, s. TULLIUS.

CILICES, 2,33, Bewohner Kilikiens.

CILICIA, 2,41, Küstenlandschaft in Kleinasien.

Gaius CLAUDIUS MARCELLUS, 2,32 (DNP Claudius I 7), Prätor 80 v. Chr.; Prokonsul 79 v. Chr. (Sizilien); Verfasser eines Werkes über das Auguralwesen; war gemeinsam mit Cicero Mitglied des röm. Kollegiums der Auguren.

Appius CLAUDIUS PULCHER, 2,32 (DNP Claudius I 24), Konsul 54 v. Chr.; älterer Bruder von Ciceros Erzfeind Clodius; widmete Cicero ein Buch über das Auguralrecht; war gemeinsam mit Cicero 50 v. Chr. Mitglied des röm. Kollegiums der Auguren.

Gaius CLAUDIUS PULCHER, 3,42 (DNP Claudius I 28), Münzmeister 110 oder 109 v. Chr., Konsul 92 v. Chr.

Quintus CLAUDIUS QUADRIGARIUS, 1,6 (DNP Claudius I 30), röm. Geschichtsschreiber sullanischer Zeit (wie Cornelius Sisenna), Verfasser einer Historiographie von mind. 23 Büchern, von 390

v. Chr. (Plünderung Roms durch die Gallier) bis in seine eigene Zeit; Unterstützer Sullas. Falls der Text in 1,6 richtig wiederhergestellt ist, behandelt Cicero Claudius Quadrigarius in seinem Abriss über die röm. Geschichtsschreibung sehr kurz.

CLEINIAS, 1,15, Dialogfigur in Platons Schrift über die Gesetze, aus Kreta stammend.

CLEISTHENES, 2,41, Athener Staatsmann im 6. Jh., organisierte Athen im Rahmen der »Kleisthenischen Reformen« neu (508/507 v. Chr.): Er gliederte Athen in zehn Bezirke (Phylen), von denen jeder jeweils einen Teil der Stadt, der Küste und des Hinterlandes umfasste, und sorgte somit für eine gewisse Durchmischung der Bürgerschaft; er begründete die Mitwirkung aller Bürger an politischen Entscheidungsprozessen im Sinne einer Isonomie.

CLITARCHUS von Alexandria, 1,7 (griech. Kleitarchos), griech. Geschichtsschreiber des 3. Jh.s v. Chr., Verfasser einer Schrift über die Eroberungen Alexanders d. Gr. (wohl um 280 v. Chr., Datierung jedoch strittig), die fragmentarisch überliefert ist. Der Fokus seines Werkes liegt eher auf romanhaften, dramatisiert erzählten, bisweilen unglaubwürdigen Episoden, die mit ethnographischen und geographischen Exkursen verflochten sind.

Publius CLODIUS PULCHER, 2,36.42; 3,21–22.25–26.45 (DNP Clodius I 4), Volkstribun 58 v. Chr., wegen seiner Teilnahme an den Bona Dea-Feiern des Jahres 62 v. Chr. angeklagt und von Cicero vor Gericht belastet, aber freigesprochen; Mitglied der patrizischen gens Claudia; ließ sich 59 v. Chr. von einem Plebejer adoptieren (Annahme der plebejischen Namensform Clodius), um sich auf den Volkstribunat bewerben zu können; bewirkte als Volkstribun Ciceros Verbannung, da auf dessen Veranlassung hin die führenden Catilinarier auf der Basis eines Senatsbeschlusses, aber ohne ordentliche Gerichtsverhandlung hingerichtet worden seien; nach Ciceros Rückholung aus der Verbannung häufiges Ziel ciceronischer Invektiven; 52 v. Chr. bei einem Zusammenstoß mit Titus Annius Milo und dessen Anhängern getötet.

CNOSSUS, 1,15, Stadt auf Kreta.

COCLES, s. HORATIUS.

Lucius COELIUS ANTIPATER, 1,6 (DNP Coelius I 1), röm. Geschichts-

schreiber (Annalistik), um 180/170 – um 120 v. Chr., Begründer der historischen Monographie, Verfasser einer Zeitabschnittsgeschichte über die 18 Jahre des Zweiten Punischen Krieges (218–202 v. Chr.) in sieben Büchern (abgefasst nach 121 v. Chr., erhalten in wenigen Fragmenten). Seine Darstellung ist angereichert mit Anekdoten, Exkursen aitiologischen und antiquarischen Inhalts, selbst verfassten Reden (darin wohl der erste unter den röm. Geschichtsschreibern). Seine Beschreibungen sind von lebendiger Sprache; es finden sich zahlreiche poetische Anklänge.

Gaius COELIUS CALDUS, 3,36 (RE Coelius I 3), Volkstribun 107 v. Chr.; Konsul 94 v. Chr.; brachte eine *lex tabellaria* ein, durch die eine Abstimmung mit Stimmtäfelchen auch für Hochverratsprozesse eingeführt wurde, in denen sie zuvor nicht erlaubt gewesen war.

COLLINISCHES TOR, s. PORTA COLLINA.

COMITIUM, COMITIA, 3,44–45, Volksversammlung; unterschieden werden 1) die *comitia curiata*, in der sich die 30 Kurien versammelten; 2) die *comitia centuriata*, die nach Vermögensklassen gegliedert war – in ihr wurden etwa die Konsuln gewählt; 3) die *comitia tributa*, die nach den 35 Tribus gegliedert war.

gens CORNELIA, 2,56, altes patrizisches Geschlecht, aus dem bedeutende Staatsmänner hervorgingen.

Publius CORNELIUS SCIPIO AEMILIANUS (AFRICANUS [MINOR] NUMANTINUS), 1,20.27; 2,23; 3,12.37.38 (DNP Cornelius I 70), 185/184–129 v. Chr.; Konsul 147 und 134 v. Chr.; Zensor 142 v. Chr.; Hauptdialogfigur in Ciceros Schrift *De re publica*, deren Dialoghandlung i. J. 129 v. Chr. kurz vor dem Tod Scipios verortet ist; außerdem Gesprächsteilnehmer in Ciceros Dialog *Cato maior de senectute*; Sohn des Lucius Aemilius Paullus (Sieger in der Schlacht von Pydna) mit Papiria, adoptiert von dem Sohn des Africanus Maior; eroberte und zerstörte 146 v. Chr. (im Dritten Punischen Krieg) Karthago, 133 v. Chr. Numantia (in Hispania); trat als Gegner der Gracchen hervor. Nach Cicero (3,37; Brut. 97) wirkte er an der *lex tabellaria* des Volkstribuns Lucius Cassius Longinus Ravilla mit.

Publius CORNELIUS SCIPIO AFRICANUS MAIOR, 2,57 (DNP Cornelius I 71), 236–183 v. Chr., Konsul 205 und 194 v. Chr.; Zensor 199

v. Chr.; von da an bis zu seinem Tod *princeps senatus*; während des Zweiten Punischen Krieges außergewöhnliche Entsendung als Prokonsul 210 v. Chr. nach Spanien, dort Konsolidierung der röm. Herrschaft (211–206 v. Chr.) nach dem Tod seines Vaters, Publius Cornelius Scipio, und seines Onkels, Gnaeus Cornelius Scipio Calvus, 211 v. Chr. im Kampf gegen Hasdrubal Barkas; 202 v. Chr. besiegte er schließlich Hannibal bei Zama; verbrachte seine letzten Lebensjahre auf seinem Landgut bei Liternum (Campania).

Publius CORNELIUS SCIPIO NASICA SERAPIO, 3,20 (DNP Cornelius I 84), Konsul 138 v. Chr.; in diesem Jahr durch den Volkstribun Gaius Curiatus inhaftiert, zusammen mit seinem Amtskollegen. 133 v. Chr. mischte sich auf seine Veranlassung hin und unter seiner Führung eine Gruppe von Senatoren unter die Volksversammlung und tötete Tiberius Gracchus und zahlreiche von dessen Anhängern.

Lucius CORNELIUS SISENNA, 1,7 (DNP Cornelius I 86), um 120 – vermutlich 67 v. Chr.; Prätor 78 v. Chr.; Historiker sullanischer Zeit (wie Claudius Quadrigarius), Verfasser einer Zeitgeschichte (*Historiae*), die den Bundesgenossenkrieg und den sullanischen Bürgerkrieg in mind. 13 Büchern umfasste (91–79 v. Chr., vielleicht bis zum Tod Sullas 78 v. Chr.; überliefert in sehr wenigen Fragmenten, insbesondere der ersten vier Bücher); bedient sich einer schlichten und klaren Sprache, dabei auch zahlreicher Fremdwörter. In die Darstellung sind Reden, ausführliche Schlachtenschilderungen, Träume und Prodigien eingeflochten. Sallust kritisiert Sisennas Parteilichkeit für Sulla (Iug. 95,2).

Lucius CORNELIUS SULLA FELIX, 2,56; 3,22 (DNP Cornelius I 90), 138–78 v. Chr.; Konsul 88 v. Chr.; kämpfte als Quästor 107 v. Chr. unter Marius gegen Iugurtha, 90/89 v. Chr. als Legat im Bundesgenossenkrieg, dann als Konsul siegreich gegen Mithridates; marschierte 82 v. Chr. gegen Rom; im selben Jahr Ernennung zum Diktator für unbeschränkte Zeit, darauf umfassende Proskriptionen unter seinen Gegnern; führte wesentliche Verfassungsreformen durch, darunter Maßnahmen zur Beschneidung der Kompetenzen der Volkstribune: So mussten Gesetzesvorlagen dem Senat zur Vorberatung vorgelegt werden, ehe sie in die gesetzgebenden Ver-

sammlungen eingebracht werden konnten; ein Volkstribun konnte sich zudem nach seiner Amtszeit nicht mehr um ein höheres Amt bewerben. Diese Restriktionen wurden 70 v. Chr. wiederaufgehoben.

Tiberius CORUNCANIUS, 2,52, Konsul 280 v. Chr.; Pontifex Maximus 254 v. Chr. (als erster Plebejer); übernahm verschiedene Militärkommandos in der Auseinandersetzung mit den Etruskern und mit Pyrrhus; bedeutender Rechtsgelehrter; erteilte als Erster öffentlich Rechtsbescheide.

COTTA, S. AURELIUS.

CRASSUS, S. LICINIUS.

Gaius CURIATIUS, 3,20, Volkstribun 138 v. Chr.; verlangte bei der Aushebung von Truppen für den Dienst in Spanien, dass jeder Volkstribun zehn Männer freistellen dürfe. Dies lehnten die amtierenden Konsuln Scipio Nasica Serapio und Decimus Brutus ab, die er daraufhin inhaftieren ließ.

Manius CURIUS DENTATUS, 2,3 (DNP Curius 4), Konsul 290, 284 (Suffektkonsul), 275, 274 v. Chr.; Zensor 272 v. Chr.; siegte über die Senonen, Samniten und Sabiner, über Pyrrhus und über die Lukanier; bekannt für seine bescheidene Lebensweise.

CYLON, 2,28, Athener Aristokrat; versuchte um 640 v. Chr. vergeblich, die politische Gewalt an sich zu reißen. Seine Gefolgsleute wurden getötet, obwohl sie sich zu einem Altar der *Semnai Theai* geflüchtet hatten. Cylon selbst konnte fliehen.

CYRUS II MAGNUS, 2,56, 559–530 v. Chr. persischer Großkönig; vergrößerte das Reich um Kleinasien, Babylonien, Assyrien, Syrien und Palestina; bekannt nicht zuletzt durch den Schriftsteller Xenophon und dessen biographische Erzählung der *Kyrupädie*.

DELUS (DELOS), 1,2, Kykladeninsel im ägäischen Meer, bekannt für ihr Apollon-Heiligtum.

DEMETRIUS von Phaleron, 2,64.66; 3,14 (DNP Demetrios 4), um 360–280 v. Chr., Schüler des Theophrast, Philosoph der aristotelischen Schule (Peripatos), der Athen zehn Jahre lang regierte; insofern verband er Gelehrsamkeit und politische Tätigkeit in besonderer Weise (was Cicero – sicherlich auch im Blick auf seine eigene

Person – besonders würdigte); nach seiner Verbannung Berater des Königs Ptolemaios I. (Ägypten).

DIAGONDAS (THEBANUS), 2,37, Diagondas von Theben, ein nur an dieser Stelle erwähnter Gesetzgeber; in manchen *De legibus*-Ausgaben als »Pagondas« gesetzt (Konjektur von van Meurs 1685, da sicher überliefert ist, dass Pagondas ein thebanischer Name ist).

DICAIARCHUS, 3,14, geb. um 370 v. Chr. in Messene, Schüler des Aristoteles und Peripatetiker; umfassende Schriften über Geschichte, Verfassungen, Literatur, Philosophie, Geographie.

DI MANES, 2,22.45.62, in der röm. Religion die Toten als Pluralität vergöttlichter Wesen, insbesondere die Seelen (*animae*) der einzelnen Toten, die nach ihrer Bestattung unter die Di Manes aufgenommen wurden; bisweilen mit den *di parentes* gleichgesetzt, den eigenen Vorfahren als Götter. Für sie wurden öffentliche wie private Gedenkfeiern veranstaltet.

DIOGENES (BABYLONIUS), 3,13 (DNP Diogenes 15), um 240 – 150 v. Chr., Schüler des Stoikers Chrysipp von Soloi, Lehrer des Panaitios; besuchte Rom 155 v. Chr. und begeisterte die Römer für die Philosophie der Stoa.

EGERIA, 1,4, Wassernymphe, die in nächtlichen Treffen dem zweiten König Roms, Numa Pompilius, Wissen für die richtige Einführung religiöser Rituale in Rom vermittelt haben soll.

Quintus ENNIUS, 2,57.68 (DNP Ennius 1), 239–169 v. Chr., röm. Dichter aus Rudiae (Calabria); verfasste zahlreiche Tragödien, mind. 20 in griech. Gewand (sog. *fabulae crepidatae*), mind. eine in röm. (sog. *fabula praetexta*), sowie wenige Komödien, vier Bücher Satiren (als deren Schöpfer er gelten darf) sowie kleinere Dichtung (Epigramme etc.), außerdem mit den *Annales* ein Epos in 18 Büchern, das die röm. Geschichte jahrweise behandelt, von der Zerstörung Trojas und Aeneas' Flucht bis zur Einnahme und Plünderung Ambracias durch Marcus Fulvius Nobilior i. J. 189 v. Chr., die Ennius als Augenzeuge miterlebte.

EPIMENIDES 2,28, wohl 7./6. Jh. v. Chr., geb. auf Kreta, Philosoph und Priester, Verfasser mehrerer poetischer und prosaischer Schriften; sagenhafter Erfinder des Pflugs; als Kylon versuchte, in Athen

die Macht zu übernehmen, soll er dies verhindert und zahlreiche Bräuche und Rituale in Athen erneuert haben; er soll von den Spartanern gefangen genommen und getötet worden sein.

EPIRUS, 2,7, Landschaft, die heute teilweise zu Nordgriechenland gehört, teilweise zu Albanien; Atticus besaß dort ein bedeutendes Landgut.

ESQUILINUS, 2,28, der Esquilin, einer der sieben Hügel Roms.

ETRURIA, 2,21, Etrurien, das von den Etruskern besiedelte Gebiet überwiegend nördlich von Rom.

ETRUSCI, 2,21, die Etrusker, ein nicht-indogermanisches Volk insbesondere nördlich von Rom, das weitreichenden Einfluss ausübte; zahlreiche etrusk. Einrichtungen und Bräuche – etwa die Haruspizien – wurden in Rom übernommen.

EUMOLPIDES, 2,35, Geschlecht aus Eleusis, benannt nach dessen Stammvater Eumolpos.

EURIPUS, 2,2, von griech. Euripos (Meerenge); im Besonderen die Meerenge zwischen Chalkis und Euboia, dann auch Bezeichnung für ein langes, schmales Wasserbecken in einer röm. Villa.

Quintus FABIUS PICTOR, 1,6 (DNP Fabius I 35), um 254 – um 204 v. Chr., röm. Geschichtsschreiber (der älteste unter den Annalisten) senatorischen Rangs; nahm am Zweiten Punischen Krieg u. a. an der Schlacht am Trasimenischen See 217 v. Chr. und an einer Gesandtschaft zum Orakel in Delphi teil; verfasste ein Geschichtswerk in griech. Sprache mit dem Titel *Annales* (oder griech. *Romaika*), das die röm. Geschichte jahrweise darstellte, von der Gründung Roms bis zu Fabius' eigener Zeit, d. h. zum Zweiten Punischen Krieg (218–201 v. Chr.). Das Werk zielte auf eine Griech. sprechende (und lesende) Leserschaft, vor der Fabius die röm. Außenpolitik rechtfertigend erklärte.

Gaius FABRICIUS LUSCINUS, 2,58 (DNP Fabricius I 3), Konsul 282 und 278 v. Chr.; Zensor 275 v. Chr.; ging militärisch gegen die Samniten, Lukaner und Bruttier vor; soll sich durch militärische Klugheit, Gerechtigkeit, Edelmut und Einfachheit ausgezeichnet haben.

Gaius FANNIUS, 1,6 (DNP Fannius I 1), verfasste ein Geschichtswerk mit dem Titel *Annales* (in Fragmenten erhalten). Diese fokussier-

ten schwerpunktmäßig Zeitgeschichte und sind eine wichtige Quelle etwa für die Politik der Gracchen. Möglicherweise identisch mit dem Konsul des Jahres 122 v. Chr. (gewählt auf Empfehlung des Volkstribuns Gaius Gracchus; trat diesem jedoch später aufseiten des Senats entgegen).

FIBRENUS, 2,1.6, kleiner Fluss nördlich von Arpinum und südöstlich von Sora. Das Landgut und die väterliche Villa der Cicero-Brüder lag in der Nähe seiner Mündung in den Liris.

FIGULUS, S. MARCIUS.

Gaius FLAMINIUS, 3,20 (DNP Flaminius 1), Volkstribun 232 v. Chr.; Konsul 223 und 217 v. Chr.; als Zensor 220 v. Chr. Erbauer der Via Flaminia und des Circus Flaminius; wurde als Konsul 223 v. Chr. von Hannibal bei der Schlacht am Trasimenischen See geschlagen und ist dabei gefallen.

FONS, 2,56, Gott der Brunnen und der Quellen mit Altar östlich des Ianiculum.

FORTUNA, 2,28, Göttin des Glücks. Cicero wählt für sie Beiworte (Epitheta) wie *Huiusque Diei*, *Respiciens*, *Fors* und *Primigenia*.

Aulus GABINIUS, 3,35 (DNP Gabinius I 1), Volkstribun 139 v. Chr.; verantwortete in diesem Amt die erste *lex tabellaria* (Tabellargesetz/Stimmtäfelchengesetz), zwei Jahre vor der zweiten *lex tabellaria* des Lucius Cassius Longinus Ravilla.

Gnaeus GELLIUS, 1,6 (DNP Gellius 2), zweite Hälfte des 2. Jh.s v. Chr., Geschichtsschreiber; wahrscheinlich identisch mit dem Triumvir monetalis 138 v. Chr. Seine *Annales* (erhalten in wenigen Fragmenten) setzten offenbar bei den frühesten Anfängen der Menschheit an und führten bis in seine eigene Zeit; sie werden gemäß der Aufzählung in *De legibus* datiert, und zwar zeitlich nach den Geschichtswerken von Calpurnius Piso Frugi, Sempronius Tuditanus und Gaius Fannius, jedoch vor dem Werk des Lucius Coelius Antipater.

Lucius GELLIUS POPLICOLA, 1,53 (DNP Gellius 4), geb. um 136 v. Chr., Prätor 94 v. Chr.; Statthalter 93 v. Chr. in einer der östlichen Provinzen (auf seinem Rückweg durch Athen soll er den dort in Auseinandersetzung befindlichen Philosophenschulen seine Ver-

mittlung angeboten und sich damit lächerlich gemacht haben, so die Darstellung in *De legibus*); Anhänger des Pompeius; Konsul 73 v. Chr.; Unterstützer Ciceros bei dessen Konsulatsbewerbung 63 v. Chr.; war an der Niederschlagung der Catilinarischen Verschwörung beteiligt.

GNOSII, 1,15, Einwohner der Stadt Knossos auf Kreta.

GRACCHUS, s. SEMPRONIUS.

Marcus GRATIDIUS, 3,36, gest. 102 v. Chr., Angehöriger der Lokalaristokratie der Provinzstadt Arpinum, Bruder der Großmutter der beiden Cicero-Brüder; versuchte in Auseinandersetzung mit Ciceros Großvater vergeblich, in Arpinum ein Tabulargesetz einzubringen.

HELENUS, 2,33, Sohn des trojanischen Königs Priamus, mythischer Seher; prophezeite den Fall Trojas, außerdem dem Aeneas den Verlauf von dessen Irrfahrten.

HERACLIDES PONTICUS, 3,14 (griech. Herakleides Pontikos), um 390 – 310 v. Chr., Philosoph der Akademie; verfasste unter einer großen Anzahl weiterer Werke Dialoge über Staatstheorie und Recht, in denen Philosophen, Militärs und Staatslenker als Dialogfiguren auftreten; darin kann er als Vorbild von Ciceros Dialogen gesehen werden.

HERCULES, 2,19.27 (griech. Herakles), der berühmteste Heros aus der griech.-röm. Mythologie. Sein Kult kam früh nach Rom, wo er mehrere Heiligtümer hatte, etwa an der Ara Maxima.

HERODOTUS, 1,5, vermutlich 490er Jahre – 420er Jahre v. Chr., erster bedeutender griech. Geschichtsschreiber (»Vater der Historiographie«); reiste intensiv, um Informationen für sein Geschichtswerk zu erhalten. Dieses umfasst den Zeitraum vom Trojanischen Krieg bis zum Zug des persischen Königs Xerxes gegen Griechenland und enthält zahlreiche Erzählungen als Einlagen, so etwa die Anekdote über den sardischen König Krösus und den Athener Staatsmann Solon.

HESTIA, s. VESTA.

HOMERUS, 1,2, wohl spätes 8. Jh. v. Chr., griech. Epiker, Verfasser von *Ilias* und *Odyssee*; lebte wohl im ionischen Kleinasien.

HONOS, 2,58, Personifikation des Wertbegriffs ›Ehre‹ mit mind. drei Heiligtümern in Rom (eines davon lag außerhalb der servianischen Stadtmauer vor der Porta Collina).

HORATIUS COCLES, 2,10, röm. Heros aus der Frühzeit; verteidigte im Krieg gegen den Etrusker-König Porsenna die Tiberbrücke allein, bis diese hinter ihm abgerissen war, um den Vormarsch der Etrusker zu verhindern; dann sprang er in den Fluss und wurde gerettet (Liv. 2,10).

IACCHUS, 2,35 (griech. Iakchos), Gottheit im Umfeld der eleusinischen Mysterien, Sohn des Jupiter (griech. Zeus) mit Ceres (griech. Demeter). Da auch Dionysos Bacchios in Verbindung mit den eleusinischen Mysterien steht, werden beide oft verwechselt.

IDAEA MATER, 2,22.40 (griech. Kybele, röm. Mater magna), ursprünglich wohl phryg. Gottheit, im Ida-Gebirge nahe Troja verehrt. Ihr Kult verbreitete sich in Kleinasien, dann im gesamten Mittelmeerraum, ehe sie schließlich zum Ende des Zweiten Punischen Krieges 204 v. Chr. nach Rom eingeführt wurde. Ihr Heiligtum befand sich auf dem Palatin. Die ihr geweihten Ludi Megalenses wurden Anfang April gefeiert.

ITHACA, 2,3, Heimatinsel des Odysseus im Ionischen Meer.

IULIUS, s. PROCULUS.

Decimus IUNIUS BRUTUS CALLAICUS, 3,20 (DNP Iunius I 14), Konsul 138 v. Chr.; erfolgreicher Feldherr in Spanien; stellte mit seinem Mitkonsul Publius Scipio Nasica Serapio eine Untersuchung über die Morde im Silawald und die Truppenaushebungen für den spanischen Krieg an. Ihre Ablehnung, bei den Truppenaushebungen Ausnahmen zu machen, führte zu einem Zerwürfnis mit den Volkstribunen, welche die Konsuln ins Gefängnis festsetzten. Die Volksversammlung wiederum setzte sich erfolgreich für deren Freilassung ein.

Marcus IUNIUS CONGUS (GRACCHANUS?), 3,49 (DNP Iunius I 20), geb. wohl 143 v. Chr.; schrieb ein Werk über die Ursprünge der Magistrate und ihre Machtbefugnisse (*De potestatibus*). Der Beiname Gracchanus geht auf seine Freundschaft mit Gaius Gracchus zurück.

IUNO SAMIA, 2,41 (griech. Hera), Schwester und Gemahlin des Jupi-

ter (griech. Zeus); hatte auf Samos ein bedeutendes Heiligtum und fand dort große Verehrung.

IUPPITER, 1,2; 2,7.10.20.28; 3,43 (griech. Zeus), höchster (und ältester) röm. Gott; hatte gemeinsam mit Juno und Minerva (sog. kapitolinische Trias) auf dem Kapitol einen Tempel, der den sakralen Mittelpunkt der Stadt bildete; daneben weitere Heiligtümer in der Stadt.

LACEDAEMON, 2,39; 3,16, Landschaft im Eurotastal auf der Peloponnes; gleichzeitig Bezeichnung für deren Hauptstadt Sparta.

LAENAS, s. POPILLIUS.

LARES, 2,19.27.42.55, Schutzgötter in einem röm. Haus, an Straßenkreuzungen und auf dem Feld; ihre Bilder waren in Schreinen aufgestellt und wurden an besonderen Tagen bekränzt.

LIBER, 2,19, altröm. Gott der Fruchtbarkeit, bisweilen mit dem griech. Dionysos/Bacchus gleichgesetzt. Die Liberalia, ein Fest zu Ehren des Götterpaars Liber und Libera, wurden Mitte März gefeiert.

Lucius LICINIUS CRASSUS, 3,42 (DNP Licinius I 10), 140–91 v. Chr., Volkstribun 105 v. Chr.; Konsul 95 v. Chr.; Zensor 92 v. Chr.; der bedeutendste Redner in der Generation vor Cicero (mit Marcus Antonius [DNP I 7], Großvater des Triumvirn); hatte eine Vorliebe für juristische Studien und war laut Cicero darin unübertroffen, jeden Fall sachkundig und wortgewaltig auszulegen (Brut. 144). Seine Schlagfertigkeit und sein Humor waren berüchtigt – dadurch brachte er seine Zuhörer schnell auf seine Seite. Seine Gegner soll er durch die Fülle seiner Beispiele erdrückt haben (z. B. Top. 44). Cicero porträtiert ihn in seinem ersten Dialog (*De oratore*): Crassus spricht darin als zentrale Dialogfigur mit Marcus Antonius (und weiteren Gesprächsteilnehmern) über die Redekunst und den idealen Redner.

Lucius LICINIUS LUCULLUS, 3,30 (DNP Licinius I 26), 117–56 v. Chr., Prätor 78 v. Chr.; Konsul 74 v. Chr.; Senator und bedeutender Feldherr; zeichnete sich bereits unter Sulla im Bundesgenossenkrieg und im Ersten Mithridatischen Krieg aus, führte den Dritten Mithridatischen Krieg (74–64 v. Chr.) als Prokonsul von Kilikien und Asien bis zur Ablösung durch Pompeius 66 v. Chr., zog sich 59

v. Chr. aus der Politik zurück; bekannt für seinen Reichtum, seine Kunstkennerschaft und Bildung; besaß neben mehreren anderen eine prunkvolle Villa in Tusculum, in der sich die von Mithridates erbeutete makedonische Staatsbibliothek befand, die er Standesgenossen zugänglich machte (auch Ort der Unterredung im 3. und 4. Buch von Ciceros *De finibus*).

Gaius LICINIUS MACER, 1,7 (DNP Licinius I 30), um 110 – 66 v. Chr., Volkstribun 73 v. Chr.; Prätor 68 v. Chr.; Geschichtsschreiber (Annalistik) und Senator; verfasste mind. 16 Bücher *Annales* (wichtige Quelle für Titus Livius und Dionys von Halikarnass, insbesondere für die Frühzeit und frühe Republik Roms, da es wohl mit dem 3. Jh. v. Chr. endete; lediglich 24 Fragmente sind erhalten); bemühte sich als Volkstribun, Regelungen Sullas außer Kraft zu setzen, und hielt dabei scharfe Reden gegen Teile der Nobilität (exemplarisch: Sall. hist. 3,48 M.).

LIRIS, 1,14; 2,6; fr. 2 (= fr. 5 Ziegler), Fluss in Mittelitalien, heute Garigliano; entspringt in den Monti Simbruini und mündet nahe Minturno ins Meer; fließt durch die Ebene unterhalb von Arpinum und passiert das Landgut der Cicero-Brüder, wo der Fibrenus in ihn mündet (leg. agr. 2,3).

LIVIUS ANDRONICUS, 2,39 (DNP Livius III 1), um 280/260 – 200 v. Chr., röm. Dramatiker und Epiker griech. Herkunft (möglicherweise aus Tarent), erster bekannter röm. Literat, verfasste ab 240 v. Chr. mehrere Dramen sowie ein Epos *Odusia*, eine Adaption der homerischen *Odyssee*.

Marcus LIVIUS DRUSUS, 2,14.31 (DNP Livius I 7), Volkstribun 91 v. Chr.; brachte Regelungen zur rechtlichen Gleichstellung der Italiker (Bürgerrecht) und zur Besetzung der Gerichtshöfe aus dem erweiterten Senat (bisher nur Angehörige des Ritterstands) durch. Der Senat wurde um 300 der vornehmsten Ritter erweitert. Mit einem Getreidegesetz und der Anlage von Kolonien gewann Livius Drusus die stadtröm. Plebs; seine Gesetze konnte er z. T. nur mit massiver Gewalt durchbringen; sie wurden bald vom Senat aufgehoben, er selbst unter ungeklärten Umständen getötet. Seine Ermordung war ein unmittelbarer Anlass zum Krieg mit den Bundesgenossen (91–87 v. Chr.).

LOCRI, 2,15, griech. Kolonie in Süditalien, um 700 v. Chr. gegründet. Möglicherweise sind die Lokrer als Folge seiner Tätigkeit 70 v. Chr. in Sizilien Ciceros Klienten geworden.

LUCRETIA, 2,10, Tochter des Spurius Lucretius Tricipitinus aus Collatia; wurde von Sextus Tarquinius, dem Sohn des siebten und letzten röm. Königs Lucius Tarquinius Superbus, erpresst und vergewaltigt; nachdem sie das Geschehene berichtete, erdolchte sie sich in Anwesenheit des Vaters und des Ehemanns, was wiederum zum Aufstand gegen den König und zu dessen Vertreibung aus Rom führte.

Spurius LUCRETIUS TRICIPITINUS, 2,10, Vater der Lucretia (s. dort); schloss sich dem Aufstand gegen Tarquinius an, in dessen Folge dieser aus Rom vertrieben wurde.

LUCULLUS, s. LICINIUS.

LYCAONII, 2,33, Volk in Kleinasien zwischen Kappadokien, Kilikien und Pisidien; der Sage zufolge nach dem Arkadier Lykaon benannt.

LYCURGUS, 1,57, 9. Jh. v. Chr., der Sage nach der Urheber der Verfassung der griech. Stadt Sparta, die er nach kretischen Vorbildern geschaffen haben soll; verehrt in Sparta durch einen Tempel und einen Kult.

MACER, s. LICINIUS.

MAGNUS, s. POMPEIUS.

MANES, s. DI MANES.

Aulus MANLIUS TORQUATUS, 2,55 (RE Manlius 75 oder DNP Manlius I 20 oder I 21), Rechtsgelehrter, mind. vom Rang eines Prätors. Drei Personen kommen infrage: 1) ein (ansonsten unbekannter) Aulus Manlius Torquatus, 2. Jh. v. Chr. 2) der bekannte Gelehrte im Bereich sakralen und nicht-sakralen Rechts Titus Manlius Torquatus, Konsul 165 v. Chr. – dann wäre das Praenomen verwechselt worden. 3) Aulus Manlius Torquatus Atticus, Zensor 247 v. Chr., Konsul 244 und 241 v. Chr.; schloss nach dem Ende des Ersten Punischen Krieges (264–241 v. Chr.) die Tore des Janustempels – was erst nach der Schlacht von Actium erneut geschah.

MARCELLUS, s. CLAUDIUS.

Gaius MARCIUS FIGULUS (THERMUS?), 2,62 (DNP Marcius I 12),

Konsul 64 v. Chr.; Vorgänger Ciceros im Konsulat und tatkräftiger Unterstützer bei der Niederschlagung der Catilinarischen Verschwörung; vermutlich identisch mit dem in ad Att. 1,1,2 erwähnten (Minucius) Thermus – der Name Marcius Figulus ließe sich durch Adoption erklären; ließ sich in einem aufwendigen Grabmonument bestatten.

Lucius MARCIUS PHILIPPUS, 2,31 (DNP Marcius I 13), Volkstribun um 104 v. Chr.; Prätor 96 v. Chr.; Konsul 91 v. Chr.; Zensor 86 v. Chr.; Senator und Feldherr; agierte erfolgreich gegen die Reformpolitik des Volkstribuns Marcus Livius Drusus (vgl. auch de orat. 1,24) und erklärte dessen Gesetzesinitiativen (*leges Liviae*) in seiner Funktion als Augur für nichtig; später als Zensor zunächst aufseiten Cinnas, trat dann 82 v. Chr. zu Sulla über.

›MARIUS‹, 1,1–4, Epyllion Ciceros auf den röm. Feldherrn Gaius Marius, der wie Cicero aus Arpinum stammte.

Gaius MARIUS, 2,56; 3,38 (DNP Marius I 1), 156–86 v. Chr., aus Arpinum; Konsul 107 v. Chr. (und weitere sechs Mal); Feldherr und Senator; siegte gegen Iugurtha sowie gegen die Kimbern und Teutonen, nahm in der Auseinandersetzung mit Sulla an dessen Anhängern blutige Rache. Ciceros Urteil über ihn war zunächst positiv (vgl. die Anspielung in 2,6), änderte sich aber während des Bürgerkriegs zwischen Caesar und Pompeius: In nat. deor. 3,80 wird Marius als *omnium perfidissimus* bezeichnet.

Marcus MARIUS, 3,36 (DNP Marius I 5), röm. Feldherr; setzte sich aufseiten des Sertorius für den Rom feindlich gesinnten König Mithridates VI. von Pontos ein; verlor eine Seeschlacht gegen Lucius Licinius Lucullus und wurde auf dessen Befehl 72 v. Chr. hingerichtet. Offenbar hatte Marcus Gratidius mindestens zwei Söhne, da Marcus Marius hier als sein Sohn bezeichnet wird (*eius filius*), Marcus Marius Gratidianus (RE Marius 42) allerdings, der sicher sein Sohn war, an keiner Seeschlacht beteiligt war (vgl. Nicolet 1967, S. 277).

MEGILLUS, 1,15, Spartaner, eine der drei Dialogfiguren in Platons Schrift über die Gesetze (*Nomoi*).

MELAMPUS, 2,33, griech. Seher, dem es im Mythos gelingt, die Sprache der Vögel und anderer Tiere zu verstehen.

METELLUS, S. CAECILIUS.

MOPSUS, 2,33, mythischer griech. Seher, Sohn des Apollon mit der Tochter des Teiresias.

Publius MUCIUS SCAEVOLA, 2,47.50.52.57 (DNP Mucius I 5), Volkstribun 141 v. Chr.; Prätor 136 v. Chr.; Konsul 133 v. Chr.; Pontifex Maximus seit 130 v. Chr.; herausragender Rechtsgelehrter und Anwalt; Unterstützer der gracchischen Reformen und Gegner Scipios; gilt manchen als einer der Begründer der Jurisprudenz in Rom.

Quintus MUCIUS SCAEVOLA, 1,2 (DNP Mucius I 10), Volkstribun 54 v. Chr.; Bekannter von Quintus (ad Quint. fr. 1,2,13) und Marcus Cicero (ad fam. 3,5); Autor von Gedichten (Plin. epist. 5,3,5).

Quintus MUCIUS SCAEVOLA (AUGUR), 1,13 (DNP Mucius I 8), um 170 – 88 oder 87 v. Chr., Konsul 117 v. Chr.; galt als exzellenter Jurist; einer der Lehrer Ciceros, bei dem dieser die Grundlagen der Rechtsauslegung kennenlernte; der Name ›Scaevola‹ sei sprichwörtlich geworden (de orat. 1,29; 2,144); außerdem Dialogfigur in Ciceros Schriften *De re publica* (dort einer der jüngeren Unterredner, Schwiegersohn des Gaius Laelius), *Laelius de amicitia* und *De oratore* (dort der älteste Gesprächsteilnehmer und als Zeuge für das Gespräch zwischen Crassus und Antonius angeführt, das 91 v. Chr. in Crassus' Tusculanum geführt worden sei).

Quintus MUCIUS SCAEVOLA (PONTIFEX), 2,47.49.50.52.53 (DNP Mucius I 9), um 140 – 82 v. Chr., Volkstribun 106 v. Chr.; Konsul 95 v. Chr.; Pontifex Maximus seit etwa 89 v. Chr.; Sohn des Publius Mucius Scaevola (DNP Mucius I 5); der wohl bedeutendste Vertreter der spätrepublikanischen Jurisprudenz. Sein 18 Bücher umfassendes Werk über das »bürgerliche Recht« bzw. »Zivilrecht« (*ius civile*) folgt der Stoffanordnung des Zwölftafelgesetzes und der Tradition des Sextus Aelius in seiner Dreiteilung 1) Gesetzestext, 2) *Interpretatio* und 3) Klageformeln.

MUSAE, 2,7, neun Göttinnen, Töchter des Jupiter und der Memoria; angeführt von Apollon als Gott der Künste, stehen sie jeweils für einen spezifischen Bereich des kulturellen ›Gedächtnisses‹, des geschriebenen oder gesprochenen Wortes. Seit Homer ist der Musenanruf zu Beginn eines dichterischen Werkes topisch.

Gnaeus NAEVIUS, 2,39, um 265 – 201 v. Chr., geb. in Kampanien, berühmter Dichter, Verfasser zahlreicher Dramen, darunter die Tragödien *Romulus* und *Clastidium*, in denen erstmals röm. Stoffe (Gründungssage Roms; Sieg über Gallierfürst Virdumar) Gegenstand einer dramatischen Aufführung wurden. Diese Gattung nannte sich fortan *fabula praetexta*, da in ihr die röm. Amtsträger in der Toga Praetexta auftraten. Hinzu kommen etwa 30 Komödien und mehrere Tragödien mit griech. Stoffen. Er ist außerdem Verfasser des Epos *Bellum Poenicum*, das den Ersten Punischen Krieg (264–241 v. Chr.) in sieben Büchern behandelte (ca. 60 Fragmente überliefert), wobei die Bücher 1 und 2 die Aeneas-Sage im Kontext einer Ekphrasis thematisieren.

NAVIUS ATTUS, 2,33, legendärer Augur aus der röm. Königszeit während der Regentschaft des Tarquinius Priscus (Liv. 1,36), also im späten 6. Jh. v. Chr. verortet; er wird schon in rep. 2,36 und später in div. 1,31–32 erwähnt.

NILUS, 2,2, der Fluss Nil.

NUMA POMPILIUS, 1,4; 2,23.29.56, 715–673 v. Chr., zweiter König Roms; soll alle zentralen religiösen Institutionen in Rom eingeführt haben. Auch die Einführung eines Kalenders und die Organisation der Priesterschaften werden auf ihn zurückgeführt.

ODYSSEUS, s. ULIXES.

OREITHYIA, 1,3, Tochter des Erechtheus, des mythischen Königs von Attika; soll der Sage nach von dem Windgott Aquilo gewaltsam geraubt worden sein, als sie am Fluss Ilissos spielte.

PAGONDAS, 2,37 (RE Pagondas 1), 5. Jh. v. Chr., griech. Feldherr aus Theben, Stratege der böotischen Truppen im Peloponnesischen Krieg. »Pagondas« ist eine Konjektur von van Meurs 1685, da der Name Diagondas nur in *De legibus* überliefert ist, der ähnlich klingende Name Pagondas aber ein bezeugter spartanischer Name ist.

PALATIUM, 2,28, einer der sieben Hügel Roms, Ort der ältesten, der Sage nach von Romulus gegründeten Siedlung Roms; nach nat. deor. 3,63 auch Ort eines Heiligtums der Göttin Febris, der Personifikation fieberhafter Erkrankung.

PANAITIUS von Rhodos, 3,14 (DNP Panaitios 4), um 185 – 109 v. Chr., Schuloberhaupt der Stoa seit 129 v. Chr.; gestaltete die stoische Lehre unter Integration akademischen und peripatetischen Gedankenguts teilweise um; gleichwohl in den meisten Punkten orthodoxer Stoiker; Verfasser thematisch vielfältiger Schriften, von denen die ethische Schrift *Über das richtige Handeln* (*Peri kathekontos*) Vorlage für Ciceros letztes philosophisches Werk *De officiis* ist; von Cicero in *De re publica* als Teil des Kreises um Scipio Africanus präsentiert.

Gaius PAPIRIUS CARBO, 3,35 (DNP Papirius I 5), Volkstribun 131 v. Chr.; Konsul 120 v. Chr.; Anhänger der Gracchen; brachte als Volkstribun erfolgreich ein Plebiszit ein, durch das die Abstimmung mit Stimmtäfelchen auch für die gesetzgebenden Komitien eingeführt wurde; infolge des 119 v. Chr. von Lucius Licinius Crassus (= Ciceros Dialogfigur in *De oratore*) angestrengten Prozesses (und wohl auch wegen der Verunglimpfung als rückgratloser Parteigänger durch Crassus) – der eigentliche Rechtsgrund ist nicht überliefert – tötete er sich selbst.

Gnaeus PAPIRIUS CARBO, 3,42 (DNP Papirius I 9), Volkstribun 92 v. Chr.; Konsul 85, 84 und 82 v. Chr.; kämpfte im Bundesgenossenkrieg, unterstützte später Cinna, mit dem zusammen er seine ersten beiden Konsulate bekleidete; nach mehreren verlorenen Gefechten von Gnaeus Pompeius gefangen genommen und in Lilybaeum auf Sizilien hingerichtet. Eine Initiative von ihm führte dazu, dass der Senat im Fall von Unruhen in einer Versammlung die Verantwortung dem vorstehenden Magistrat zuwies.

PERSAE, 2,26, die Perser. Ihr Großreich bestand etwa 550 – etwa 330 v. Chr. und stellte in seinem Expansionsstreben für die Griechen bis zu deren Sieg über Xerxes I. bei Salamis (480 v. Chr.) und Plataiai (479 v. Chr.) und damit dem Ende der Perserkriege (500–479 v. Chr.) eine ernste Bedrohung dar.

PHAEDRUS (1), 1,53 (DNP Phaidros 4), um 138 – 70 v. Chr., epikureischer Philosoph, dessen Vorträge Cicero vor 88 v. Chr. in Rom hörte und etwa zehn Jahre später in Athen; Freund des Atticus; übernahm im vorgerückten Alter die Leitung der epikureischen Schule in Athen von Zenon von Sidon.

›PHAEDRUS‹ (2), 2,6, der nach dem Hauptgesprächspartner (DNP Phaidros 1) benannte Dialog Platons; Thema ist die Macht der Sprache, wie sie in der Rhetorik zum Ausdruck kommt.

PHALERON, 2,64; 3,14, der alte Hafen Athens, heute Paleo Faliro, ein Stadtteil von Piräus.

PHILIPPUS, s. MARCIUS.

PHRYGES, 2,33, Bewohner der Landschaft Phrygien in der Mitte Kleinasiens.

PISIDAE, 2,33, Bewohner der Berglandschaft Pisidien im Süden Kleinasiens, unmittelbar nördlich des heutigen Antalya.

PISO, s. CALPURNIUS.

PITTACUS, 2,66, um 650 – um 570 v. Chr., Herrscher und Gesetzgeber von Mytilene (auf Lesbos) 590–580 v. Chr.; galt als einer der Sieben Weisen. Die antike Überlieferung stellte ihn in eine Reihe mit großen Gesetzgebern wie Solon und Charondas.

PLATON, 1,15.55; 2,6.14.16.38.41.45.67.69; 3,1.5.14.32 (DNP Platon 1), 427–347 v. Chr., griech. Philosoph, Gründer einer philosophischen Schule auf dem Gelände der Akademie vor den Toren Athens (daher der Name der Schule »Akademie«), Verfasser zahlreicher philosophischer Dialoge, Briefe und Traktate – Letztere sind uns nicht überliefert; wurde in Athen (oder Aigina) in vornehmen Verhältnissen geboren (ein Vorfahr mütterlicherseits war Solon); schloss sich mit etwa 20 Jahren Sokrates an; zog sich nach einer kurzen politischen Tätigkeit in Athen unter den »Dreißig Tyrannen« (404 v. Chr.) nach Wiederherstellung der Demokratie (403 v. Chr.) und v. a. dem Tod des Sokrates (399 v. Chr.) aus dem öffentlichen Leben zurück und widmete sich fortan seinen Studien, nur unterbrochen durch eine Reise an den Hof Dionysius' II. in Syrakus (390–388 v. Chr.); wird als Autor der beiden Dialoge *Politeia* und *Nomoi* von Cicero als Vorbild für die Abfassung von dessen Schwesterschriften *De re publica* und *De legibus* mehrfach angeführt. Auch auf Platons Dialog *Phaidros* findet sich eine Reminiszenz (2,6). Immer wieder benennt Cicero Platon als Inspirationsquelle, stellt dessen geistige Leistungen ins Licht und präsentiert sich selbst als Gefolgsmann.

POLEMON, 1,38 (DNP Polemon 1), um 350 – um 275 v. Chr., griech.

Philosoph und dritter Scholarch der platonischen Akademie (314 – um 275 v. Chr.); Lehrer des Stoa-Gründers Zenon von Kition sowie des Ariston von Chios.

POLLUX (und CASTOR), s. CASTOR.

POLYIDUS, 2,33 (DNP Polyidos 1), mythischer korinthischer Seher, Traumdeuter und Wundertäter. Der Seher Melampus war einer seiner Vorfahren.

Gnaeus POMPEIUS MAGNUS, 1,8; 2,6; 3,22.26 (DNP Pompeius I 3), 106–48 v. Chr., bedeutender Feldherr und Senator der ausgehenden Republik; führte in den Jahren 67–62 v. Chr. erfolgreich Kriege gegen die Seeräuber und gegen Mithridates VI. von Pontos; schloss, da der Senat u. a. die Versorgung seiner Veteranen blockierte, 59 v. Chr. mit Caesar und Crassus ein informelles Bündnis zur Durchsetzung seiner Interessen (sog. ›ERSTES TRIUMVIRAT‹). Nach dem Bruch der Senatsmehrheit unter Pompeius mit Caesar ab 49 v. Chr. Beginn des Bürgerkriegs, der nach der Schlacht bei Pharsalos zugunsten Caesars entschieden wurde. Pompeius wurde während seiner Flucht nach Ägypten ermordet. Cicero hielt sich spätestens seit seiner Rückkehr aus dem Exil 57 v. Chr. politisch eng an Pompeius und stand während des Bürgerkriegs auf dessen Seite.

Titus POMPONIUS ATTICUS, passim (DNP Pomponius I 5), um 110 – 32 v. Chr., stadtröm. Ritter, Schulfreund Ciceros, zeitlebens dessen enger Gefährte und Ratgeber, gut bezeugt durch den Briefwechsel (erhalten sind 16 Bücher Briefe); gleichzeitig häufiger Adressat von Ciceros theoretischen Schriften – bisweilen auch Dialogpartner, wie auch in *De legibus*. Ciceros jüngerer Bruder Quintus war mit Atticus durch die Heirat mit dessen Schwester Pomponia familiär verbunden. Während sich die Cicero-Brüder für eine senatorische Karriere entschieden, blieb Atticus mit Überzeugung Ritter und betätigte sich insbesondere im stadtröm. Immobilien- und Finanzgeschäft. Sein Auftreten war, so das Zeugnis bei Cicero und Nepos, einerseits durch strengen Ernst, andererseits durch große Menschenfreundlichkeit geprägt. Besonderen Wert legte er auf Bildung.

gens POPILLIA, 2,55, röm. Familiengeschlecht.

Gaius POPILLIUS LAENAS, 3,36 (DNP Popillius I 3), schloss 107 v. Chr.

als Legat des in der Schlacht gefallenen Konsuls Lucius Cassius Longinus eigenmächtig einen Vertrag mit den Tigurinern (denen die röm. Truppen zuvor unterlagen), um einen freien Abzug des röm. Heeres zu erreichen; wurde dafür in Rom wegen Hochverrats verurteilt und mit der Verbannung bestraft.

Publius POPILLIUS LAENAS, 3,26 (DNP Popillius I 8), Konsul 132 v. Chr.; bestrafte die Anhänger der Gracchen als Konsul hart, musste auf Bewirken des Gaius Sempronius Gracchus 123 v. Chr. ins Exil gehen; kehrte nach dessen Tod 121 v. Chr. wieder zurück; Erbauer der Via Popillia.

POPLICOLA, s. VALERIUS.

Marcus PORCIUS CATO CENSORIUS, 1,6; 2,5 (DNP Cato 1), 234–149 v. Chr., röm. Senator und Schriftsteller aus Tusculum (etwa eine Tagesreise von Rom entfernt), aus einer Familie des Ritterstands; Konsul 195 v. Chr.; Zensor 184 v. Chr.; führte das Amt des Zensors mit außerordentlicher Strenge: Maßnahmen gegen Luxus, *lectio senatus*, Musterung der Ritter; Förderung der Staatseinkünfte und öffentlicher Bautätigkeit; war dafür bekannt, scharfen politischen Auseinandersetzungen nicht aus dem Weg zu gehen; verfasste Reden, Lehrschriften und historische Schriften (*Origines*); pflegte in Letzteren einen bisweilen spröden, aber realitätsnahen, sprachschöpferisch interessanten und expressiven Stil (anerkennend Brut. 66).

Marcus PORCIUS CATO UTICENSIS, 3,40 (DNP Porcius I 7), 95–46 v. Chr., röm. Senator und Feldherr, Enkel von Cato Censorius; wird von Cicero als Stoiker porträtiert (fin. 3) und galt als Vertreter altröm. Sittenstrenge; ging als designierter Volkstribun 63 v. Chr. hart gegen den designierten Konsul Murena vor, den Cicero erfolgreich verteidigt hatte, später gegen die Sonderstellung des Pompeius (ohne Erfolg); scharfe Gegnerschaft zu Caesar, im Bürgerkrieg aufseiten des Pompeius; nach dessen Tod 48 v. Chr. hatte Cato eine führende Rolle im Kampf der Senatspartei gegen Caesar; Freitod 46 v. Chr. nach der Niederlage bei Thapsos.

PORTA COLLINA, 2,58, antikes Stadttor der servianischen Stadtmauer Roms auf dem Quirinalshügel. Nicht weit vor der Porta Collina stand ein Honos-Tempel.

Publius POSTUMIUS TUBERTUS, 2,58, angeblich Konsul 505 und 503 v. Chr.

PROCULUS IULIUS, 1,3 (DNP Iulius I 3), legendäre Figur, soll nach dem Verschwinden des Romulus der Sage nach dem trauernden Volk bezeugt haben, dass jener ihm in göttlicher Gestalt erschienen sei und nun den Namen Quirinus trage (vgl. auch rep. 2,20).

PYTHAGORAS, 1,33; 2,26 (DNP Pythagoras 2), geb. um 570 v. Chr. auf Samos, griech. Philosoph und Mathematiker, der in Unteritalien wirkte; wichtige Beiträge auch zu weiteren Wissenschaften (Musik, Astronomie); um 530 v. Chr. Gründung der philosophischen Schule der Pythagoreer in Kroton; nach 510 v. Chr. Übersiedlung nach Metapont; vertrat eine durch Vegetarismus geprägte Lebensweise. Freundschaft spielte eine zentrale Rolle.

QUIRINUS, 1,3; 2,19, ital. Gottheit, möglicherweise sabinischen Ursprungs, von manchen als Teil einer archaischen ital. Göttertrias (zusammen mit Jupiter und Mars) verstanden; wurde mit Romulus identifiziert, vielleicht zuerst in den 50er Jahren des 1. Jh.s v. Chr. In Rom ist nach ihm einer der sieben Hügel, der Quirinal, benannt.

REMUS, 1,8, Zwillingsbruder des Romulus, der Sage nach von diesem getötet, nachdem er über dessen neu gegründete Stadt Rom spottete.

ROMA, 2,2.5.10.28.36.37.66.

ROMULUS, 1,3.8; 2,33, mythischer Gründer und erster König Roms, Sohn der Rhea Silvia mit Mars; auf Veranlassung von deren Onkel Amulius, dem König von Alba Longa, gemeinsam mit seinem Bruder Remus nahe dem Tiber ausgesetzt, danach von einer Wölfin aufgezogen; Gründung Roms und militärische Expansion; Einrichtung zahlreicher Bräuche, so auch der Auspizien; nach einer vermutlich späten Version (50er Jahre des 1. Jh.s v. Chr.?) Vergöttlichung als Gott Quirinus.

Quintus ROSCIUS GALLUS, 1,11 (DNP Roscius I 4), um 126 – 62 v. Chr., röm. Schauspieler; gab Unterricht in Mimik und Gestik;

beobachtete dazu u. a. die Auftritte berühmter Redner in Rom; unterrichtete zeitweise Cicero; wurde von diesem in einer uns überlieferten Rede (*Pro Sexto Roscio comoedo*) verteidigt.

SABAZIUS, 2,37, ursprünglich phryg. Gott, erstmals bei Aristophanes erwähnt. Seine Verehrung ist seit dem 4. Jh. v. Chr. bezeugt.

SABINI, 2,3, Nachbarvolk der Römer im bergigen Sabinerland nördlich von Rom.

SATURNINUS, s. APPULEIUS.

SCAEVOLA, s. MUCIUS.

SCAURUS, s. AEMILIUS.

SCIPIO, s. CORNELIUS.

Publius SEMPRONIUS ASELLIO, 1,6 (DNP Sempronius I 1), röm. Feldherr und Geschichtsschreiber, Militärtribun 134 v. Chr. unter Scipio Africanus (Numantinus) vor Numantia; gab mit seinem mind. 14 Bücher umfassenden Geschichtswerk das erste rein zeitgeschichtliche historiographische Werk in Rom heraus. Es begann etwa 146 v. Chr. und reichte bis in die sullanische Zeit (mind. bis zum Tod des Marcus Livius Drusus 91 v. Chr.); der mutmaßliche Titel lautete *Rerum gestarum libri*. Asellio versuchte offenbar, bewusst die annalistische Tradition der Geschichtsschreibung durch die Fokussierung auf Gründe und Motivationen des Geschehens zu verbessern. Stilistisch-literarisch erschien seine Schrift, etwa durch das bloße Referieren von Reden, Ciceros und seinen Zeitgenossen eher als Rückschritt.

Gaius SEMPRONIUS GRACCHUS, 3,20.24.26 (DNP Sempronius I 11), 153–121 v. Chr., jüngerer Bruder des Tiberius; Volkstribun 123–121 v. Chr.; führte das Programm des Tiberius weiter und versuchte, es in mehreren gebündelten Maßnahmen umzusetzen: 122 v. Chr. unterlag er bei dem Versuch, das röm. Bürgerrecht auf alle Bewohner Latiums auszuweiten. Als seine politischen Maßnahmen 121 v. Chr. angegriffen wurden, kam es zu Gewaltausbrüchen, die der Senat mit der Erklärung des Notstands beantwortete; der Konsul Lucius Opimius schlug die Unruhen unter massiver Gewaltanwendung nieder, wobei Gaius Sempronius Gracchus und zahlreiche seiner Anhänger ermordet wurden.

Tiberius SEMPRONIUS GRACCHUS, 3,20.24 (DNP Sempronius I 16), 162–133 v. Chr., Volkstribun 133 v. Chr.; zeichnete sich im Dritten Punischen Krieg unter Scipio Africanus bei der Erstürmung Karthagos 146 v. Chr. aus; schloss vor Numantia zur Rettung eines röm. Heeres einen Kapitulationsvertrag, den Rom nicht anerkannte; versuchte als Volkstribun eine Agrarreform durchzusetzen mit dem Ziel, röm. Bürgern neues Land zugänglich zu machen, und stieß im Senat auf entschiedene Ablehnung; setzte daraufhin seinen Amtskollegen Marcus Octavius ab, da dieser sein Veto einlegte, und brachte ein Gesetz durch, auf dessen Basis der testamentarisch Rom zufallende Königsschatz Attalos' III. für sein Siedlungsprogramm verwendet werden sollte; als er sich um eine zweite Amtszeit bewarb, wurde er auf Veranlassung des Scipio Nasica Serapio von Mitgliedern der Senatsmehrheit und ihrer Anhänger ermordet.

SISENNA, S. CORNELIUS.

SOCRATES, 1,33; 2,6 (DNP Sokrates 2), 469–399 v. Chr., der berühmte Athener Philosoph, Mitglied des Rats von Athen 406 v. Chr. Mehrere Beispiele von Zivilcourage im Kontext seiner politischen Tätigkeit und der »Herrschaft der Dreißig Tyrannen« 404–403 v. Chr. Er konzentrierte sich in seinem Philosophieren auf praktische Ethik und bediente sich dabei einer speziellen Fragetechnik, der Maieutik; ging keiner Erwerbstätigkeit nach, sondern lebte von Zuwendungen seiner Anhänger; hinterließ keine Schriften, so dass wir Kenntnisse über sein Leben und sein Denken v. a. durch Platons Frühdialoge und Xenophons *Memorabilien* haben; wurde 399 v. Chr. aufgrund des Vorwurfs, Religionsfrevel zu betreiben und die Jugend zu verführen, zum Tode verurteilt.

SOLOI, 2,41 (DNP Soloi 2), Stadt in Kilikien, von Alexander d. Gr. 333 v. Chr. erobert, von Tigranes I. zerstört, später von Gnaeus Pompeius mit einem Teil der von ihm besiegten Seeräuber neu besiedelt.

SOLON, 1,57; 2,59.64 (DNP Solon 1), geb. um 640 v. Chr., berühmter Gesetzgeber Athens um 600 v. Chr. und prominenter Dichter. Grundlegende Reform des Athener Gemeinwesens mit zahlreichen Einzelmaßnahmen, so etwa die Aufhebung der Verschul-

dung, die v.a. Kleinbauern belastete, die Ausgabe einer neuen Währung und der Erlass zahlreicher Einzelgesetze, die das Privatleben betrafen, wie etwa eine Verordnung, die den Mindestabstand von Pflanzen und Gräben zum Nachbarn regelte. Er etablierte einen Rat der 400 (je 100 aus vier Phylen) und führte die Popularklage ein, die es jedem erlaubte, auch als Nichtbetroffener Anklage für andere zu erheben.

SPARTA, S. LACEDAEMON.

SPEUSIPPUS, 1,38, um 410 – 339/338 v. Chr., Neffe Platons, zweiter Scholarch der Akademie Platons seit dessen Tod 347 v. Chr.; entwickelte die platonische Systematik unter eigener Akzentsetzung weiter.

STOICI, 3,13.14, die Anhänger der von Zenon von Kition kurz nach 300 v. Chr. in Athen gegründeten Philosophenschule, benannt als Stoa nach ihrem Treffpunkt, der Stoa Poikile in Athen.

SULLA, S. CORNELIUS.

Publius SULPICIUS RUFUS, 3,20 (DNP Sulpicius I 19), 121–88 v. Chr., röm. Redner und Politiker; Volkstribun 88 v. Chr.; brachte insgesamt vier *rogationes* ein, von denen eine, nach der Neubürger und Freigelassene gleichmäßig auf alle Tribus verteilt werden sollten, auf starken Widerstand des Senats stieß und zu Tumulten in Rom führte. Nachdem mit einer weiteren *rogatio* der Oberbefehl im Krieg gegen Mithridates Gaius Marius übertragen wurde, marschierte Sulla, von Nola kommend, gegen Rom und ließ Sulpicius auf der Flucht töten.

Lucius TARQUINIUS PRISCUS, 1,4, fünfter der sieben Könige Roms (traditionelle Datierung: 616–579 v. Chr.), angeblich der Sohn des Demaratus von Korinth. Bei seiner Ankunft in Rom soll ein Adler seine Filzkappe ergriffen und in die Höhe getragen haben, um sie ihm anschließend wieder aufzusetzen. Dies wurde von seiner Frau Tanaquil als Zeichen gedeutet, dass ihm eine große Zukunft bestimmt sei (vgl. Liv. 1,34,8). Tatsächlich erwarb er sich nach der späteren Überlieferung in Rom großes Ansehen und wurde nach dem Tod des vierten Königs Ancus Martius zum König gewählt.

Lucius TARQUINIUS SUPERBUS, 2,10, siebter und letzter König Roms (traditionelle Datierung: 534–509 v. Chr.); machte Rom der Überlieferung nach zur dominanten Macht in Mittelitalien und baute die Stadt selbst aus. Die spätere Überlieferung sah in ihm einen zügellosen Tyrannen, daher der Beiname Superbus. Nach der Vergewaltigungstat seines Sohnes Sextus wurde er angeblich mitsamt seiner Familie aus Rom vertrieben, und die Königsherrschaft über Rom wurde beendet.

Sextus TARQUINIUS, 2,10, Sohn des Tarquinius Superbus; nutzte nach der Überlieferung seine Macht, um Lucretia, Tochter des Tricipitinus aus Collatina, zu vergewaltigen. Sein Verbrechen führte zum Aufstand gegen seinen Vater, den regierenden König Tarquinius Superbus, zur Vertreibung der Tarquinier aus Rom und zum Ende der Königsherrschaft. Sextus soll in Gabii, wohin er geflohen war, getötet worden sein.

THALES von Milet, 2,26, geb. 640 v. Chr.; einer der ionischen Naturphilosophen und (nach Cicero) der weiseste unter den Sieben Weisen; benannte das Wasser als das Grundelement allen Seins; lehrte, dass die Welt belebt sei und voll von Göttern; soll als Astronom u. a. die Sonnenfinsternis am 28. Mai 585 v. Chr. vorhergesehen haben.

THEOPHRASTUS, 1,38; 2,15; 3,13.14 (DNP Theophrastos), um 371/370 – 287/286 v. Chr., Nachfolger des Aristoteles im Lykeion; nicht weit von dort gründete er die aristotelische Schule des Peripatos, dessen Oberhaupt er 322–288/286 v. Chr. war; verfasste zahlreiche Schriften in den Bereichen Physik, Biologie, Ethik, Politik und Recht.

THEOPOMPUS von Chios, 1,5 (DNP Theopompos 3), 378/377 – nach 320 v. Chr., Schüler des Isokrates, griech. Geschichtsschreiber; setzte das Geschichtswerk des Thukydides von 411 bis 394 v. Chr. fort; nahm v. a. die Vorherrschaft Spartas in den Blick; verfasste außerdem eine Universalgeschichte in 58 Büchern, beginnend mit der Thronbesteigung Philipps von Makedonien.

THEOPOMPUS von Sparta, 3,16 (DNP Theopompos 1), um 700 v. Chr., König Spartas; galt neben Lykurg als Begründer der spartanischen Staatsordnung. Uneinigkeit besteht, ob die Institution der fünf

Ephoren (Aufsichtsbeamte) von Lykurg, so Herodot, oder von Theopomp, so Aristoteles und Plutarch, eingeführt wurde.

THESEUS, 2,5, mythischer Held Athens; soll die Menschen der Landschaft Attica in einem Staat mit Athen als Zentrum vereinigt haben. Unter seine zahlreichen Heldentaten zählt etwa die Tötung des Minotaurus mit der Hilfe von Ariadne auf Kreta.

THYAMIS, 2,7, Fluss in Epirus, mündet ins ionische Meer.

TIMAEUS von Tauromenium, 2,15 (DNP Timaios 2), um 350 – 260 v. Chr., griech. Schriftsteller; verfasste eine Geschichte Siziliens (*Sikelikai historiae*) in 38 Büchern, von den Anfängen bis in die Zeit des Agathoklos 289/288 v. Chr., die bis auf 164 Fragmente verloren ist. Er ist nicht zu verwechseln mit Timaios von Lokroi, dem Namensgeber des platonischen Spätdialogs.

TIMOTHEUS von Milet, 2,39 (DNP Timotheos 2), um 450 – 360 v. Chr., griech. Dichter von Dithyramben; trat auch als Kitharöde auf. Erhalten ist ein Teil seines Gedichts *Die Perser*, in dem die Seeschlacht von Salamis geschildert wird.

TITANES, 3,5, von Himmel und Erde gezeugte Wesen; erhoben sich gegen Zeus und die olympischen Götter, wurden von diesen besiegt (vgl. Hes. theog. 664–721).

Sextus TITIUS, 2,14.31 (DNP Titius I 6), Volkstribun 99 v. Chr.; Anhänger des Lucius Appuleius Saturninus; Urheber eines Ackergesetzes, das jedoch nicht durchkam; wurde 98 v. Chr. in einem Majestätsprozess verurteilt und ging in die Verbannung.

TORQUATUS, s. MANLIUS.

TRICIPITINUS, s. LUCRETIUS.

TUBERTUS, s. POSTUMIUS.

Marcus TULLIUS CICERO (AVUS), 3,36 (DNP Tullius I 6), um 150 – 80 v. Chr., Großvater von Marcus und Quintus Tullius Cicero, Großgrundbesitzer und Angehöriger der lokalen Oberschicht des Municipiums Arpinum; bezog in einem Streit über die lokalen Abstimmungsmodalitäten gegen seinen Schwager Marcus Gratidius eine klare Position gegen die Abstimmung mit Stimmtäfelchen.

Marcus TULLIUS CICERO, passim (DNP Tullius I 9), 106–43 v. Chr., röm. Senator, berühmter Redner, Staatsmann, Philosoph und Literat, der Autor dieser Schrift; s. die Kurzbiographie im Nachwort.

Quintus TULLIUS CICERO, passim (DNP Tullius I 11), um 102 – 43 v. Chr., Prätor 62 v. Chr.; Proprätor in Asia 61–59 v. Chr.; Senator, Feldherr und Literat; Bruder von Marcus Tullius Cicero, verheiratet mit Pomponia, der Schwester des Titus Pomponius Atticus; erhielt die gleiche Ausbildung wie sein Bruder (s. im Nachwort, S. 347); war als Legat Caesars 54–52 v. Chr. in Gallien; stand im Bürgerkrieg auf der Seite des Pompeius und wurde nach dessen Ende wie sein Bruder von Caesar begnadigt; Verfasser von Lyrik, Dramen; plante ein Epos.

TUSCULUM, 2,5; 3,30, Stadt in Latium am Rand der Albanerberge, etwa eine Tagesreise von Rom entfernt, Villenort vornehmer Senatsaristokraten, Geburtsort und Heimat von Cato d. Ä.

ULIXES, 1,2 (griech. Odysseus), vgl. auch 2,3, griech. Held im Kampf um Troja, König von Ithaka, zentrale Figur der *Odyssee* Homers; ist im Mythos zehn Jahre auf Irrfahrten unterwegs, bevor er wieder nach Ithaka zurückkehren kann.

Publius VALERIUS POPLICOLA, 2,58 (DNP Poplicola I 44), angeblich Konsul 509, 508, 507 und 504 v. Chr.; mythische Gestalt der röm. Geschichte, beteiligt am Sturz des letzten röm. Königs Tarquinius Superbus. Ein Gesetz über die *provocatio ad populum* (*lex Valeria de provocatione*) wurde ihm später zugeschrieben. Soll als Konsul gegen die Etrusker unter Porsenna, gegen die Sabiner und gegen Veji gekämpft haben.

VENNONIUS, 1,6 (DNP Vennonius 1), Ende 2. Jh. v. Chr., röm. Geschichtsschreiber, Verfasser eines (vermutlich) annalistischen Geschichtswerks, das Cicero zeitlich nach Fannius einordnet und das mit dem Ursprung Roms begann (Umfang und Endpunkt des Werkes sind nicht bekannt).

VESTA, 2,29 (griech. Hestia), Göttin des Herdfeuers; besaß auf dem Forum Romanum einen der ältesten Tempel Roms.

XENOCRATES von Chalkedon, 1,38.55, dritter Scholarch der Akademie Platons (nach Platon und Speusipp); leitete diese 339–314 v. Chr.

XENOPHON von Athen, 2,56, um 430 – 355 v. Chr., griech. Schriftsteller, Schüler des Sokrates, Teilnehmer des Feldzugs des jüngeren Kyros gegen dessen Bruder Artaxerxes II., beschrieben in seinem Werk *Anabasis*; Verfasser der *Kyrupädie* (*Erziehung des jüngeren Kyros*) sowie der *Memorabilien*, neben den Frühdialogen Platons eines der wichtigsten Zeugnisse über das Leben und die Lehre des Sokrates.

XERXES, 2,26, persischer Großkönig 485–465 v. Chr.; zog gegen Griechenland, wurde 480 v. Chr. in der Schlacht von Salamis und 479 v. Chr. bei Plataiai geschlagen.

ZALEUCUS, 1,57; 2,14.15, 7. Jh. v. Chr., griech. Gesetzgeber in Lokroi Epizephyrioi. Seine Erlasse galten als erste Gesetzeskodifikation Griechenlands.

ZENON von Kition, 1,38.53.55 (DNP Zenon 5), um 334 – 262/261 v. Chr., griech. Philosoph, Schüler u. a. des Akademikers Polemon und des Kynikers Krates von Mallos; gründete kurz nach 300 v. Chr. die Schule der Stoa in Athen.

Literaturhinweise

Textkritische Ausgaben, Kommentare, Übersetzungen

[T = Textedition, Ü = Übersetzung, K = Kommentar]

Davies, John (Hrsg.): M. Tullii Ciceronis De legibus libri tres recensuit, ac Petri Victorii, Paulli Manucii, Joachimi Camerarii, Dionysii Lambini, et Fulvii Ursini notis suas adjecit J. D. Accedit Hadriani Turnebi commentarius. Cambridge 1727. [T, K]

Moser, Georg Heinrich / Creuzer, Friedrich (Hrsg.): Marcus Tullius Cicero. De legibus libri tres, cum Adriani Turnebi commentario ejusdemque apologia et omnia eruditorum notis quas Ioannis Davisii editio ultima habet. Accedunt copiae criticae ex codd. manuscriptis nondum antea collatis, itemque annotationes ineditae P. Victorii, I. G. Graevii, D. Wyttenbachii, aliorum. Apparatum codicum et ineditorum congessit suasque notas addidit F. C. Frankfurt a. M. 1822. [T, K]

Bake, Jan (Hrsg.): De legibus libri III. Leiden 1842. [T]

Feldhügel, Karl Friedrich: M. Tullii Ciceronis de legibus libri tres. 2 Bde. Zeitz 1852/53. [T, K]

von Orelli, Johann Kaspar / Baiter, Johann Georg / Halm, Karl Felix (Hrsg.): M. Tullii Ciceronis opera quae supersunt omnia ac deperditorum fragmenta. Bd. 4. Zürich ²1861. [T]

du Mesnil, Adolf: M. Tullii Ciceronis de legibus libri tres. Leipzig 1879. [T, K]

Pearman, William Davies (Hrsg.): M. Tullii Ciceronis de legibus libri tres. A revised text with English notes. Cambridge 1881. [T, K]

Vahlen, Johannes (Hrsg.): M. Tullii Ciceronis De Legibus Libri. Berlin ²1883. [T]

de Plinval, Georges (Hrsg.): Cicéron. Traité des Lois. Paris 1959. [T, Ü]

Ziegler, Konrat (Hrsg.): M. Tullius Cicero. De Legibus. Heidelberg ²1963. [T]

Busuttil, Joseph (Hrsg.): Cicero. De Legibus Book 1. An Introduction,

a Translation and a Commentary. Diss. University of London, 1964. [K, Ü]
Bader, Elmar / Wittmann, Leopold (Hrsg.): M. Tullius Cicero. Über die Gesetze (De legibus). Reinbek 1969. [Ü]
Büchner, Karl (Hrsg.): Cicero. Über die Rechtlichkeit (De legibus). Stuttgart 1969. [Ü]
Kenter, Lucas P. (Hrsg.): M. Tullius Cicero. De Legibus. A Commentary on Book 1. Amsterdam 1972. [K]
Büchner, Karl (Hrsg.): M. Tulli Ciceronis De Legibus Libri Tres. Turin 1973. [T]
Ziegler, Konrat (Hrsg.): Marcus Tullius Cicero. Staatstheoretische Schriften. Über den Staat / Über die Gesetze. Lat./Dt. Berlin 1974. [T, Ü]
Ziegler, Konrat / Görler, Woldemar (Hrsg.): M. Tullius Cicero. De Legibus. Heidelberg ³1979. (Von W. G. überarb. Aufl.) [T]
Rudd, Niall / Wiedemann, Thomas (Hrsg.): Cicero. De Legibus 1. Edited with Introduction and Commentary. Bristol 1987. [T, K]
Nickel, Rainer (Hrsg.): M. Tullius Cicero. De legibus. Paradoxa Stoicorum / Über die Gesetze. Stoische Paradoxien. München/Zürich 1994. [T, Ü]
Rudd, Niall / Powell, Jonathan G. F. (Hrsg.): Marcus Tullius Cicero. The Republic and the Laws. With an Introduction and Notes. Oxford / New York 1998. [Ü]
Zetzel, James E. G. (Hrsg.): Cicero. On the Commonwealth and on the Laws. Cambridge 1999. [Ü]
Dyck, Andrew R. (Hrsg.): A Commentary on Cicero, De Legibus. Ann Arbor 2004. [K]
Powell, Jonathan G. F. (Hrsg.): M. Tulli Ciceronis De re publica, De legibus, Cato maior de senectute, Laelius de amicitia. Oxford 2006. [T]
Cancelli, Filippo (Hrsg.): Marco Tullio Cicerone. Le Leggi. Introduzione, testo, traduzione e note. Rom ³2008. [T, Ü]
Caspar, Timothy W.: Recovering the Ancient View of Founding. A Commentary on Cicero's De Legibus. Lanham 2010. [K]
Fott, David (Hrsg.): Marcus Tullius Cicero. On the Republic and On the Laws. Ithaca/London 2014. [Ü]

Höffe, Otfried (Hrsg.): Ciceros Staatsphilosophie. Ein kooperativer Kommentar zu De re publica und De legibus. Berlin/Boston 2017. [K]

Weitere Textausgaben und Fragmentsammlungen

Blänsdorf, Jürgen (Hrsg.): Fragmenta poetarum Latinorum epicorum et lyricorum. Praeter Enni Annales et Ciceronis Germanicique Aratea. Post W. Morel et K. Büchner editionem quartam auctam curavit J. B. Berlin / New York ^{4}2011.

Beck, Hans / Walter, Uwe (Hrsg.): Die frühen römischen Historiker. 2 Bde. Darmstadt 2001/04.

Bremer, Franz P. (Hrsg.): Iurisprudentiae antehadrianae quae supersunt. Pars 1: Liberae rei publicae iuris consulti. Leipzig 1896.

Chassignet, Martine (Hrsg.): L'annalistique romaine. 3 Bde. Paris 1996–2004.

Cornell, Timothy J. (Hrsg.): The Fragments of the Roman Historians. 3 Bde. Oxford / New York 2013.

Courtney, Edward (Hrsg.): The Fragmentary Latin Poets. Edited with Commentary. Oxford / New York ^{2}2003.

Crawford, Jane W. (Hrsg.): M. Tullius Cicero. The Lost and Unpublished Orations. Göttingen 1984.

Degrassi, Attilio (Hrsg.): Inscriptiones latinae liberae rei publicae (ILLRP). Florenz ^{2}1963–65.

Diels, Hermann / Kranz, Walther (Hrsg.): Die Fragmente der Vorsokratiker. 3 Bde. Berlin ^{6}1951–52.

Düll, Rudolf (Hrsg.): Das Zwölftafelgesetz. München 1971.

Dursi, Domenico (Hrsg.): Aelius Marcianus. Institutionum libri I–V. Rom 2019.

Elster, Marianne (Hrsg.): Die Gesetze der mittleren römischen Republik: Text und Kommentar. Darmstadt 2003.

– Die Gesetze der späten römischen Republik von den Gracchen bis Sulla (133–80 v. Chr.). Göttingen 2020.

Ferrary, Jean-Louis / Schiavone, Aldo / Stolfi, Emanuele (Hrsg.): Quintus Mucius Scaevola. Opera. Rom 2018.

Flach, Dieter (Hrsg.): Das Zwölftafelgesetz. Hrsg., übers. und komm. Darmstadt 2004.
Fortenbaugh, William W. (Hrsg.): Theophrastus of Eresus. Sources for his Life, Writings, Thought and Influence. Part One. Leiden / New York / Köln 1993.
– / Schütrumpf, Eckart (Hrsg.): Demetrius of Phalerum. Text, Translation and Discussion. London / New York 2000.
Hollis, Adrian S. (Hrsg.): Fragments of Roman Poetry, c. 60 BC – AD 20. Oxford 2007.
Jacoby, Felix (Hrsg.): Die Fragmente der griechischen Historiker. Berlin/Leiden 1923 ff.
Kassel, Rudolf / Austin, Colin (Hrsg.): Poetae Comici Graeci. Vol. 3.2. Aristophanes. Testimonia et Fragmenta. Berlin / New York 1984.
Lindsay, Wallace M. (Hrsg.): Sexti Pompeii Festi De verborum significatu quae supersunt cum Pauli epitome. Stuttgart/Leipzig 1913.
Lommatzsch, Ernst (Hrsg.): Inscriptiones Latinae antiquissimae ad C. Caesaris mortem. Berlin ^{2}1918. (Zit. als CIL I^2.)
Ruschenbusch, Eberhard (Hrsg.): Solon. Das Gesetzeswerk – Fragmente. Übers. und Komm. Stuttgart ^{2}2014. (2. Aufl. hrsg. von Klaus Bringmann.)
Schmitz, Winfried (Hrsg.): Leges Draconis et Solonis (LegDrSol). Eine neue Edition der Gesetze Drakons und Solons mit Übersetzung und historischer Einordnung. Unter Mitarbeit von Anja Dorn und Tino Shahin. 2 Bde. Stuttgart 2023.
Skutsch, Otto (Hrsg.): The Annals of Quintus Ennius. Edited with introduction and commentary. Oxford 1985.
Soubiran, Jean (Hrsg.): Cicéron, Aratea, Fragments poétiques. Paris 1972.
Vahlen, Johannes (Hrsg.): Ennianae poesis reliquiae. Leipzig ^{2}1903.
von Arnim, Hans (Hrsg.): Stoicorum veterum fragmenta. 4 Bde. Leipzig 1903–24. (Zit. als SVF.)
Wachsmuth, Kurt / Hense, Otto (Hrsg): Ioannis Stobaei Anthologium. 5 Bde. Berlin 1884–1912.
Wehrli, Fritz (Hrsg.): Demetrios von Phaleron. Basel/Stuttgart ^{2}1968.

Forschungsliteratur in Auswahl

Annas, Julia: Plato's *Laws* and Cicero's *De Legibus*. In: Schofield, Malcolm (Hrsg.): Aristotle, Plato and Pythagoreanism in the First Century BC: New Directions for Philosophy. Cambridge 2013. S. 206–224.

– Virtue and Law in Plato and Beyond. Oxford 2017.

Arena, Valentina: Cicero, the Augures, and the Commonwealth in *De Legibus*. In: Beltrão da Rosa, Claudia / Santangelo, Federico (Hrsg.): Cicero and Roman Religion: Eight Studies. Stuttgart 2020. S. 23–44.

Asmis, Elizabeth: Cicero on Natural Law and the Laws of the State. In: Classical Antiquity 27 (2008) S. 1–34.

Atkins, Jed W.: Cicero on Politics and the Limits of Reason: The *Republic* and *Laws*. Cambridge / New York 2013.

– / Bénatouïl, Thomas (Hrsg.): The Cambridge Companion to Cicero's Philosophy. Cambridge / New York 2020.

Babusiaux, Ulrike: Wege zur Rechtsgeschichte. Römisches Erbrecht. Köln/Weimar/Wien 2015.

– / Baldus, Christian / Ernst, Wolfgang / Meissel, Franz-Stefan / Platschek, Johannes / Rüfner, Thomas (Hrsg.): Handbuch des Römischen Privatrechts. 3 Bde. Tübingen 2023.

Bauman, Richard A.: Did Cicero Want to Abolish the Jury-Courts? In: Latomus 59 (2000) S. 842–850.

Behrends, Okko: Die Republik und die Gesetze in den Doppelwerken Platons und Ciceros. In: Zehnpfennig, Barbara (Hrsg.): Die Herrschaft der Gesetze und die Herrschaft des Menschen – Platons »Nomoi«. Politisches Denken. Jahrbuch 2008. Berlin 2008. S. 133–182. (Neudr. in B., O.: Zur römischen Verfassung: Ausgewählte Schriften. Göttingen 2014. S. 513–558.)

Bell, Sinclair W. / du Plessis, Paul J. (Hrsg.): Roman Law Before the Twelve Tables: An Interdisciplinary Approach. Edinburgh 2020.

Benardete, Seth: Cicero's *De legibus* I: its Plan and Intention. In: American Journal of Philology 108 (1987) S. 295–309. (Neudr. in B., S.: The Archaeology of the Soul: Platonic Readings in Ancient Poetry and Philosophy. South Bend [IN] 2012, S. 281–293.)

Benario, Herbert W.: Cicero's *Marius* and Caesar. In: Classical Philology 52.3 (1957) S. 177–181.
Bendlin, Andreas: Wer braucht »Heilige Schriften«? Die Textbezogenheit der Religionsgeschichte und das »Reden über die Götter« in der griechisch-römischen Antike. In: Bultmann, Ch. [u. a.] (Hrsg.): Heilige Schriften: Ursprung, Geltung und Gebrauch. Münster 2005. S. 205–228, 251–254.
– / Sauer, Jochen: Translating Cicero's *De Legibus*. In: Revermann, Martin (Hrsg.): Translating Latin and Greek: A Guide for Classicists (and Others). Cambridge 2026.
Benferhat, Yasmina: Cicero and the Small World of Roman Jurists. In: du Plessis, Paul (Hrsg.): Cicero's Law. Edinburgh 2016. S. 71–87.
Berger, Adolf: Encyclopedic Dictionary of Roman Law. Transactions of the American Philosophical Society. N. s. 43.2. Philadelphia 1953.
Blänsdorf, Jürgen: Griechische und römische Elemente in Ciceros Rechtstheorie. In: Würzburger Jahrbücher für die Altertumswissenschaft 2 (1976) S. 135–147.
Bleicken, Jochen: *Lex publica*: Gesetz und Recht in der römischen Republik. Berlin / New York 1975.
Bögel, Theodor: Zum zweiten und dritten Buch von Ciceros Schrift *De legibus*. In: XARITES: Friedrich Leo zum 60. Geburtstag dargebracht. Berlin 1911. S. 297–311.
Böhm, Richard G.: Emendationen zu Cicero, *De Legibus* II. In: Sodalitas: Scritti in onore di Antonio Guarino. Bd. 2. Neapel 1984. S. 895–937.
Boyancé, Pierre: L'éloge de la philosophie dans le *De legibus*, I, 58–62. In: Ciceroniana On Line 2 (1975) S. 21–42.
Bruck, Eberhard Friedrich: Über römisches Recht im Rahmen der Kulturgeschichte. Berlin 1954.
Brüllmann, Philipp / Müller, Jörn (Hrsg.): Cicero: *De officiis*. Berlin/ Boston 2023.
Buchstein, Hubertus: Das Wahlrecht der römischen Republik: Ciceros Reformvorschlag für die Leges Tabellariae. In: Richter/König/ Voigt 2007. S. 139–158.
Burckhard, Hugo: Zu Cicero *De Legibus* II, 19–21. In: Zeitschrift der

Savigny-Stiftung für Rechtsgeschichte (Romanistische Abteilung) 9 (1888) S. 286–330.

Cambeis, Herbert: Das monarchische Element und die Funktion der Magistrate in Ciceros Verfassungsentwurf. In: Gymnasium 91 (1984) S. 237–260.

Cancelli, Filippo: L'interpretazione del *De legibus* di Cicerone. In: Rivista di cultura classica e medioevale 15 (1973) S. 185–245.

Cancik, Hubert: M. Tullius Cicero als Kommentator: Zur Formgeschichte von Ciceros Schriften *Über den Bescheid der haruspices* (56 v. Chr.) und *Über die Gesetze* II (ca. 52 v. Chr.). In: Assmann, Jan / Gladigow, Burkhard (Hrsg.): Text und Kommentar. Archäologie der literarischen Kommunikation. Bd. 4. München 1995. S. 293–310.

– / Cancik-Lindemaier, Hildegard: *Patria – peregrina – universa*: Versuch einer Typologie der universalistischen Tendenzen in der Geschichte der römischen Religion. In: Elsas, Christoph (Hrsg.): Tradition und Translation: Zum Problem der interkulturellen Übersetzbarkeit religiöser Phänomene. Berlin / New York 1994. S. 64–74. (Neudr. in C., H.: Gesammelte Aufsätze. Bd. 1: Römische Religion im Kontext. Tübingen 2008. S. 168–177.)

Cerami, Pietro: *Recta ratio* e *iustorum iniustorumque distinctio* nel *De Legibus* di Cicerone. In: Fides Humanitas Ius 2 (2007) S. 963–972.

Chiesa, Paolo: Adoardo di Corbie e i lettori del *De legibus* in età Carolingia. In: Cicerone e il diritto nella storia dell'Europa. Atti del XIII Colloquium Tullianum, Milano, 27–29 Marzo 2008. Ciceroniana 13 (2009) S. 101–116.

Classen, C. Joachim: Romulus in der römischen Republik. In: Philologus 106.1–2 (1962) S. 174–204.

Cohee, Peter: Is an Augur a Sacerdos? (Cic. leg. 2.20–1). In: Philologus 145 (2001) S. 79–99.

Courtney, Edward: Notes on Cicero's *De Republica* and *De Legibus*. In: Classical Journal 103.3 (2008) S. 253–257.

Daston, Lorraine / Stolleis, Michael (Hrsg.): Natural Law and Laws of Nature in Early Modern Europe: Jurisprudence, Theology, Moral and Natural Philosophy. Farnham/Burlington 2008.

Degraff, Thelma B.: Plato in Cicero. In: Classical Philology 35.2 (1940) S. 143–153.
de Plinval, Georges: Autour de *de Legibus*. In: Revue des Études Latines 47 (1969) S. 294–309.
Dolganov, Anna: Constructing Author and Authority: Generic Discourse in Cicero's *de legibus*. Greece & Rome 55.1 (2008) S. 23–38.
Dörrie, Heinrich: Ciceros Entwurf zu einer Neuordnung des römischen Sakralwesens: Zu den geistigen Grundlagen von *De legibus*, Buch 2. In: Due, Otto Steen / Friis Johansen, Holger / Dalsgaard Larsen, Bent (Hrsg.): Classica et mediaevalia Francisco Blatt septuagenario dedicata. Kopenhagen 1973. S. 224–240.
Ducos, Michèle: L'influence grecque sur la loi des Douze Tables. Paris 1978.
– Les Romains et la loi: Recherches sur les rapports de la philosophie grecque et de la tradition romaine à la fin de la République. Paris 1984.
du Plessis, Paul J. (Hrsg.): Cicero's Law: Rethinking Roman Law of the Late Republic. Edinburgh 2016.
Eigler, Ulrich: Von der Platane im *Phaidros* zur Eiche des Marius: Vergangene Zukunft in Ciceros *De Legibus*. In: Flashar, Helmut [u. a.] (Hrsg.): Retrospektive: Konzepte von Vergangenheit in der griechisch-römischen Antike. München 1996. S. 137–146.
Feig Vishnia, Rachel: Written Ballot, Secret Ballot and the *Iudicia Publica*: A Note on the *Leges Tabellariae* (Cicero, *De Legibus* 3.33–39). In: Klio 90.2 (2008) S. 334–346.
Ferrary, Jean-Louis: The Statesman and the Law in the Political Philosophy of Cicero. In: Laks, Andre / Schofield, Malcolm (Hrsg.): Justice and Generosity: Studies in Hellenistic Social and Political Philosophy. Cambridge 1995. S. 48–73.
Finger, Philipp: Die drei Grundlegungen des Rechts im 1. Buche von Ciceros Schrift *De Legibus*. In: Rheinisches Museum 81 (1932) S. 155–177, 243–262.
Fleck, Martin: Cicero als Historiker. Stuttgart 1993.
Fontanella, Francesca: Politica e diritto naturale nel *De legibus* di Cicerone. Rom 2012.

Forschner, Benedikt: Die Einheit der Ordnung: Recht, Philosophie und Gesellschaft in Ciceros Rede *Pro Milone*. München 2015.
– Law's Nature: Philosophy as a Legal Argument in Cicero's Writings. In: du Plessis, Paul (Hrsg.): Cicero's Law. Edinburgh 2016. S. 50–67.
Forschner, Maximilian: Die Stoa zur Begründung des natürlichen Gesetzes. In: Index 42 (2014) S. 73–84.
Gasser, Franziska: *Germana patria*: Die Geburtsheimat in den Werken römischer Autoren der späten Republik und der frühen Kaiserzeit. Stuttgart/Leipzig 1999.
Gilardeau, Éric: Cicéron, père de la codification du droit civil. Paris 2017.
Gildenhard, Ingo: Of Cicero's Plato: Fictions, Forms, Foundations. In: Schofield, Malcolm (Hrsg.): Aristotle, Plato and Pythagoreanism in the First Century BC: New Directions for Philosophy. Cambridge 2013. S. 225–275.
Girardet, Klaus M.: Die Ordnung der Welt: Ein Beitrag zur philosophischen und politischen Interpretation von Ciceros Schrift *De legibus*. Wiesbaden 1983.
– ›Naturrecht‹ bei Aristoteles und bei Cicero (*De legibus*): Ein Vergleich. In: Fortenbaugh, William W. / Steinmetz, Peter (Hrsg.): Cicero's Knowledge of the Peripatos. New Brunswick / London 1989. S. 85–113.
– Naturrecht und Naturgesetz – eine gerade Linie von Cicero zu Augustinus? In: Rheinisches Museum 138 (1995) S. 266–298.
Glucker, John: Cicero's Philosophical Affiliations. In: Dillon, John M. / Long, Anthony A. (Hrsg.): The Question of »Eclecticism«. Studies in Later Greek Philosophy. Berkeley [u. a.] 1988. S. 34–69.
Görler, Woldemar: From Athens to Tusculum: Gleaning the Background of Cicero's *De oratore*. In: Rhetorica 6.3 (1988) S. 215–235. (Neudr. in G., W.: Kleine Schriften zur hellenistisch-römischen Philosophie. Leiden/Boston 2004. S. 172–192.)
– Silencing the Troublemaker: *De legibus* 1.39 and the Continuity of Cicero's Scepticism. In: Powell, Jonathan G. F. (Hrsg.): Cicero the Philosopher: Twelve Papers. Oxford / New York 1995. S. 85–113. (Neudr. in G., W.: Kleine Schriften zur hellenistisch-römischen Philosophie. Leiden/Boston 2004. S. 240–267.)

Gotter, Ulrich: Der Platonismus Ciceros und die Krise der römischen Republik. In: Funck, Bernd (Hrsg.): Hellenismus. Tübingen 1996. S. 543–559.
– Ontologie versus *exemplum*: Griechische Philosophie als politisches Argument in der späten römischen Republik. In: Piepenbrink, Karen (Hrsg.): Philosophie und Lebenswelt in der Antike. Darmstadt 2003. S. 165–185.
Grilli, Alberto: Data e senso del *De legibus* di Cicerone. In: La parola del passato 45 (1990) S. 175–187.
Gruen, Erich S.: The Last Generation of the Roman Republic. Berkeley / Los Angeles / London ²1995.
Günther, Sven: Wann darf Cicero (seinen Plato) endlich wieder lieben? Textkritisches zu Cic. Leg. 3,1,1. In: Gymnasium 127.2 (2020) S. 131–135.
Harder, Richard: Zu Ciceros Rechtsphilosophie (*De Legibus* 1). In: H., R.: Kleine Schriften. München 1960. S. 396–400.
Harrer, Gustav A.: The Site of Cicero's Villa at Arpinum. In: Studies in Philology 21 (1924) S. 541–570.
Harries, Jill D.: Cicero and the Jurists. London 2006.
Hawley, Michael C.: Natural Law Republicanism: Cicero's Liberal Legacy. Oxford / New York 2022.
Heck, Eberhard: Die Bezeugung von Ciceros Schrift *De re publica*. Hildesheim 1966.
– Zum Buchschluss von Cicero, *de Legibus* III. In: Hermes 107.4 (1979) S. 496–499.
Hentschke, Ada: Zur historischen und literarischen Bedeutung von Ciceros Schrift *De legibus*. In: Philologus 115 (1971) S. 118–130.
Heuss, Alfred: Ciceros Theorie vom römischen Staat. Göttingen 1975. (Nachrichten der Akademie der Wissenschaften in Göttingen. Philologisch-historische Klasse 8.)
Horsley, Richard A.: The Law of Nature in Philo and Cicero. In: Harvard Theological Review 71 (1978) S. 35–59.
Huschke, Philipp Eduard: Kritisches zu Ciceros Büchern *de legibus*. In: Zeitschrift der Savigny-Stiftung für Rechtsgeschichte. Germanistische Abteilung 11.1 (1873) S. 107–161.
Jehne, Martin: Krisenwahrnehmung und Vorschläge zur Krisenüber-

windung bei Cicero. In: Franchet d'Espèrey, Sylvie (Hrsg.): Fondements et crises du pouvoir. Pessac 2003. S. 379–396.

Johann, Horst-Theodor: Gerechtigkeit und Nutzen. Studien zur ciceronischen und hellenistischen Naturrechts- und Staatslehre. Heidelberg 1981.

Johnson, Michael J.: The Pontifical Law and the Civil Law: Toward an Understanding of the *ius pontificium*. In: Athenaeum 103.1 (2015) S. 140–156.

Jordan, Henri: Kritische Beiträge zur Geschichte der lateinischen Sprache. Berlin 1879.

Keller, Andrea: Cicero und der gerechte Krieg: Eine ethisch-staatsphilosophische Untersuchung. Stuttgart 2012.

Keyes, Clinton W.: Did Cicero Complete the *De Legibus*? In: American Journal of Philology 58.4 (1937) S. 403–417.

Kjeldsen, Børge: Ciceros Politiske Testamente: En Analyse af Forfatningsudkastet i *De Legibus* III. With a Summary in English. Kopenhagen 1979.

Knoche, Ulrich: Ciceros Verbindung der Lehre vom Naturrecht mit dem römischen Recht und Gesetz. In: Radke, Gerhard (Hrsg.): Cicero: Ein Mensch seiner Zeit. Berlin 1968. S. 38–60.

Krebs, Christopher B.: A Seemingly Artless Conversation: Cicero's *De legibus* 1.1–5. In: Classical Philology 104 (2009) S. 90–107.

Kruschwitz, Peter: Gallic War Songs (II): Marcus Cicero, Quintus Cicero, and Caesar's Invasion of Britain. In: Philologus 158.2 (2014) S. 275–305.

Kullmann, Wolfgang: Naturgesetz in der Vorstellung der Antike, besonders der Stoa: Eine Begriffsuntersuchung. Stuttgart 2010.

Lehmann, Gustav A.: Politische Reformvorschläge in der Krise der späten römischen Republik: Cicero *De legibus* III und Sallusts *Sendschreiben an Caesar*. Meisenheim am Glan 1980.

Leonhardt, Jürgen: Eine Leipziger Vorlesung über Ciceros *De legibus* aus dem Jahre 1514. In: Wolfenbütteler Renaissance-Mitteilungen 26.1 (2002) S. 26–40.

Linderski, Jerzy: The Augural Law. In: Haase, Wolfgang (Hrsg.): Aufstieg und Niedergang der römischen Welt II 16.3. Berlin / New York 1986. S. 2146–2312.

Lundgreen, Christoph: Geheim(nisvoll)e Abstimmung in Rom: Die *leges tabellariae* und ihre Konsequenzen für die Comitien und die *res publica*. In: Historia 58 (2009) S. 36–70.

Madvig, Johan N.: *De emendandis Ciceronis libris de legibus disputatio*. In: M., J. N.: Opuscula Academica. Bd. 2. Kopenhagen 1842. S. 130–166.

Marincola, John: Cicero, Leg. 1.6: ›Pleasurable‹ Annals? In: Classical Quarterly 65.1 (2015) S. 401–407.

Marinone, Nino: Cronologia Ciceroniana. Bologna ²2004.

Mayer-Maly, Theo: Studien zur Frühgeschichte der *Usucapio* III. In: Zeitschrift der Savigny-Stiftung für Rechtsgeschichte. Romanistische Abteilung 79 (1962) S. 86–107.

Mehl, David D.: Comprehending Cicero's *De legibus*. University of Virginia. Charlottesville 1999. (Unveröffentlichte Dissertation.)

Meyer, Inga: Von der Vision zur Reform: der Staat der Gesetze: Ciceros Programm einer Neuordnung der römischen Republik, 56–51 v. Chr. München 2006.

Mitsis, Phillip T.: Natural Law and Natural Right in Post-Aristotelian Philosophy. The Stoics and their Critics. In: Haase, Wolfgang (Hrsg.): Aufstieg und Niedergang der römischen Welt II 36.7. Berlin / New York 1994. S. 4812–50.

Moatti, Claudia: *Res publica*: Histoire romaine de la chose publique. Paris 2018.

Münzer, Friedrich: Atticus als Geschichtsschreiber. In: Hermes 40 (1905) S. 50–100.

Neschke-Hentschke, Ada: Platonisme politique et théorie du droit naturel I: Le platonisme politique dans l'antiquité. Louvain/Paris 1995.

Nicolet, Claude: Arpinum, Aemilius Scaurus et les Tullii Cicerones. In: Revue des Études Latines 45 (1967) S. 276–304.

North, Helen F.: *Sequar … divinum illum virum … Platonem*: Cicero, *De Legibus* 3.1. In: Illinois Classical Studies 27/28 (2002/03) S. 133–143.

Pascucci, Giovanni: Parafrasi e traduzioni da autori greci nel *De legibus* di Cicerone. In: Letterature comparate: problemi e metodo. Studi in onore di Ettore Paratore. Bd. 1. Bologna 1981. S. 413–427.

Paulson, Lex: A Painted Republic: The Constitutional Innovations of Cicero's *De legibus*. In: Etica & Politica 16.1 (2014) S. 307–340.
Pellegrino, Carlo: Ciceroniana: *De legibus* 1. In: Latomus 50.4 (1991) S. 840–845.
– Note di critica testuale e di esegesi a tre passi del l. 1 del *De legibus*. In: Latomus 51 (1992) S. 811–818.
Perlwitz, Olaf: Titus Pomponius Atticus: Untersuchungen zur Person eines einflussreichen Ritters in der ausgehenden römischen Republik. Stuttgart 1992.
Podes, Stephan: Die Krise der späten römischen Republik und Ciceros Rechtsphilosophie (*De legibus*): Bedingung der Möglichkeit zur Alternative? In: Archiv für Rechts- und Sozialphilosophie 77 (1991) S. 84–94.
Pohlenz, Max: Der Eingang von Ciceros *Gesetzen*. In: Philologus 93 (1938) S. 102–127. (Neudr. in: P., M.: Kleine Schriften. Bd. 2. Hildesheim 1965. S. 410–435.)
Pólay, Elemér: Der Kodifikationsplan des Pompeius. In: Acta antiqua Academiae Scientiarum Hungaricae 13 (1965) S. 85–95.
Powell, Jonathan G. F.: Were Cicero's Laws the Laws of Cicero's Republic? In P., J. G. F. / North, John A. (Hrsg.): Cicero's Republic. London 2001. S. 17–39.
– Cicero's Adaptation of Legal Latin in the *De legibus*. In: Reinhardt, Tobias [u. a.] (Hrsg.): Aspects of the Language of Latin Prose (Proceedings of the British Academy 129). Oxford 2005. S. 117–150.
– Philosophising about Rome: Cicero's *De re publica* and *De legibus*. In: Müller, Gernot Michael / Mariani Zini, Fosca (Hrsg.): Philosophie in Rom – römische Philosophie? Kultur-, literatur- und philosophiegeschichtliche Perspektiven. Berlin/Boston 2018. S. 249–268.
Reitzenstein, Richard: Drei Vermutungen zur Geschichte der römischen Literatur, 1: Die Abfassungszeit des ersten Buches Ciceros *de legibus*. In: Jörs, Paul / Schwartz, Eduard / R., R.: Festschrift T. Mommsen. Marburg 1893. S. 57–112.
Richter, Emanuel / König, Helmut / Voigt, Rüdiger (Hrsg.): *Res Publica* und Demokratie: Die Bedeutung von Cicero für das heutige Staatsverständnis. Baden-Baden 2007.

Romano, Elisa: Senso del passato e paradigma dell'antico: Per una rilettura del *De legibus* di Cicerone. In: Incontri triestini di filologia classica 9 (2009/10) S. 1–44.
Rothkamm, Jan: Cicero's Orientalising Rhetoric of Law in the *De legibus*. In: Museum Helveticum 71.2 (2014) S. 155–171.
Rüpke, Jörg: Kalender und Öffentlichkeit: Die Geschichte der Repräsentation und religiösen Qualifikation von Zeit in Rom. Berlin / New York 1995.
– (Hrsg.): *Fasti sacerdotum*: Die Mitglieder der Priesterschaften und das sakrale Funktionspersonal römischer, griechischer, orientalischer und jüdisch-christlicher Kulte in der Stadt Rom von 300 v. Chr. bis 499 n. Chr. 3 Bde. Stuttgart 2005.
Samotta, Iris: Das Vorbild der Vergangenheit: Geschichtsbild und Reformvorschläge bei Cicero und Sallust. Stuttgart 2009.
Sauer, Jochen: Argumentations- und Darstellungsformen im ersten Buch von Ciceros Schrift *De legibus*. Heidelberg 2007.
– Dichotomie in der Naturrechtskonzeption von Ciceros Schrift *De legibus*? In: Rheinisches Museum 155 (2012) S. 65–84. (Neudr. [mit engl. Übers.] in: Ancilla Iuris [2015] S. 125–153.)
– Dialog, Argument und der implizite Leser in Ciceros staatsphilosophischen Schriften. In: Föllinger, Sabine / Müller, Gernot Michael (Hrsg.): Der Dialog in der Antike: Formen und Funktionen einer literarischen Gattung zwischen Philosophie, Wissensvermittlung und dramatischer Inszenierung. Berlin/Boston 2013. S. 173–197.
– Philosophie im politischen Raum? Überlegungen zu Ciceros *Philosophica* der 50er Jahre. In: Hermes 145 (2017) S. 303–316.
Schmidt, Peter Lebrecht: Interpretatorische und chronologische Grundfragen zu Ciceros Werk *De Legibus*. Diss. Freiburg 1959.
– Zeugnisse antiker Autoren zu Ciceros Werk *De legibus*. In: Miscellanea Critica 2 (1965) S. 301–333. (Neudr. in: S., P. L.: *Traditio Latinitatis:* Studien zur Rezeption und Überlieferung der lateinischen Literatur. Stuttgart 2000. S. 122–141.)
– Die Abfassungszeit von Ciceros Schrift über die Gesetze. Rom 1969.
– Die handschriftliche Überlieferung von *De Legibus*. Resultate und Perspektiven. In: Ciceroniana n. s. 1 (1973) S. 83–89.

– Die Überlieferung von Ciceros Schrift *De legibus* in Mittelalter und Renaissance. München 1974.
– The Original Version of the *De re publica* and the *De legibus*. In: Powell, Jonathan G. F. / North, John A. (Hrsg.): Cicero's *Republic*. London 2001. S. 7–16.
Schmitt, Tassilo: »Suarum legum idem auctor ac subversor«: Tacitus über Pompeius als Gesetzgeber 52 v. Chr. In: Walter, Uwe (Hrsg.): Gesetzgebung und politische Kultur in der römischen Republik. Heidelberg 2014. S. 227–284.
Schömann, Georg Friedrich: Opuscula Academica. Bd. 3. Berlin 1858. S. 384–390.
Schofield, Malcolm: Cicero's Plato. In: Engberg-Pedersen, Troels (Hrsg.): From Stoicism to Platonism: The Development of Philosophy, 100 BCE – 100 CE. Cambridge 2017. S. 47–66.
– Cicero. Oxford 2021.
Scholz, Peter: Lucullus: Herrschen und Genießen in der späten römischen Republik. Stuttgart 2024.
Shackleton Bailey, David R. (Hrsg.): Cicero's Letters to Atticus. Volume 1 (Books I–II). Cambridge 1965.
Siewert, Peter: Die angebliche Übernahme solonischer Gesetze in die Zwölftafeln: Ursprung und Ausgestaltung einer Legende. In: Chiron 8 (1978) S. 331–344.
Sirks, Adriaan J. B.: Sacra, Succession and the ›*lex Voconia*‹. In: Latomus 53.2 (1994) S. 273–296.
Stein, Peter: The Sources of Law in Cicero. In: Atti del III Colloquium Tullianum, Roma 1976. Ciceroniana 3 (1978) S. 19–31.
Straumann, Benjamin: Roman Law in the State of Nature: The Classical Foundations of Hugo Grotius' Natural Law. Cambridge 2015.
– Crisis and Constitutionalism: Roman Political thought from the Fall of the Republic to the Age of Revolution. Oxford / New York 2016.
Striker, Gisela: The Concept of Natural Law. In: Cleary, John J. (Hrsg.): Proceedings of the Boston Area Colloquium in Ancient Philosophy 2. Lanham 1987. S. 79–94. (Durchges. Neudr.: Origins of the Concept of Natural Law. In: St., G.: Essays on Hellenistic Epistemology and Ethics. Cambridge 1996. S. 209–220.)

Suerbaum, Werner (Hrsg.): Die archaische Literatur. Von den Anfängen bis Sullas Tod. München 2002.
Tanner, Ronald G.: Cicero (*De legibus*, I, 4, 14). In: Latomus 27.3 (1968) S. 598 f.
Testard, Maurice: Observations sur la pensée de Cicéron, orateur et philosophe: Consonances avec la tradition judéo-chrétienne. II. Le *De legibus*. In: Revue des Études Latines 78 (2000) S. 44–61.
Thomas, Yan: ›Origine‹ et ›commune patrie‹: Étude de droit public romain (89 av. J.-C. – 212 ap. J.-C.). Rom 1996.
Thommen, Lukas: Das Bild vom Volkstribunat in Ciceros Schrift über die Gesetze. In: Chiron 18 (1988) S. 357–375.
Tuori, Kaius: The Myth of Quintus Mucius Scaevola: Founding Father of Legal Science? In: Tijdschrift voor Rechtsgeschiedenis 72 (2004) S. 243–262.
Turpin, José: Cicéron, *De legibus* I–II et la religion romaine: Une interpretation philosophique à veille du principat. In: Haase, Wolfgang (Hrsg.): Aufstieg und Niedergang der römischen Welt II 16.3. Berlin / New York. 1986 S. 1877–1908.
Twele, Jochen R. A.: *Columellam … aut mensam … aut labellum*: Archeological Remarks on Cicero's *De Legibus* II 66. In: J. Paul Getty Museum Journal 2 (1974) S. 93–98.
Vander Waerdt, Paul A.: Philosophical Influence on Roman Jurisprudence? The Case of Stoicism and Natural Law. In: Temporini, Hildegard (Hrsg.): Aufstieg und Niedergang der römischen Welt II 7. Berlin / New York 1994. S. 4851–4901.
– The Original Theory of Natural Law. In: Studia Philonica Annual 17 (2003) S. 17–34.
van Meurs, Johannes: *Themis Attica sive De legibus Atticis libri II*. Utrecht 1685.
Walter, Uwe (Hrsg.): Gesetzgebung und politische Kultur in der römischen Republik. Heidelberg 2014.
– Politische Ordnung in der römischen Republik. Berlin 2017.
Wardle, David: *Deus* or *divus*: The Genesis of Roman Terminology for Deified Emperors and a Philosopher's Contribution. In: Clark, Gillian / Rajak, Tessa (Hrsg.): Philosophy and Power in the Graeco-Roman World: Essays in Honour of Miriam Griffin. Oxford 2002.

Watt, William S.: Notes on Cicero, *De Legibus*. In: Deroux, Carl (Hrsg.): Studies in Latin Literature and Roman History. Bd. 4. Brüssel 1986. S. 265–268.
Wilhelms, John W.: The Language of Cicero's *De Legibus*. University of Minnesota. Minneapolis 1942. (Unveröffentlichte Dissertation.)
– Is the Language of the Ideal Laws in Cicero's *De Legibus* Truly Archaic? In: Classical Journal 38.8 (1943) S. 458–459.
Wiśniewski, Bohdan: Le problème de la loi naturelle dans le *De legibus* de Cicéron. In: Les Études Classiques 60 (1992) S. 129–138.
Woodman, Anthony John: Poetry and History: Cicero, *De Legibus* 1.1–5. In: W., A. J.: From Poetry to History: Selected Papers. Oxford / New York 2012.
Woolf, Raphael: Cicero: The Philosophy of a Roman Sceptic. Abingdon / New York 2015.
Zelzer, Michaela: Die Umschrift lateinischer Texte am Ende der Antike und ihre Bedeutung für die Textkritik: Bemerkungen zur Entstehung des Minuskel-B und zu frühen Verderbnissen in Cicero, *De legibus*. In: Wiener Studien 94 (1981) S. 211–231.
– / Zelzer, Klaus: Zur Frage der Überlieferung des Leidener Corpus philosophischer Schriften des Cicero: Mit einer kritischen Bewertung karolingischer Textemendation. In: Wiener Studien 114 (2001) S. 183–214.
Zetzel, James E. G.: Natural Law and Poetic Justice: A Carneadean Debate in Cicero and Virgil. In: Classical Philology 91 (1996) S. 297–320.
– The Lost Republic: Cicero's *De oratore* and *De re publica*. Oxford / New York 2022.
Ziegler, Konrat: Zur Textgestaltung von Cicero *de Legibus*. In: Hermes 81.3 (1953) S. 303–317.

Nachwort

Ciceros Leben und Werk

Cicero wird am 3. Januar 106 v. Chr. in eine Familie der lokalen Oberschicht der kleinen Landstadt Arpinum (etwa 100 km südlich von Rom im Gebiet der Volsker am Fuße der Abruzzen) geboren, auf deren Gut in der Nähe (dazu Harrer 1924); der Vater gehört dem römischen Ritterstand an. Wenige Jahre später siedelt die Familie nach Rom über.

Infolge der guten Beziehungen ihrer Eltern zu Angehörigen der stadtrömischen Senatsaristokratie erhalten Marcus Cicero und sein 102 v. Chr. geborener Bruder Quintus eine standesgemäße Erziehung. Marcus verkehrt u. a. bei dem berühmten Redner Lucius Licinius Crassus, dem er später in seinem ersten Dialog *De oratore* (»Über den Redner«) ein Denkmal setzen wird – er macht ihn zum Hauptunterredner –, sowie (von 89 bis 87 v. Chr.) bei Quintus Mucius Scaevola (Augur) und (ab 87 v. Chr.) bei dessen gleichnamigem Cousin, dem Pontifex Maximus: Bei beiden Scaevolae, hervorragenden Vertretern einer ›römischen‹ Jurisprudenz, erhält der junge Cicero tiefere Einblicke in das römische Zivilrecht. Den Augur Scaevola wird er in seinem Dialog *De legibus* (»Über Gesetze«) erwähnen und als Dialogfigur in den anderen beiden Frühdialogen, *De oratore* aus dem Jahr 55 und *De re publica* (»Über das Gemeinwesen«) aus dem Jahr 51 v. Chr., auftreten lassen. Mit dem Werk des Scaevola (Pontifex) über das *ius civile* in achtzehn Büchern setzt sich Cicero im zweiten Buch von *De legibus* kritisch auseinander. Und auch ein anderes Projekt, das möglicher-

weise in der Mitte der 50er Jahre v. Chr. begonnen wird, das (verlorene und vielleicht nie vollendete) Buch *De iure civili in artem redigendo* (»*Über die Umwandlung des bürgerlichen Rechts in eine Methodik*«), dürfte den Autor der *Iuris civilis libri* kritisiert haben.

Tiefere philosophische Bildung erhält Cicero bei dem 88 v. Chr. aus Athen nach Rom geflohenen Philon von Larissa, Scholarch (Oberhaupt) der Platonischen Akademie, der ihn für die akademische Skepsis begeistert, zu der er sich Zeit seines Lebens bekennt – so auch in *De legibus*; an zweiter Stelle steht Antiochos von Askalon, den Cicero 79 v. Chr. in Athen hört und dessen Verbindung von platonischem und stoischem Denken sich in der Argumentation von *De legibus* widerspiegelt.

Nach seiner Rückkehr nach Rom 77 v. Chr. gelingt Cicero dank seinen rhetorischen und intellektuellen Fähigkeiten ein schneller Karrierebeginn: Sämtliche Ämter erreicht er im frühestmöglichen Jahr (*suo anno*). Spätestens seit dem Prozess gegen Verres 70 v. Chr. wird er als einer der führenden Redner Roms angesehen, als Konsul kann er 63 v. Chr. die Verschwörung des Lucius Sergius Catilina, eines Mitbewerbers um den Konsulat, aufdecken. Die harte Bestrafung der Catilinarier jedoch, die er zwar mit Senatsbeschluss, aber ohne Prozess hinrichten lässt, wird zum Anlass seiner von dem Rivalen Publius Clodius Pulcher initiierten Verbannung 58–57 v. Chr., die Cicero in Dyrrhachium (im heutigen Albanien) und Thessalonike verbringt.

In die Jahre nach seiner Rückholung aus der Verbannung fällt die erste Phase seines philosophischen Schaffens, in der Cicero die Schriften *De oratore* und *De re publica* verfasst und in Umlauf bringt. Offenbar parallel zu *De re publi-*

ca beginnt er mit der Abfassung der Schrift *De legibus* (zur Abfassungszeit s. ausführlich S. 350), in der der Schock des Exils und die Genugtuung über die Rückkehr stark nachhallen. Die Statthalterschaft in Kilikien 51–50 v. Chr. dürfte ein Grund dafür sein, dass *De legibus* nicht unmittelbar abgeschlossen wird.

Gleich nach seiner Rückkehr beginnt der Bürgerkrieg (49–45 v. Chr.), in dem Cicero sich auf die Seite der von Gnaeus Pompeius (Magnus) angeführten Senatsmehrheit gegen Gaius Iulius Caesar stellt; nach der Ermordung des Pompeius erhält er von Caesar die Erlaubnis, nach Italien zurückzukehren (47 v. Chr.).

Nach Caesars Tod im Jahr 44 v. Chr. setzt sich Cicero politisch mit Härte für die bedrohte Republik und gegen Marcus Antonius ein. In diesen letzten Lebensjahren findet Ciceros philosophische Schriftstellerei seine Fortsetzung – spätestens seit dem Tod seiner Tochter Tullia 45 v. Chr., der möglicherweise als ein Katalysator gewirkt hat. In knapp drei Jahren entstehen in rascher Folge insgesamt fünfzehn theoretische Schriften, von denen einige mehrere Bücher umfassen. Sie folgen einem anderen Plan als die Schriften der 50er Jahre v. Chr., die den Redner, das Gemeinwesen und den Staatsmann sowie Gesetze in den Blick genommen hatten: Es soll nun jeder Bereich der antiken Ethik einzeln abgehandelt werden. *De legibus* passt in diese Reihe nicht mehr, überlebt aber offenbar unvollendet in Ciceros Nachlass.

Cicero wird auf Antonius' Drängen von den Triumvirn proskribiert und am 7. Dezember 43 v. Chr. auf der Flucht vor den Verfolgern nahe seiner Villa bei Formiae (an der latinischen Mittelmeerküste etwa 130 km südlich von Rom) ermordet.

2. Entstehung, Datierung und Umfang von *De legibus*

De legibus hat Cicero als Schwesterschrift (vgl. 1,15) zu *De re publica* somit wohl Ende der 50er Jahre v. Chr. abgefasst. Um die Verteilung des Stoffs auf die beiden Werke und ihre jeweilige Ausgestaltung hat er lange gerungen, wie aus seiner Korrespondenz hervorgeht (vgl. Schmidt 2001). *De re publica* wurde nach der Veröffentlichung von *De oratore* in den Jahren 54–51 v. Chr. verfasst und kurz vor Ciceros erzwungener Abreise zu seinem Prokonsulat nach Kilikien im Mai 51 v. Chr. in Umlauf gebracht (Marinone 2004, S. 146, 148). Die politische Haltung, die aus *De legibus* spricht – z. B. die mehrfache lobende Erwähnung des Pompeius, den »Marcus« sogar gegen die Kritik durch »Quintus« in Schutz nimmt (3,22–23) –, passt ebenfalls gut in diese Jahre. Insofern hat sich neben weiteren Indizien die Überzeugung gefestigt, dass Cicero *De legibus* vor seiner Abreise nach Kilikien geschrieben (und dort vielleicht sogar fortgeführt) hat, er nach seiner Rückkehr nach Italien in Rom aber eine völlig veränderte innenpolitische Situation vorfand und vor diesem Hintergrund von einer Veröffentlichung, in welcher Form auch immer, absah; eine Datierung der Schrift in das Jahr 46 v. Chr. (Grilli 1990) ist daher unwahrscheinlich. Einen ausführlicheren Überblick über die Datierungsfrage bieten Schmidt 1969 und Dyck 2004 (S. 5–7).

Mit einiger Wahrscheinlichkeit blieb *De legibus* also unveröffentlicht liegen und wurde erst aus Ciceros Nachlass in Umlauf gebracht. Ein wichtiges Indiz hierfür ist, dass der Dialog weder in Ciceros eigenem Katalog seiner Werke erwähnt wird (div. 2,1–4, vom März 44 v. Chr.), noch eine Rezeption der Schrift zu seinen Lebzeiten bezeugt ist. Eine

Kenntnis des Dialogs durch spätere antike Autoren ist allerdings nachweisbar (Schmidt 1965); so beziehen sich zum Beispiel Plutarchs *Quaestiones Romanae* (34) möglicherweise auf einen Abschnitt, der in *De legibus* selbst nur in Resten erhalten ist (2,54).

Erhalten sind uns die ersten drei Bücher, allerdings mit einigen, teilweise erheblichen Überlieferungslücken. Buch 4 könnte Ergänzungen zum dritten Buch enthalten haben, wie sie in Buch 3 von »Atticus« eingefordert werden (3,48), zudem eine Darstellung der Gerichtshöfe, die von der Dialogfigur »Marcus« als das nächste Thema für zweckmäßig erachtet werden (3,47; vgl. aber S. 353 f.). Macrobius zitiert aus einem fünften Buch (fr. 2), offenbar aus dem Beginn. Wie viele weitere Bücher abgefasst wurden, muss Spekulation bleiben und wird kontrovers diskutiert. Sicherlich waren mindestens sechs geplant, entsprechend dem Umfang von *De re publica.* Zu Beginn von Buch 5 hat die Sonne gerade den Zenit überschritten (fr. 2), und wie in Platons *Nomoi* sollte das Gespräch einen Tag dauern: Man käme so auf insgesamt acht Bücher.

3. Thema und Textsorte von *De legibus*

De legibus ist ein literarischer Dialog rechtsphilosophischen Inhalts. Gesprächspartner sind Marcus Tullius Cicero (»Marcus«), dessen um vier Jahre jüngerer Bruder Quintus (»Quintus«) und der römische Ritter Titus Pomponius Atticus (»Atticus«), ein enger Vertrauter der beiden Brüder. Ort des Dialogs ist die freie Natur in der Nähe von Ciceros väterlicher Villa bei Arpinum, dem Geburtsort Ciceros. Anders als *De oratore* und *De re publica* spielt der Dialog in

der Gegenwart, gegen Ende der 50er Jahre v. Chr. Gleichwohl führt Cicero *De legibus* als Schwesterschrift von *De re publica* ein und stellt sein Vorhaben explizit in die Nachfolge von Platons *Nomoi* (*Gesetze*), woraus Cicero im Verlauf des eigenen Werkes mehrfach auch zitiert.

Das **erste Buch** entfaltet nach einem längeren dialogischen Vorspann, in dem das Thema nach einigen Digressionen ausgewählt, definiert und in der Art seiner Behandlung festgelegt wird (1,1–16), eine Bestimmung des Begriffs »Gesetz«. Cicero orientiert sich hier primär an stoischem Gedankengut: Das Gesetz sei die handlungsleitende Vernunft und als solche ein natürliches Prinzip, das in jedem Menschen verkörpert sei (1,17–18). Es folgt eine politische Anthropologie, die erstens die Vernunft als gemeinsamen Besitz aller Menschen, zweitens die Rechtsgemeinschaft von Menschen und Göttern, drittens die Gleichheit der Menschen und viertens die Existenz eines natürlichen Wohlwollens der Menschen untereinander als Elemente ihrer Rechtsnatur benennt und erklärt (1,19–35). Nach einer Reflexion des Gesprächs (1,36–39) folgt die Argumentation, dass Recht und Moral tief im Menschen verankert seien und daher das moralisch Richtige und die Tugenden um ihrer selbst willen zu erstreben seien (1,40–52). Das Buch endet nach einer weiteren Reflexion des bisherigen Gesprächs (1,53–57) mit einem Lobpreis der Weisheit und des Staatsmanns (1,58–62).

Auch das **zweite Buch** folgt – unter Verweis auf Platons *Phaidros* (2,6) – dem von den platonischen Dialogen inspirierten Muster, das schon in Buch 1 begegnet. Hier nun markiert der Wechsel in der Szenerie einen Neubeginn: Die räumliche Bewegung der Dialogpartner versinnbildlicht den gemächlich sich vollziehenden Wechsel von der philo-

sophischen Diskussion des ersten Buchs über das Gesetz zur Einführung von Gesetzen – zuerst: *leges de religione*, »Gesetze über Religion« (2,17) – durch den Nomotheten »Marcus« im zweiten Buch. Die von »Atticus« geäußerte Bewunderung für die Schönheiten der Landschaft (2,1–4) leitet über zur Frage nach dem politischen Verhältnis von Arpinum und Rom (2,5), Ersteres die angestammte *patria* von Marcus und Quintus Tullius Cicero (*naturae, loci*), Letzteres ihre politische Heimat (*civitatis, iuris*). Dies führt zu einer Definition des Gesetzes und dem Verhältnis zwischen dem in der Natur existierenden Gesetz und den positiven Rechtsvorstellungen, kulminierend in einem Proöm (2,7–18) zu den anschließend von dem Nomotheten »Marcus« vorgeschlagenen Gesetzen. Ihrer summarischen Vorstellung (2,19–22), in einer Gesetzessprache formuliert, deren sprachliche Alterität ihre Autorität untermauern soll, folgen ihre Einordnung – es sind Gesetze für »das beste politische Gemeinwesen« (2,23) – sowie ihre Begründung im Dialog mit »Atticus« und »Quintus« (2,24–68). Lücken in der Überlieferung, besonders zwischen 2,53 und 54, erschweren das Verständnis dieses inhaltlich reichen Buchs.

Das **dritte Buch** behandelt die Magistrate und Institutionen von Ciceros politischem Gemeinwesen und hat im Grundsatz dieselbe Struktur wie das zweite Buch: Nach einer dialogischen Einleitung, in der die Gefolgschaft Platons lobend proklamiert und die Bedeutung der Gesetzlichkeit gewürdigt wird (3,1–5), formuliert Cicero in der Diktion der Gesetzessprache (3,6–11) Gesetze, welche die Befehlsgewalten (*imperia*) und Machtbefugnisse (*potestates*) der römischen Magistrate ordnen (*descriptio magistratuum:* 3,12), und geht dann – nach einer kurzen Überleitung (3,12) – auf

die Behandlung dieses Themas durch griechische Philosophen ein (3,13–17). Es folgt – nach einer Überlieferungslücke – die Kommentierung der Gesetze durch »Marcus« im Gespräch mit »Atticus« und »Quintus« (3,18–47a; der Anfang dieser Kommentierung ist jedoch, in einer Lücke erheblichen Umfangs, ebenfalls verloren). Ein Dialog über die Fortsetzung des Vorhabens scheint das Buch abzuschließen (3,47b–49; Heck 1979). Doch die Ankündigung, man wolle zuerst knapp das Recht des römischen Volkes – konkret: die Machtbefugnisse der Magistrate – und erst danach die Gerichtshöfe diskutieren, ließe auch daran denken, dass der überlieferte Text noch vor dem Buchende abbricht; bei diesem Szenario wird die Darstellung der *potestates magistratuum* von »Marcus« nicht als Ergänzung auf Buch 4 verschoben, sondern als Bestandteil der *descriptio magistratuum* noch für Buch 3 in Aussicht gestellt.

4. Einordung von *De legibus*

De legibus stellt den ersten überlieferten römischen Versuch dar, römisches Recht, das ursprünglich fast ausschließlich ein Präzedenzrecht ist, kommentierend zu erfassen (vgl. Cancik 1995). Das erste und der Beginn des zweiten Buchs bieten ein Konzept von Recht, das »in der Natur« sei (1,34). Mit der politisch-philosophischen Anthropologie ist Buch 1 für die philosophiegeschichtliche Frage relevant, inwieweit die (früh)modernen Naturrechtskonzeptionen, die explizit oder implizit *De legibus* als Vorläufer zitieren, eine wirkliche Entsprechung bei Cicero haben; aber auch rechtshistorisch ist das erste Buch bedeutsam, dokumentiert es doch wirk-

sam den Abstand von Ciceros philosophischer Systematisierung eines naturkonditionierten Rechts zu dem philosophisch informierten, wenn auch weniger theoretisierten und in der Ausrichtung unterschiedlichen Konzept des *ius naturale* im juristischen Diskurs (vgl. Forschner 2016, S. 61–64). Das zweite Buch schlägt im Anschluss an Platons *Nomoi* und im Rückgriff auf römische Tradition Gesetze zur Reglementierung religiöser Praxis vor; damit ist es eine wichtige Quelle zur antiken und v. a. stadtrömischen Religionsgeschichte und ihrer intellektuellen Theologisierung. Das dritte Buch führt mit seinen Gesetzen zur magistratischen Machtbefugnis (*potestas*) und zu den politischen Institutionen der Stadt zur Frage nach staatlicher Verfasstheit und politischer Praxis in der späten römischen Republik.

Das römische Recht zu Ciceros Zeit unterlag keiner umfassenden schriftlichen Kodifizierung; uns scheint es auch sehr fraglich, ob Pompeius wirklich die (dann aber nicht durchgeführte) Absicht hatte, als Konsul des Jahres 52 v. Chr. die römischen Gesetze (in Auswahl?) in eine feste, schriftlich abrufbare Ordnung zu bringen (so Isid. orig. 5,1,5; Pólay 1965; Ducos 1984, S. 182–184; kritisch schon Schmitt 2014, S. 265–268). Ebenso fehlt dem römischen Recht in dieser Zeit eine verbindliche Rechtssystematik: Römisches Recht war, wie bereits erwähnt, in erster Linie ein Präzedenzrecht, in dem die Rechtsverordnungen der Prätoren (im Bereich des bürgerlichen Rechts) und die Entscheidungen der gesetzgebenden Volksversammlungen die Basis für zukünftige Rechtsprechung und Gesetze bildeten.

Zwar zeigt das Beispiel des Scaevola Pontifex den Grad der Systematisierung, den etwa das römische Zivilrecht im 1. Jh. v. Chr. bereits erreicht hatte (zur Einordnung s. Tuori

2004), aber Ciceros Projekt in dem bereits erwähnten Werk *De iure civili in artem redigendo* (vgl. top. 26–34) ist ein anderes: Die ihm vorschwebende Methodik (*ars*) basiert auf der philosophischen Dialektik. In *De legibus* distanziert sich Cicero, dessen Verhältnis zur juristischen Profession Zeit seines Lebens problematisch bleibt (Harries 2006), von der juristischen Tradition, wie seine Auseinandersetzung mit den Scaevolae (2,47–53) über die Spannung zwischen Pontifikal- und bürgerlichem Recht belegt. So erklärt sich auch die verwunderte Nachfrage der Dialogfigur »Atticus«, ob Cicero seine Überlegungen nicht auf das prätorische Edikt und das Zwölftafelgesetz stützen wolle (1,15); Cicero entgegnet, er wolle das Recht in allgemeiner Form darlegen und sich dabei an Platons entsprechendem Dialog, *Nomoi*, orientieren. Tatsächlich wird in kaum einer anderen ciceronischen Schrift griechische Theorie so zustimmend referiert wie in *De legibus*.

Relevant für ein besseres Verständnis der Absicht von *De legibus* sind daher eher die »Gesetzgebungsorgien« (Walter 2017, S. 85), mit denen römische Magistrate in der fragilen politischen Kultur der späten Republik manövrieren. Auch die Gesetze, die Cicero in den Büchern 2 und 3 in einer den Duktus des philosophischen Dialogs verfremdenden Rechtssprache skizziert – mitgeteilt wird lediglich »der Kern ihres Inhalts und Gedankengangs« (2,18) – und dann im Gespräch zur Abstimmung stellt, orientieren sich an dieser politischen Realität. An entscheidenden Stellen – v. a. im dritten, aber auch bereits im zweiten Buch – enthalten sie Reformvorschläge, deren Umsetzung Cicero aber explizit der Zukunft vorbehält (3,29); die literarische Fiktion, dass es sich hierbei gleichwohl um reale Gesetzesinitiativen für die

Stadt Rom handelt, wird dadurch aufrechterhalten, dass die Gesetze von *De legibus* von »Marcus« zur Abstimmung vorgelegt und begründet sowie von »Atticus« und »Quintus« formal angenommen werden (*uti rogas*: 2,24; vgl. 3,37–38).

Die thematische und inhaltliche Anbindung seiner eigenen Gesetze an eine römische Ordnung entspringt der Vorstellung, dass die gemischte Verfassung, die in *De re publica* von den beiden Hauptdialogfiguren Gaius Cornelius Scipio Aemilianus Africanus und Gaius Laelius vorgestellt wird, eine bestmögliche Form politischer Ordnung darstelle. Daher gelte es, jener *optima res publica* (1,5.20; 3,4) entsprechende Gesetze zur Seite zu stellen (2,24).

Das konkrete Verhältnis dieser Gesetze zu dem in *De re publica* skizzierten politischen Gemeinwesen – und sodann das Verhältnis dieser beiden zu der real existierenden *res publica* der 50er Jahre v. Chr. – ist häufig diskutiert worden (vgl. Ferrary 1995; Powell 2001). Manche haben versucht, das Verhältnis zwischen den Gesetzen in den Büchern 2 und 3 und Ciceros philosophischer Konzeption von Gesetz und Recht in Buch 1 zu bestimmen: Versuche, die Gesetzgebung des Nomotheten »Marcus« entweder selbst als ›von Natur‹ oder alternativ als kontingentes positives Recht zu verstehen, scheinen hier zu eng zu greifen. Und auch die Frage, inwieweit es sich bei diesen *leges* um konkrete Reformvorschläge für eine (wie auch immer zu definierende) ›Krise der späten Republik‹ handelt, wurde oft gestellt (vgl. Dörrie 1973; Kjeldsen 1979; Lehmann 1980; Girardet 1983; Podes 1991; Jehne 2003; Meyer 2006; Samotta 2009). Offensichtlich ist aber, dass die von »Marcus« vorgeschlagenen Gesetze sich am Maßstab des »ersten und letzten Gesetzes« und der Vernunft (*ratio*) messen lassen müssen (2,8).

Wer also davon ausgehen möchte, Ciceros Intention sei die umfassendere Neuordnung des gegenwärtigen politischen Gemeinwesens gewesen, muss gleichzeitig in Rechnung stellen, dass die Gesetze des Dialogs zum einen im Einklang mit einem Zustand stehen, der nach Ciceros Auffassung bereits einmal in der Vergangenheit existiert hat – und zwar in einem Zustand vor den Gesetzen, als der »Brauch der Vorfahren« den Status von Gesetzen hatte (2,23); Jochen Bleicken hat die literarischen und ideologischen Strategien, jenen *mos* »eher an einer idealisierten altrömischen Vergangenheit als an der Gegenwart« zu orientieren, scharfsinnig analysiert (1975, S. 428–432). Zum anderen hegt der Nomothet »Marcus« nicht unbedingt die Absicht, die Gesetze des Populus Romanus einer kritischen Revision zu unterziehen oder alte und neue Gesetze zur unmittelbaren Anwendung für Rom vorzuschlagen (3,37): Seine besten Gesetze erheben eben auch den Anspruch, für alle politischen Gemeinwesen und alle freien Völker zu gelten, dazu auch individuellen Geltungsanspruch zu erheben (1,37; 3,4), ohne bereits bestehende Gesetze lediglich zu reproduzieren oder zu imitieren (1,58). Diese Spannung zwischen römischer Partikularrelevanz und universalistischem Anspruch (vgl. Cancik / Cancik-Lindemaier 1994) durchzieht *De legibus* ebenso wie *De re publica*; dieselbe Spannung findet sich bereits bei Ciceros vornehmlichen griechischen Vorbildern: Platons *Politeia* und *Nomoi*.

Um dieser Spannung zwischen philosophischem Reflektieren über den universellen Anspruch von Recht und Gesetz einerseits und der positiven Konkretisierung als Gesetze andererseits Rechnung zu tragen, lautet unsere Übersetzung des Titels des Dialogs »Über Gesetze« (s. S. 383).

Vor dem Hintergrund dieser besonderen Zielsetzung des Dialogs ist es also auch nicht statthaft, die späteren Gesetzesinitiativen von Caesar und v. a. von Augustus unter Einebnung der ganz unterschiedlichen intellektuellen Voraussetzungen sowie politisch-ideologischen Rahmenbedingungen gleichsam teleologisch als Fortführung und Kulmination von Ciceros literarischem Projekt in *De legibus* verstehen zu wollen (so aber Dörrie 1973; Turpin 1986; Behrends 2008, S. 147 f.: Cicero als »Lehrer des Prinzipats«). Dieser Versuch, die Bücher 2 und 3 gleichsam als eine römische Institutionengeschichte mit dem Ziel der Implementierung positiver Gesetze zu lesen, muss den philosophischen Hintergrund, der in Buch 1 ausgebreitet wird, unterschlagen und verkennt Ciceros Definition von *lex*, die – als *recta ratio* – dem Recht vorausgeht, worauf wir in Kürze zurückkommen werden.

Sicherlich nicht zuletzt mit dem Ziel, bei seinen senatorischen Standesgenossen keinen Anstoß zu erregen, stellt Cicero die Schrift dezidiert in den Kontext philosophisch-literarischen Otiums, indem der dramatische Ort die Gegend nahe der väterlichen Villa bei Arpinum fernab des politischen Rom ist und die Dialogpartner nicht müde werden zu betonen, dass man die Szenerie von Platons literarischen Dialogen nachahme. In den einleitenden Paragraphen scheint das Thema Recht eher aus Verlegenheit als absichtlich aus einer Fülle eigentlich naheliegender und sinnvollerer, so die Suggestion, Themen gewählt zu werden. Außerdem verzichtet Cicero darauf, seine Gesetze in irgendeiner Form aus übergeordneten Rechtsprinzipien oder -theorien abzuleiten. Dagegen ist, wie Buch 1 vergegenwärtigt, vielmehr die Vernunft- und Rechtsnatur des Menschen im All-

gemeinen die Basis für das Zusammenleben, für das politische Gemeinwesen und für das Recht. Da dieses bestmögliche Gemeinwesen bereits einmal in der Vergangenheit bestanden hat oder der Zukunft gehört, müssen die Gesetze nicht hergeleitet werden, sondern sie werden direkt genannt und danach im Gespräch, oder in der Kontroverse, mit den beiden Gesprächspartnern erläutert.

Für römische Verhältnisse revolutionär ist aber der Umstand, dass mit *De legibus* der römische Rechtsdiskurs theoretisiert und das, was Recht ist, mit dem Instrumentarium der Philosophie als Prinzip außerhalb der römischen Rechtsordnung »in der Natur« verortet wird. Was das römische Rechtsverständnis von *ius*, »Recht«, und *leges*, »Gesetzen«, betrifft, so lässt sich ein (positives) Gesetz grundsätzlich, bei aller Komplexität seines Verhältnisses zum Begriff des *ius*, als Ausdruck und Realisierung des Rechts verstehen (s. 2,9; vgl. Ducos 1984, S. 214–224). In *De legibus* hingegen erzeugt das Gesetz, die *recta ratio* – in Umkehrung dieses Verhältnisses – das Recht (1,42; vgl. 2,8). Aber nicht nur dass diese ciceronische, teils stoischen Vorbildern geschuldete Definition von Gesetz den zeitgenössischen juristischen Erklärungen entgegensteht: Indem Cicero Gesetz als eine *recta ratio* auffasst, die jenseits der Mechanismen staatlicher Gesetzgebung »in der Natur eingepflanzt« (1,18) existiert, stellt er die Rechtsordnung und die auf den positiven Gesetzen beruhende staatliche Legitimität zur Disposition (vgl. Gotter 1996, S. 556–558).

In Buch 2 und 3 ist der Maßstab für die Richtigkeit von Ciceros Gesetzen allerdings nicht einfach die *ratio*, sondern die Autorität des altrömischen *mos* und die Meinung der *boni*, die sich freilich als ›natürlich‹ geriert. Hier herrscht ei-

ne aristokratisch-konservative Grundhaltung, die auch die beiden Dialogteilnehmer »Quintus« und »Atticus« mit ihrer grundsätzlichen Kritik an ›popularen‹ politischen Maßnahmen exemplifizieren (vgl. 3,19–22.26.34–37). Insofern gibt *De legibus*, selbst wo es den Anspruch erhebt, den Völkern und dem Einzelnen Gesetze zur Lebensführung (1,57: *leges vivendi*) bereitzustellen, an prominenter Stelle auch eine literarisch-philosophische Antwort auf den drohenden Konsensverlust innerhalb der politischen Elite Roms.

5. Literarische Form von *De legibus*

Wie ausgeführt, ist *De legibus* also kein Rechtstraktat, sondern gehört der Gattung des philosophisch-literarischen Dialogs an. Dieser war bereits die von Platon und Aristoteles (neben dem Traktat) bevorzugte literarische Form. Cicero aber ging in der Gestaltung seiner Dialoge neue Wege: Charakteristisch sind die Wahl des Dialogpersonals aus der römischen (in der Regel senatorischen) Führungselite, die szenische Einkleidung und Lokalisierung in oder bei der Landvilla des Hauptgesprächspartners sowie der Umstand, dass die Gesprächspartner das Argument konsensorientiert in längeren, zusammenhängenden Reden entwickeln. In dieser Hinsicht ist der ciceronische Dialog wohl den (verlorenen) Dialogen des Aristoteles ähnlich, unterscheidet sich aber von letzteren vermutlich darin, dass die längeren Reden dialogisch eingerahmt sind. Die dialogische Interaktion dient bei Cicero dazu, die jeweiligen längeren Ausführungen ins ›rechte Licht‹ zu setzen, Rückfragen zu stellen oder bisweilen Gegenpositionen zu formulieren. Anders

als in den Dialogen Platons finden sich bei Cicero sehr selten Streitgespräche und Polemik, und selten endet ein Argument in der Aporie: In *De legibus* geschieht dies nur bei zwei ›popularen‹ Initiativen: der Institution des Volkstribunats (3,26) und den von den Volkstribunen eingebrachten *leges tabellariae*, welche die Abstimmung mit Stimmtäfelchen ermöglichten (3,34–38).

Ähnlich wie zuvor Herakleides Pontikos wählte Cicero, wie gesagt, namhafte historische Persönlichkeiten als Dialogpartner. Doch anders als die beiden Vorgängerschriften *De oratore* (dramatisches Datum 91 v. Chr.) und *De re publica* (dramatisches Datum 129 v. Chr.) situiert er, wie schon ausgeführt, in *De legibus* die dialogische Handlung in der Gegenwart und lässt sich selbst als Dialogfigur gemeinsam mit seinem Bruder Quintus Tullius Cicero und dem stadtrömischen Ritter und Freund Titus Pomponius Atticus auftreten. Da Cicero so selbst als Dialogfigur am Gespräch teilnehmen kann, entfällt die in seinen anderen Schriften übliche Vorrede – er vermag die Ziele seines literarischen Schaffens in eigener Person in der dialogischen Interaktion zum Gegenstand zu machen. Dabei werden in beinahe postmodern anmutender Brechung die Grenzen zwischen dialogischer Fiktion und Verfasserebene verwischt, z. B. wenn sich die Dialogfiguren darüber auslassen, dass »Marcus« mit dem gegenwärtigen Gespräch Platons *Nomoi* nachahme (vgl. Sauer 2013).

Wie in *De oratore* und *De re publica* findet sich auch in *De legibus* an mehreren Stellen eine Platon-Evokation sowie manche formale Reminiszenz an Platons *Nomoi* – bis hin zum wörtlichen Zitat. Cicero selbst wird etwa von seinen Dialogpartnern (ähnlich wie Platons ›Athener‹) nie na-

mentlich angeredet, sondern als *frater*, *poeta*, usw. bezeichnet; die Ausgaben setzen ihn als *Marcus*. Um die Dialogfigur »Marcus« vom Autor Cicero zu differenzieren, folgen wir dieser Nomenklatur.

In der Formensprache bemerkenswert ist auch die bewusst eingesetzte Alterität der Gesetze im ersten Drittel der Bücher 2 und 3, wo Cicero sich an Stil und Inhalt römischer Gesetzestexte anlehnt – von den Zwölf Tafeln und den der Frühzeit zugeschriebenen »königlichen« *leges* bis zu den zeitgenössischen Gesetzen. Der verfremdende Zugriff – die Sprache ist allerdings lediglich »ein wenig altertümlicher« (*paulo antiquiora*) – verleiht dem Text Autorität (2,18); stilistisch kombiniert Cicero Elemente der zeitgenössischen Rechtssprache mit Pseudo-Archaismen und tatsächlich vorklassischem Latein (vgl. Wilhelms 1942; Powell 2005). So finden wir kurze, strenge Parataxen, zahlreiche Imperative und bisweilen eine kryptische Ausdrucksweise. Mit dieser stilistischen Strategie bindet Cicero die Gesetzesinhalte von *De legibus* an die (weitgehend unbestimmte) Vergangenheit der Vorfahren an, in der, wie wir gesehen haben, zumindest manche dieser Gesetze bereits existiert haben sollen.

Besonders in seinen frühen philosophischen Schriften der 50er Jahre v. Chr. stand Cicero vor der Herausforderung, griechische Termini ins Lateinische zu übertragen. In seinen Texten changiert er geschickt zwischen traditionellen römischen (Wert-)Begriffen, die im philosophischen Kontext eine neue Bedeutung erhalten, ihre traditionellen Konnotationen jedoch mitbringen: So übersetzt er beispielsweise die griechische *areté* mit dem bis dahin militärisch konnotierten lateinischen Begriff *virtus*, der ein Kernbestand des Tugendkanons der senatorischen Führungselite war.

6. Inhaltsübersichten zu den erhaltenen Büchern von *De legibus*

Buch 1: Ciceros ›Recht in der Natur‹

Die dialogische Vorrede (1,1–16)

Die dialogische Hinführung, in der die Gesprächspartner das Thema wählen und sich über dessen Behandlung verständigen, zählt zu den ästhetisch ansprechendsten Passagen der römischen Literatur, da Landschaft, Mythologie und literarische Reflexion in sprachlich eindrucksvoller Weise miteinander verwoben werden. Die Passage dient auch dazu, der Leserschaft die für römische Verhältnisse ungewöhnliche rechtsphilosophische Behandlung des *ius civile* transparent und nachvollziehbar zu machen und diesen von üblichen Formen der Jurisprudenz abzugrenzen.

Die Verankerung des Rechts in der Natur (1,17–57)

Ciceros Verknüpfung des Rechts mit der Natur unterscheidet sich von den (früh)modernen, aber auch von anderen antiken ›Naturrechts‹-Vorstellungen (vgl. Mitsis 1994; Kullmann 2010), etwa in der Verweigerung einer einfachen Dichotomie zwischen natürlichem und positivem Recht. Obwohl die Forschung mit Blick auf Cicero oft von »Naturrecht« spricht, erscheinen die Begriffe *ius naturale* oder *lex naturalis* in dem Dialog kein einziges Mal (während ein *ius naturae*, »Recht der Natur«, in 1,40 erscheint, wo es – in ironischer Brechung – von den Verbrechern instrumentalisiert wird): Die gültigen Rechtsvorstellungen sind bei Cicero vielmehr »der Natur anzupassen« (2,62), und Gerechtigkeit

ist »durch die Natur« (1,42), das den *iura* vorgeordnete Gesetz aber wurde (wie wir gesehen haben) als *recta ratio* »in der Natur eingepflanzt« (1,18). Deshalb können die in Buch 2 und 3 von »Marcus« eingebrachten ›positiven‹ Gesetze, da sie im Einklang mit der Natur stehen, »niemals durch einen Beschluss aufgehoben werden« (2,14; vgl. auch Girardet 1983, S. 35 f., 54 f.; 1989; 1995, S. 270–273; Forschner 2016, S. 51 f.).

Das kluge Urteil eines weisen, politisch erfahrenen Menschen darüber, was zu tun ist und was *nicht* zu tun ist, ist in *De legibus* bereits das höchste Gesetz: Es ist als solches das Richtmaß für Recht und Unrecht. Ein Ableitungsverfahren der Einzelgesetze aus Rechtsprinzipien oder -normen ist nicht erforderlich. Vielmehr gilt es für einen weisen Menschen, abzuwägen, welche (Rechts-)Normen nötig sind, um das Gemeinwesen in der Form der gemischten Verfassung einzurichten, wie sie sich im Verlauf der Jahrhunderte unter der Führung weiser Staatsmänner entwickelt und als vorbildlich erwiesen hat (nach Ciceros Meinung ist dies, wie wir gesehen haben, ein Gemeinwesen von der Art, wie Scipio es in *De re publica* vorstellt). Vor diesem Hintergrund sollen Ciceros Gesetze denn auch für alle »freien Völker« gelten, so ihre eigene politische Verfasstheit dem von Scipio skizzierten Zustand entspricht (vgl. 3,4).

Hinter dieser Auffassung steht unverkennbar die aristotelische Vorstellung, dass die Quelle guten Handelns weder eine Prinzipienmoral noch eine abstrakte Idee, sondern die Hexis eines politisch erfahrenen und reflektierten Menschen ist: Gutes Handeln basiere zum einen auf moralischen Tugenden, die nur in der Praxis erlernt werden können, zum anderen auf pronoetischen Tugenden, die nur in

der Reflexion erworben werden (vgl. Aristot. eth. Nic. I, 13, 1103a – II, 1, 1103b). Auf den ersten Blick deutlich ferner scheint *De legibus* platonischem Denken zu stehen, obgleich sich der Dialog explizit in dessen Nachfolge stellt; denn bei Platon geht die moralische Kraft von einem Prinzip aus: der Idee des Guten. Allerdings wird in der Forschung auch dafür argumentiert, dass sich die Dichotomie zwischen dem abstrakten höchsten Gesetz und den konkreten Einzelgesetzen als eine Form eines politischen Platonismus deuten lasse, da das höchste Gesetz nicht nur im weisen Staatsmann, sondern auch – wie die Idee des Guten – gleichzeitig als transzendent gedacht werde (Neschke-Hentschke 1995).

Innerhalb dieses konzeptionellen Rahmens, der nach wie vor Gegenstand der fachlichen Kontroverse ist, entsprechen alle weiteren Elemente der politischen Anthropologie stoischem Denken: Ciceros Definition von Gesetz, die sich an der Definition des Stoikers Chrysipp von Soloi orientiert (vgl. z. B. 1,18 mit SVF 2,4,2–3. 3,314 und dazu Vander Waerdt 2003); der Primat der Vernunft (bzw. klugen Urteilskraft) als das Charakteristische des Menschen (1,22); das Philosophem der Vernunft- und Rechtsgemeinschaft zwischen Göttern und Menschen (1,23–27); das Postulat der radikalen Gleichheit der Menschen untereinander (1,29–32); oder das natürliche Wohlwollen der Menschen untereinander (1,33–34).

De legibus ist insofern lange Zeit als v. a. stoisch gesehen worden. Gleichwohl hat die jüngere Forschung Brüche in der Argumentation aufgezeigt. So hat man in der Argumentation des Hauptsprechers »Marcus« eine akademisch-skeptische Grundhaltung erkennen wollen, da selbst zent-

rale Bestimmungen und Thesen als Positionen anderer dargestellt werden, die »Marcus« referiere und für zutreffend befinde (z. B. 1,18–19). Oft begleitet die Dialogfigur »Marcus« diese ›Referate‹ mit Formulierungen wie »vielleicht zu Recht« (1,18) oder »wenn dies richtig gesagt wird, wie es mir meistens scheint« (1,19), die als solche eine zugrundeliegende skeptizistische Haltung manifestieren. Die Spannung, die daraus resultiert, dass sich »Marcus« auf stoische Philosopheme stützt, Cicero selbst aber Anhänger der Akademie Platons bzw. der zeitgenössischen Ausprägung dieser Schule, der akademischen Skepsis, war, wird in einem metadiskursiven dialogischen Zwischenstück (1,35–40) explizit gemacht: Cicero habe nicht seine Freiheit verloren, sondern wolle konsensfähige Grundlagen für die Stabilität des politischen Gemeinwesens schaffen; daher schließe er für die hier behandelte Frage die akademische Skepsis aus, da sie in seiner Argumentation Verwirrung stiften werde (vgl. Görler 1995).

Nach einer Überlieferungslücke argumentiert »Marcus« dafür, dass es eine innere natürliche Instanz, nicht primär die Furcht vor Strafe oder ein Nutzenkalkül sei, welche die Menschen abhalte, Unrecht zu tun (1,40–41). Nicht alles positive Recht sei auch gerecht; dementsprechend seien auch Gemeinschaftswerte, etwa Freigebigkeit oder Freundschaft, natürlichen Ursprungs (1,43–44), ebenso wie ganz grundsätzlich das »moralisch Richtige« (*honestum*) und »moralisch Falsche« (*turpe*, 1,44), schließlich auch die Tugend (*virtus*), die nichts anderes als die vollendete Vernunft sei (1,45–46). In der Konsequenz müsse man das *honestum* sowie die einzelnen *virtutes* um ihrer selbst willen verfolgen (1,48–52). Cicero verknüpft dabei in geschickter Weise

traditionelle römische Wertbegriffe mit seinem im ersten Teil (1,18–34) entfalteten Konzept eines Rechts, das »in der Natur« sei.

Die Formulierung unterschiedlicher philosophischer Strömungen wie auch ihre Verbindung mit römischen Rechtsvorstellungen in den Büchern 2 und 3 sollten nicht als Ausweis eines persönlichen Eklektizismus abgetan werden. Vielmehr entfernt sich Cicero in Buch 1 ebenso wie in den späteren Büchern bewusst von den traditionellen stoischen Positionen zu ›Naturrecht‹ und Ethik (vgl. Girardet 1989, S. 127 f.). Dass die substantiellen philosophischen Neuerungen auf beiden Gebieten allein Cicero zuzuschreiben sind, erscheint allerdings fraglich; so ist etwa die Rolle des Antiochos von Askalon (vgl. 1,54) – seine Vermittlung zwischen der Älteren Stoa und Cicero ebenso wie sein eigenständiger Beitrag – in der Forschung betont worden (z. B. Vander Waerdt 1994, S. 4871–78). Gleichzeitig sieht Cicero das Projekt von *De legibus* als Fortführung platonischer Philosophie, v. a. in den *Nomoi* (vgl. Annas 2017, S. 162–187); als sorgfältigem Leser der *Nomoi* ist ihm nicht entgangen, dass Platon (leg. 715b und 890d) für die Definition von Gesetz als »rechte Vernunft« (*orthós lógos*) durch den Stoiker Chrysipp von Soloi grundlegend war (s. Vander Waerdt 2003).

Elogischer Abschluss (1,58–62)

Der Schluss des ersten Buchs ist konsequent Ciceros Konzept der Person des weisen Staatsmanns gewidmet, der, so »Marcus«, sowohl über langjährig erworbene ›Weisheit‹ als auch über die Fähigkeit verfügen muss, seine Entschlüsse klar zu formulieren und mittels seiner Redekraft im politi-

schen Gemeinwesen umzusetzen. Kurzum: Der ideale Staatsmann ist Philosoph und Politiker zugleich. Dieser Gedanke bildet in Form eines Lobpreises (Elogium) der Philosophie den Abschluss des Buchs.

Buch 2: Religionsgesetze

Die Vorrede (2,1–16)

Wie bereits im ersten Buch nimmt auch hier eine Vorrede breiten Raum ein, die es Cicero erlaubt, das Verhältnis zwischen dem »in der Natur eingepflanzten« Gesetz (1,18), wie es im ersten Buch vorgestellt wurde, und den Gesetzen der Stadt genauer zu bestimmen (2,7–16). Dem Thema des zweiten Buchs entsprechend wird das Gesetz, die »rechte Vernunft« von Buch 1 (z. B. 1,43), nun als *ratio recta* »des höchsten Jupiter« (2,10) tituliert, wie die Sprache dieses Abschnitts sich im Kontrast zu den entsprechenden Passagen des ersten Buchs überhaupt einer stark religiös aufgeladenen Semantik bedient. Der Abschnitt endet mit einem rhetorisch effektiven Proöm, das sich formal an Platon anlehnt, sich inhaltlich aber stoisch gibt (2,15–16).

Als Ganzes betrachtet verdeutlicht die Vorrede, mit ihrer Definition von Recht und Gesetz, noch einmal, dass es unzulässig wäre, die ciceronische Rechtskonzeption eindimensional als einen Gegensatz von Naturrecht und positivem Recht aufzufassen. Relevanter sind stattdessen die Fragen, welche Kriterien die Gesetze in Buch 2 und 3 erfüllen müssen, um im Einklang mit der »rechten Vernunft« aus Buch 1 zu stehen, und welche Eigenschaften der Nomothet haben muss, um befähigt zu sein, derartige Gesetze

zu erlassen. Wie bereits gesehen, beantwortet Cicero in Buch 2 und 3 die erste dieser beiden Fragen dadurch, dass die Gesetze sich kaum von denjenigen Numas und dem römischen *mos* unterscheiden (2,23) und so in nächster Nähe zu einem ursprünglichen Zustand stehen: *antiquitas proxime accedit ad deos* (2,27; vgl. 2,40).

Der Dialog (2,17–53)

Anders als später im dritten Buch herrscht überwiegend Einigkeit zwischen den Gesprächspartnern. So wird selbst Ciceros Kritik an den *iuris consulti* – stellvertretend werden die Scaevolae für ihre zivilrechtliche Herangehensweise an Grab- und Erbrechtsfragen gerügt, wo Cicero eine pontifikalrechtliche Regelung bevorzugt (2,46–53) – von »Atticus« und »Quintus« widerspruchslos hingenommen. Lediglich das Verbot der Teilnahme von Frauen an nächtlichen Ritualen (2,21) bedarf der Präzisierung: Die von Cicero gemachten Ausnahmen garantieren zwar die Fortführung der eleusinischen Mysterien, aber »Atticus« verweigert als athenischer Bürger der Anwendung des Gesetzes auf jene Stadt die Zustimmung: In diesem Fall bleibt das Gesetz auf Rom beschränkt, entgegen der Vorgabe, dass die Gesetze von *De legibus* für alle »guten und gefestigten Völker« Geltung haben sollen (2,34–35).

Religionshistorische Einordnung

Nach – und chronologisch noch vor – den nur fragmentarisch überlieferten *Antiquitates rerum divinarum*, die Marcus Terentius Varro in den 40er Jahren v. Chr. publizierte, ist der Diskurs über Religion im zweiten Buch von *De legibus* das umfangreichste literarische Dokument über römi-

sche Religion im 1. Jh. v. Chr. Trotz ihres auch universalistischen Anspruchs sind Ciceros Gesetze weitgehend auf Rom zentriert und ihre Erörterung durch die Dialogpartner erlaubt einen Einblick in die religiösen Vorstellungen, Vorlieben und Ressentiments eines prominenten Vertreters von Roms politischer Elite, der Konsular und, seit Ende der 50er Jahre v. Chr., Mitglied des Priesterkollegiums der Auguren (vgl. 2,31) war. *De legibus* ist aber auch ein Beleg für das Interesse des römischen Intellektuellen des 1. Jh.s v. Chr. an der Auseinandersetzung mit den theologischen Positionen, die die verschiedenen philosophischen Richtungen formulieren (Bendlin 2005, S. 217–228); dieses Interesse wird Cicero in der Mitte der 40er Jahre in den Schriften *De natura deorum* (»Über das Wesen der Götter«), *De divinatione* (»Über Divination«) und *De fato* (»Über Vorsehung«) weiter ausformulieren – dann allerdings mit veränderter Zielsetzung, nämlich als ein *disputare in utramque partem.*

Ciceros Gesetze basieren auf traditionellen römischen Vorstellungen, integrieren die Zwölftafelgesetze und greifen Regeln wieder auf, die man in Rom der königlichen Frühzeit zuschrieb (vgl. »Atticus«' Reaktion in 2,23): Rechtsnormen, die im 1. Jh. v. Chr. als historische und ideelle Grundlagen des römischen Rechts erachtet wurden (vgl. Ducos 1984, S. 177–182). Zu ihrer Legitimierung wird bisweilen direkt auf griechische Quellen Bezug genommen: Solon von Athen und v. a. Platons *Nomoi* (vgl. 2,41: moralische Korruption schließt Geschenke an die Götter aus; 45: unstatthafte Konsekration von Land und Boden; 67–68: Grabrecht).

Mehrere von Ciceros Gesetzen stärken den in Rom gängigen Status quo, mit nur geringfügigen Modifizierungen,

um die bereits bestehenden Regelungen zu optimieren und gegen Missbrauch immun zu machen: so bei der Organisation des Festkalenders der Stadt und der ordnungsgemäßen Durchführung der jährlich stattfindenden Rituale; der Ordnung der städtischen wie suburbanen Sakraltopographie; der Klassifizierung der in der Stadt verehrten Gottheiten; den rituellen Aufgaben der Mitglieder des stadtrömischen Pontifikalkollegiums (Pontifices, Flamines, Vestalische Jungfrauen), der Auguren, Quindecimvirn, Fetialen und Haruspices. Ähnlich steht es um gängige Rituale wie Konsekration oder Expiation und sakralrechtlich (oder zivilrechtlich) belangbare Vergehen: Auch hier wird die Zuständigkeit und alleinige Kompetenz der religiösen Spezialisten öffentlicher Religion in der Stadt betont. Andere Gesetze Ciceros haben eine ethische Komponente, die sich so auch in anderen Texten der Zeit und bei den philosophischen Vorgängern findet: Mäßigung bei Weihgeschenken; Reinheit von Körper und Geist beim Vollzug religiöser Rituale (vgl. Fontanella 2012, S. 19–56).

Wo weitergehende Eingriffe fassbar werden – etwa bei der Regulierung der Musik, die szenische Aufführungen begleitet (2,22.38–39), sowie bei der Begrenzung des rituellen wie finanziellen Aufwands beim Leichenbegängnis und in der Grabausstattung (2,22.62) –, sind diese von griechischen Beispielen inspiriert: Solons Gesetzgebung, die die römischen Decemvirn nach Ciceros Vorstellung in die Zwölftafelgesetze übernommen hätten, und Platons *Nomoi* (vgl. Arena 2020, S. 24 f.).

Ciceros Gesetze dienen der Legitimierung traditioneller religiöser Autorität in einer spätrepublikanischen Großstadtreligion. In diesem Zusammenhang lassen sich seine

Forderungen zur Kontinuität gentilizischer Kulte, zur Regelkonformität der Rituale im Hausverband und zur Praxis des Totenkults im Einklang mit dem Pontifikalrecht lesen. Der Versuch, durch Normierung religiöser Praxis Pluralität zu kontrollieren, kommt nicht nur im Verbot der Teilnahme von Frauen an nächtlichen Ritualen zum Ausdruck, sondern zeigt sich auch in der Beschränkung der Götterverehrung: Verehrt werden sollen die Gottheiten, die auch die Stadt verehrt; abgelehnt werden alle anderen Götter, ob neu oder fremd, zumal wenn man sie getrennt von den öffentlichen Ritualen der Stadt für sich verehren will. Eine kritische Lektüre von Buch 2 schärft den Blick auf die Realitäten von Religion in einer diversifizierten Großstadt und auf die sozialen wie religiösen Spannungen, die hinter Ciceros Religionsgesetzen aufscheinen.

Kaum dürfte Cicero eine umfassende Reform stadtrömischer Religion (so noch Dörrie 1973; Turpin 1986) beabsichtigt haben; der Neuigkeitswert wird in 2,23, anders als der Inhalt des dritten Buchs, als eher gering eingestuft. Einer umfassenden Neuordnung wären auch enge Grenzen gesetzt gewesen: Sollte es etwa tatsächlich Ciceros Absicht gewesen sein, das römische Spielewesen zu reglementieren und zu reformieren (2,22), dann war dieses Ansinnen spätestens mit der Diktatur Caesars, v. a. aber mit Augustus gescheitert, als die stadtrömischen Ludi in ihrer Anzahl, Länge und Ausstattung wahrlich inflationäre Ausmaße annahmen. Von den in *De legibus* diskutierten idealtypischen ›Religionsgesetzen‹ führt kein direkter Weg zu der – nur vorgeblichen – Restaurierung der stadtrömischen Religion unter Augustus.

Buch 3: Magistratsgesetze

Der Dialog

Die Magistratsgesetzgebung führt zwischen den drei Gesprächspartnern zu häufigeren Kontroversen als die Religionsgesetzgebung in Buch 2. Unversöhnlich stehen sich beim Volkstribunat die Auffassung von »Marcus« und die Positionen von »Atticus« und »Quintus«, der eine flammende Gegenrede hält, gegenüber. »Marcus« sehe die Fehler dieser Institution, wisse aber auch um deren Bedeutung für das Volk, so dass sie nicht einfach beseitigt werden könne. Dieser Kunstgriff erlaubt es Cicero, einerseits die Institution in kritischem Licht – entsprechend einem optimatischen Standpunkt – erscheinen zu lassen, an ihr aber andererseits aus pragmatischen Gründen festzuhalten und eine gemäßigte Rolle in dem Streit einzunehmen. In der Problematik der Abstimmungsfrage (Tabulargesetzgebung) zeigt »Marcus« gegen die Kritik der Dialogpartner einen Mittelweg auf, den jene zuerst nicht einsehen wollen, so dass er in der Folge konkretisiert wird (3,38–40).

Verfassungstheoretische Einordnung

Die Anbindung an das erste Buch erfolgt über den Begriff des *imperium* (»Befehlsgewalt«). Das *imperium* ist das gebietende Prinzip im Weltganzen, in seiner Verkörperung durch die Magistrate aber auch im politischen Gemeinwesen, also gewissermaßen die natürliche ›Exekutive‹ des Gesetzes. Dementsprechend nennt »Marcus« die Magistrate, denen dieses *imperium* zukommt, auch »sprechendes Gesetz« (*magistratum legem esse loquentem:* 3,2).

Die Regelungen decken sich, wie schon im zweiten

Buch, oft mit bestehenden römischen Gesetzen und Erwartungen. Ciceros Reformen adressieren insbesondere ethische Elemente im Sinne eines Verhaltenskodex (so bei der Behandlung des Senats, dessen Mitglieder sich in ihrem Verhalten dem prüfenden Blick der Zensoren unterziehen müssen) und außerdem politische Elemente in Hinblick auf das Programm der *concordia ordinum*, der Eintracht der Stände. Der Gedanke einer ›Balance of Power‹ zwischen Senat und Volk spielt eine wesentliche Rolle. Cicero intendiert dabei eine Aufwertung von Prestige und Macht des Senats und formuliert eine Reform seines Personals und seiner Geschäftsordnung sowie eine Reform der Volksversammlungen: Zugang zum Senat sollen diejenigen haben, die in ein Ehrenamt gewählt worden sind, während die Kooptation durch die Zensoren entfallen solle. Damit würde der Senat personell schlanker, amtserfahrener, aber auch älter. Gesetze des Senats müssen durch keine andere Institution bestätigt werden, und nur er darf einen Diktator ernennen.

Gewalt in den Volksversammlungen wird stark sanktioniert, und der amtierende Magistrat wird bei einem Ausbruch von Gewalt zur Rechenschaft gezogen. Abstimmungen sollen mithilfe des Stimmtäfelchens stattfinden, der Inhalt jener *tabella* ist jedoch den führenden Männern bekannt zu machen. Ziel ist es offenbar, unter Wahrung von Kompromissbereitschaft (z. B. Erhalt der Stärke des Volkstribunats, Formulierung eines Mittelwegs in der Frage der tribunizischen Tabellargesetzgebung, welche die Abstimmung mit Stimmtäfelchen regelte) das Band zwischen Senat und Volk zu stärken, so dass das Vertrauen in einen verfassungsmäßig gestärkten Senat wächst.

Dass gerade das dritte Buch auch ganz Neues bietet, betonen die Gesprächspartner aber auch (3,37.46). Zu den bemerkenswertesten Neuerungen gehört die Neudefinition der Rolle der Zensoren, denen zusätzlich zu ihren traditionellen zensorischen Aufgaben nach griechischem Vorbild die Aufsicht über die Gesetze und die Beurteilung der Amtsführung der Magistrate übertragen wird (3,46–47). Ciceros Programm lässt sich also insgesamt als Stärkung der führenden Institutionen verstehen. In diesem Sinn stellt Buch 3 nach Auffassung zahlreicher Forscher einen grundsätzlich ernstzunehmenden Reformvorschlag auf dem Gebiet der politischen Kultur der späten Republik dar – eine Forschungsposition, auf die wir bereits auf S. 357 f. eingegangen sind.

7. Rezeption und Überlieferung von *De legibus*

Während *De re publica* schon zu Ciceros Lebzeiten rezipiert wurde und bis in die Spätantike hinein eine breiter dokumentierbare Nachwirkung erzielte (vgl. Heck 1966), ist *De legibus* in der späteren Antike nur spärlich bezeugt. Peter Lebrecht Schmidt (1965) hat z. B. eine Verwendung bei Cornelius Nepos und Plinius d. Ä. plausibel gemacht, und auch eine Benutzung durch Plutarch ist wahrscheinlich. Weitere Testimonien zur Wirkung stammen allerdings erst aus der Spätantike, die überlieferten Fragmente finden sich in den Schriften des Laktanz und des Macrobius.

Die Gewichtung der beiden Schwesterwerke änderte sich in den folgenden Jahrhunderten, denn *De re publica* ging am Ende der Spätantike verloren (bis auf das *Somnium*

Scipionis am Ende des sechsten Buchs; zudem überdauerten partielle Inhaltsangaben bei Laktanz und Augustinus); die Schrift wurde erst 1817 durch Angelo Mai fragmentarisch wiederentdeckt. *De legibus* hingegen gelangte bereits in der Spätantike in einen handschriftlichen Archetyp, aus dem die Leidener Codices Voss. F 84 und Voss. F 86 im 9. Jh. und Lat. 118 im 11. Jh. hervorgingen; in allen dreien bricht der Dialog allerdings mit dem dritten Buch ab (vgl. Schmidt 1974); dass zwei weitere Codices aus der Mitte des 9. Jh.s auf eine spätantike Vorlage zurückzuführen sind, haben Michaela und Klaus Zelzer (2001) plausibel gemacht.

Durch die handschriftliche Überlieferung wurde *De legibus*, anders als *De re publica*, der direkten mittelalterlichen und frühneuzeitlichen Rezeption zugänglich; allerdings beklagt bereits Petrarca in einem Brief aus dem Jahr 1374 den unvollständigen Zustand des Dialogs. Dennoch beginnt mit der Zeit des Frühhumanismus eine zunehmend fruchtbare Rezeption des Werks. Ihre umfassende inhaltliche Aufarbeitung steht noch aus, aber einzelne Stränge lassen sich grob skizzieren:

Bereits die italienischen Frühhumanisten erkannten den Wert des Dialogs zum Zweck der argumentativen Untermauerung eigener staats- und verfassungstheoretischer Positionen. Biondo Flavio zitiert 1459 in *Roma triumphans* (1,28) aus den Gesetzen des zweiten Buchs von *De legibus* (die er zu Gesetzen aus dem römischen Pontifikalrecht umdeutet): Er unterstreicht nicht nur die Rolle der Götter für die Aufrechterhaltung staatlicher Ordnung im antiken Rom, sondern deutet die römische Religion auch utilitaristisch – als ein Mittel, durch dessen Instrumentalisierung Roms Priester das Gemeinwesen lenken.

In den frühneuzeitlichen Naturrechtsdebatten werden Ciceros Ausführungen in Buch 1 und 2 von *De legibus* hingegen als antike Vorläufer der zeitgenössischen Naturrechtslehren rezipiert, so etwa bei Hugo Grotius oder Samuel Pufendorf; die entsprechenden stoischen Elemente in Ciceros Werk erwiesen sich für diese Autoren als besonders anschlussfähig (Straumann 2015, S. 30–32). Ihre intellektuelle Orientierung an den Gedanken, die Cicero in *De legibus* und dann v. a. in *De officiis* formuliert hat, betonten schon die Zeitgenossen, wie z. B. Johann Heinrich Böcler (*In Hugonis Grotii Jus Belli et Pacis Librum Primum Commentatio* [1663] 1687, S. 13). Dass es sich bei dieser Rezeption um kreative Aneignungen in den zeitgenössischen Naturrechtslehren (Daston/Stolleis 2008) und nicht um die moderne Fortführung einer vorformulierten ciceronischen ›Naturrechtstheorie‹ – im Sinne einer linearen genealogischen Abhängigkeit – handelt, muss erneut betont werden.

Weitere moderne Aneignungen von *De legibus* können hier nur knapp erwähnt werden: Flavio interessierte sich für die Frage, wie die Gesetzgebung des Dialogs und, darin impliziert, die (moralische) Normsetzung durch den Nomotheten das staatliche Machtmonopol stützen können. Im Frankreich des 18. Jh.s postulierte Montesquieu (*De l'esprit des lois*, 1748) mit *De legibus* hingegen die Notwendigkeit, dass die Gesetze eines jeden Staates, unabhängig von seiner jeweiligen besonderen Verfasstheit, auf der Natur und Vernunft gründen müssen. Er identifiziert Ciceros »höchste Vernunft« mit einer »höchsten Gottheit«, aber bereits John Locke (*An essay concerning human understanding* [1690], IV 10,6) beruft sich auf *De legibus* (2,16), wenn er aus der anthropologischen Konstante der menschlichen

Vernunft auf die Existenz Gottes schließt. Die europäische Aufklärung und der amerikanische Republikanismus des 18. Jh.s haben, basierend auf der Vorstellung eines universell gültigen, vernünftigen Naturrechts, an dem der Einzelne qua Vernunft Anteil habe, die natürlichen Rechte des Individuums im Widerstand gegen den tyrannischen Staat und seine positiven Gesetze akzentuiert. Dass *De legibus* in den Diskussionen um den Republikanismus oder das moderne Demokratieverständnis im Allgemeinen noch heute Relevanz hat, zeigen z. B. Richter [u. a.] (2007) und die Arbeiten von Atkins (2013), Straumann (2016) und Hawley (2022).

8. Zur Textgrundlage von *De legibus*

Der lateinische Text in dieser Ausgabe folgt der Edition von Jonathan G. F. Powell, die 2006 bei Oxford University Press erschienen ist. Sie bildet das Ende einer langen Reihe von Editionen seit der Renaissance, deren Herausgeber auf unterschiedliche Weise versucht haben, den stark mutiliert überlieferten Text zu heilen. Der Text Powells weicht von den bisherigen einschlägigen Ausgaben stellenweise deutlich ab: Eine der zuvor maßgeblichen Editionen, diejenige Woldemar Görlers von 1979 (basierend auf der ursprünglich 1950 erschienenen Ausgabe von Konrat Ziegler), unternahm den Versuch, den überlieferten Text soweit nur irgend möglich zu bewahren – selbst dort, wo sich sprachliche Schwierigkeiten und Härten fanden, die Ciceros Schriften nirgendwo sonst aufweisen. Görler begründete dies damit, dass das Werk wohl unvollendet geblieben sei und

dass Cicero, hätte er die Zeit gehabt, vor einer Publikation der Schrift an zahlreichen Stellen letzte Hand angelegt hätte. Konrat Ziegler dagegen hatte in seiner Ausgabe von 1950 den überlieferten Text an vielen Stellen durch Konjekturen so sehr geglättet, dass zwar ein flüssig lesbarer lateinischer Text entstand, dabei aber auch eindeutig überlieferte Lesarten aufgegeben wurden, die grundsätzlich einen Sinn ergeben hätten. Zwischen diesen beiden Polen sucht Powell einen Mittelweg. Er nimmt viele Konjekturen vorheriger Editoren zurück und schlägt zahlreiche neue Lesarten vor. Wo uns sein Lösungsvorschlag problematisch erscheint und wir einen anderen Text (mit entsprechend angepasster Übersetzung) präferieren, geben wir dies in einer Anmerkung an. Für die Abweichungen s. zudem S. 247.

9. Zur Wiedergabe philosophischer und juristischer Termini in *De legibus*

Es gehört zu den Leistungen Ciceros, eine philosophische Terminologie in der lateinischen Sprache eingeführt und etabliert zu haben, die vorzugsweise Anleihe bei Begriffen der politisch-moralischen Sprache nimmt. Die daraus resultierenden Konnotationen schwingen in Ciceros Philosophica stets mit (zum Folgenden s. ausführlicher Bendlin/Sauer 2026). Um dies an einem Beispiel zu verdeutlichen: Der zentrale Begriff, mit dem Cicero das griechische *kalón*, das »sittlich Gute«, wiedergibt, ist das Substantiv *honestum* (eigentlich »das Ehrenhafte«). Es ist dem moralisch-politischen Sprachinventar entnommen und lässt insbesondere an *honos* denken, das »politische Amt« in Rom. Es meint

das unter ethischen Aspekten richtige Handeln, verbunden mit einer positiven Anerkennung durch andere, gewissermaßen die ›Honorierung‹. Ein deutsches Äquivalent gibt es kaum: Während sich Karl Büchner in der alten Reclam-Übersetzung (Büchner 1969) für die Primärbedeutung »das Rühmliche« entscheidet, wählen Elmar Bader und Leopold Wittmann in der rororo-Übersetzung den philosophischen Begriff »das sittlich Gute« (Bader/Wittmann 1969). Rainer Nickel sucht in der Tusculum-Ausgabe (Nickel 1994) mit »das Anständige« offenbar einen Mittelweg, drückt dabei jedoch sowohl die Grundbedeutung als auch den philosophischen Terminus unscharf aus. Ein jüngst erschienener Sammelband zu *De officiis* (Brüllmann/Müller 2023) führt nicht weniger als fünf Übersetzungsvarianten auf: die »Ehrenhaftigkeit« (Marco Bleistein), das »Moralische« (Christoph Horn), das »moralisch Gute« (David Machek), das »Edle« (Öhler Sovso), »das sittlich Ehrenhafte« (Philipp Brüllmann, Jörn Müller). Da Cicero jedoch mit *honestum* das unter ethischen Aspekten richtige Handeln meint und – zumindest in *De legibus* – die Anerkennung dieses Handelns sekundär ist, haben wir uns entschieden, die moralisch-politische Konnotation in den Hintergrund zu stellen und *honestum* mit »das moralisch Richtige« zu übersetzen – und das Gegenteil, *turpe*, mit »das moralisch Falsche«.

Anders sind wir bei Ciceros Wiedergabe der griechischen *areté* durch den militärisch-politisch konnotierten Begriff *virtus* vorgegangen, da Cicero die Bedeutungsbreite des lateinischen Begriffs offenbar bewusst ausschöpft: Wir geben ihn daher je nach Kontext mal mit »Tugend«, mal mit »Tapferkeit«, mal mit »Leistung« wieder.

Nicht leicht gestaltet sich auch der Versuch, für zentrale

politische Begrifflichkeiten adäquate Übersetzungen zu finden. So haben wir den, wie Claudia Moatti (2018) gezeigt hat, zu Ciceros Zeit schillernd-unbestimmten Begriff *res publica* bewusst nicht als »Republik« oder gar als »Staat(swesen)« übersetzt, da wir eine solche Wiedergabe als anachronistisch empfinden. Cicero erklärt die *res publica* als *res populi* (rep. 1,39: »die Sache des Volks« [in seiner politischen Verfasstheit]). Dies scheint uns nicht dasselbe zu sein wie die »öffentliche Sache«: Der moderne Öffentlichkeitsbegriff lässt sich nur unter Schwierigkeiten auf das *publicum* übertragen, das als politische Öffentlichkeit konnotiert ist – im Gegensatz auch zum *privatum*, das nur in seltenen Fällen Privatheit ausdrückt. Wir haben uns daher entschieden, *res publica* mit dem Begriff »(politisches) Gemeinwesen« wiederzugeben.

Wenig anders verhält es sich mit *religio*: Der Begriff verdankt seine semantische Verengung auf den Bereich der Religion nicht zuletzt Cicero, deckt aber auch in diesem eingeengten Bereich noch eine Spannbreite von Konnotationen ab: die religiöse Scheu, das religiöse Handeln, die Götterehrung, Rituale (im Plural), usw. In der Übersetzung versuchen wir, diese Wortfamilie von den Begriffen *sacrum* (Nom. Sg.), *sacra* (Nom. Pl.) usw. zu unterscheiden, da Letztere als technische Ausdrücke spezifische »sakrale« (Rechts-)Zustände, Einrichtungen und Handlungen bezeichnen. (Dass unsere Übersetzung von lateinisch *sacerdos* als »Priester« eine moderne Konvention darstellt, die inhaltlich unbefriedigend bliebt, sei hier auch erwähnt.) Außerdem: Es hat sich eingebürgert, zu sagen, dass der Religionsbegriff wenn nicht modern, so doch zumindest nach-antik sei und es somit keine direkte antike Entspre-

chung gebe; das ist in dieser Form nicht ganz falsch (wenn auch wenig bemerkenswert). Aber die Gesetze des zweiten Buchs von *De legibus*, die Cicero selbst als *leges de religione* (2,17) bezeichnet (vgl. 3,1: *de religionum lege*), beschreiben eine Gesamtheit von Institutionen, Personen, Handlungen, Normen, Verboten, Vorstellungen und Empfindungen, die unserer Erwartung an das, was ›Religion‹ (nicht: ›eine Religion‹) sei, doch nahekommt. Ciceros *leges de religione* werden daher von uns als »Religionsgesetze« übersetzt.

Und abschließend: Für den Titel von *De legibus* wählen wir, wie bereits angemerkt (S. 358), die Übersetzung »Über Gesetze«, denn es geht gerade im ersten und zu Beginn des zweiten Buchs nicht um *die* Gesetze, sondern um das Wesen von Gesetz(lichkeit) und Recht – und um ihr Verhältnis – im Allgemeinen. Außerdem beanspruchen Ciceros Gesetze in den Büchern 2 und 3 keine lokal begrenzte, sondern vielmehr eine universale Bedeutung. Hiermit schließt er sich an eine griechische politiktheoretische Tradition des Nachdenkens über Gesetz und Recht an, die in griechischen Werken wie z. B. der Schrift Περὶ νόμου, »Über das Gesetz«, des Stoikers Chrysipp von Soloi oder in Theophrasts Νόμοι, »Gesetze«, zum Ausdruck kommt und deren vornehmster Vertreter nach Ciceros Meinung (vgl. 1,15; 2,14) natürlich Platon, der Autor von *Nomoi*, »Gesetzen«, war.

Inhalt

De legibus / Über Gesetze
Liber primus / Erstes Buch 6
Liber secundus / Zweites Buch 84
Liber tertius / Drittes Buch 178
Fragmenta librorum de legibus / Fragmente aus De legibus 240

Anhang
Zu dieser Ausgabe 247
Anmerkungen 250
Erklärendes Namensverzeichnis 296
Literaturhinweise 330
Nachwort 347